SIE GINGEN MIT JESUS

REINKARNATIONSERFAHRUN GEN MIT CHRISTUS

DOLORES CANNON

Deutsche Übersetzung:
Maria Bek

Für Genehmigungen oder Serialisierungen, Kürzungen, Anpassungen oder bezüglich unseres Kataloges zu anderen Publikationen wenden Sie sich bitte an: Ozark Mountain Publishing, Inc., P.O. Box 754, Huntsville, AR 72740, Attn: Permissions Dept.

Kongressbibliotheks-Daten zur Katalogisierung in Publikationen
Cannon, Dolores, 1931 - 2014
SIE GINGEN MIT JESUS von Dolores Cannon
    Fortsetzung von: Jesus und die Essener. Weitere Augenzeugenberichte über die fehlenden Teile des Lebens Jesu. Die Informationen wurden durch regressive Hypnose unter der Leitung von Dolores Cannon gewonnen. Beinhaltet Bibliographie. (Titel der amerikanischen Originalausgabe: THEY WALKED WITH JESUS)

1. Jesus 2. Reinkarnation 3. Hypnose 4. Geschichte: Heiliges Land
I. Cannon, Dolores, 1931 – 2014 II. Reinkarnation III. Titel

Kongressbibliothek Katalogkartennummer: 2021934302
ISBN# 978-1-950608-39-3

Bucheinband-Design von Broadaway Printing and Travis Garrison
Illustrationen von Joe Alexander
Buch gedruckt in Times New Roman
Übersetzt von: Maria Bek
Herausgegeben von:

P.O. Box 754
Huntsville, AR 72740

WWW.OZARKMT.COM
Amerikanische Ausgabe gedruckt in den Vereinigten Staaten von Amerika

Bemerkung der Übersetzerin:

Kleine Ergänzungen von mir sind meist in Klammern gesetzt, wie die Notizen von Dolores Cannon. Mehrzeilige erklärende Abschnitte sind ohne Klammern. Aus dem Inhalt der Bemerkungen ergibt sich indirekt, wer sie geschrieben hat: Präzisierende kurze Informationen, manchmal kombiniert mit alternativen Sichtweisen, sind oft von mir, Beschreibungen der Gemütszustände von Klientin/Therapeutin (in Klammern) und alles andere (ohne Klammern), das nahtlos in den Textfluss passt, sind von Dolores Cannon. Seltene Wortergänzungen von mir dienen nur der besseren Verständlichkeit oder dem Lesefluss und sind nicht in Klammern gesetzt. Worte, die zur Verständlichkeit nicht beitragen, ließ ich weg. Ein paar Zeitangaben korrigierte ich.

Inhaltsangabe:

Illustrationen:

Kapitel 1:

Die Entdeckung der Jesus-Begegnungen

Meine Arbeit als Hypnotherapeutin, die spezialisiert ist auf Reinkarnation und Reinkarnationstherapie, hat mich in seltsame Situationen und auf verwirrende Pfade in die Tiefe geführt. Sie hat mir ermöglicht, um versteckte Ecken im Unterbewusstsein herumzuspähen, wo das Unerkannte in den Schleiern der Zeit verhüllt liegt. Ich habe herausgefunden, dass die vollständige Geschichte der Menschheit im Geist der heute lebenden Menschen aufgezeichnet ist, und wenn diese Erinnerungen nicht aufgestöbert würden, blieben sie weiterhin schlafend und unentdeckt im Dunkeln liegen.

Jedoch haben Umstände, die von unserer hektischen, modernen Welt geschaffen wurden, bewirkt, dass diese Erinnerungen hochkommen – oft, ohne hervorgelockt zu werden – weil sie das gegenwärtige Leben in oft unerklärlicher Weise beeinflussen. Seit diese Reinkarnationstherapie als Werkzeug benutzt wird, um einen Beitrag zu Problemlösungen zu liefern, kommen diese Erinnerungen mehr als je zuvor ans Licht. Die Menschen sind vielleicht zum ersten Mal bereit zuzugeben, dass die Körper, in denen sie leben, und die Erinnerungen ihres jetzigen Lebens nicht die Summe des menschlichen Wesens ausmachen. Sie sind viel mehr als das, was sie im Spiegel sehen und was sie bewusst erinnern. Es gibt unergründete Tiefen, die gerade erst im Begriff sind, erforscht zu werden.

Seit ich meine Arbeit im Jahr 1979 begonnen habe, entdecke ich immer wieder, dass wir alle offensichtlich von vielen vergangenen Leben, die schlafend in unserem Unterbewusstsein liegen,

1

Erinnerungen haben. Solange wir zufriedenstellend in unserem normalen Wachzustand funktionieren können, ist es nicht wichtig, diese Erinnerungen zu erforschen. Ich glaube, dass das wichtigste aller Leben dasjenige ist, in das wir gegenwärtig hineingestellt sind; und der Zweck unseres jetzigen Lebens ist die Bemühung, es in der bestmöglichen Weise zu gestalten.

Viele Menschen fragen sich, warum sie nichts erinnern, wenn es Reinkarnation gibt und wenn sie schon unzählige andere Leben hatten. Das Unterbewusstsein kann mit einer Maschine verglichen werden, einem Kassettenrekorder oder einem hochentwickelten Computer. In unserem gegenwärtigen täglichen Leben werden wir ununterbrochen mit Millionen von winzigen alltäglichen Informationssplittern bombardiert: Bilder, Gerüche, Klänge oder andere Sinneseindrücke. Wenn all diesen Informationen gestattet würde, in unseren bewussten Geist vorzudringen, könnten wir nicht funktionieren – wir würden total überwältigt werden. Deshalb arbeitet das Unterbewusstsein wie ein Filter und ein Wächter. Es erlaubt uns, unsere Aufmerksamkeit auf die Informationen zu richten, die wir brauchen, um zu leben und in unserer Gesellschaft zu funktionieren.

Aber es ist wichtig, sich zu erinnern, dass all die anderen Daten, die gesammelt wurden, immer noch in den Computer-Erinnerungsdateien da sind. Sie gehen niemals verloren, sondern werden durch ein haushälterisches Unterbewusstsein abgelegt. Wer kennt den Grund dafür? Es ist alles da und kann angetippt werden. Wenn eine Person zur Feier ihres zwölften Geburtstags in diesem Leben rückgeführt würde, könnte sie sich die ganze Episode ins Gedächtnis zurückrufen und tatsächlich erleben. Sie würde die Namen aller anwesenden Kinder wissen, und wenn sie danach gefragt würde, wäre sie sogar fähig, das Essen, die Geschenke, Möbel und die Tapete im Detail zu beschreiben. Dies sind einige der banalen Informationssplitter, die mit der Aufzeichnung der Geburtstagsparty gespeichert wurden. Ein komplett aufgezeichneter Film und ein Tonbandarchiv existieren im Geist, um die Szene in allen genauen Einzelheiten wieder zu erschaffen. Jeder einzelne Tag und jedes Ereignis unseres Lebens wird entsprechend aufgezeichnet und kann, wenn nötig, zugänglich gemacht werden.

Wenn also unser ganzes gegenwärtiges Leben dem Unterbewusstsein verfügbar ist, dann sind alle unsere vergangenen Leben ebenso abrufbereit. Ich vergleiche dies gern mit einem gigantischen Videoarchiv: Wir bitten das Unterbewusstsein, das passende vergangene Leben auf Videoband hervorzuholen und in die Erinnerungsmaschine zu stecken. Wenn wir das enorme Ausmaß einer solchen Erinnerungsdatei erkennen, können wir verstehen, warum es nicht weise wäre – es wäre in der Tat schädlich – wenn diese Erinnerungen in unserem täglichen Wachzustand bewusst wären. Wir würden überwältigt. Es wäre extrem schwierig für uns zu funktionieren, wenn sich andere Szenen und frühere karmische Beziehungen ständig einblenden würden und unser Leben jetzt überlagern würden.

So wählt das Unterbewusstsein also aus, indem es uns erlaubt, uns auf das, was für das Leben in unserer gegenwärtigen Situation und Umgebung am wichtigsten ist, zu fokussieren. Gelegentlich entstehen Probleme, wenn frühere Leben das gegenwärtige beeinflussen. Besondere Umstände können oft als Auslöser wirken, um eine Erinnerung an ein vergangenes Leben deutlich ins Blickfeld zu rücken. Die Reinkarnationstherapie sieht ihre Aufgabe darin, zu helfen, alte, in früheren Leben errichtete Muster zu entdecken oder sich mit ungelöstem Karma auseinanderzusetzen, das nach oben gespült wurde und nun (oft im negativen Sinn) störend auf tägliche Angelegenheiten einwirkt.

Viele Menschen, mit denen ich oder andere Reinkarnationstherapeuten gearbeitet haben, hatten jahrelang professionelle Hilfe in Anspruch genommen (physisch und seelisch-geistig), ohne die Antworten zu finden, die sie brauchte. Störende Beziehungen zu anderen, die in diesem Leben keine Erklärung finden, können oft auf gespannte und traumatische Ereignisse in anderen Leben zurückgeführt werden. Viele Phobien und Allergien haben ihren Ursprung in anderen Leben. Ein Beispiel hierzu: Eine Aversion gegen Staub und Hunde konnte zurückverfolgt werden auf ein Leben der Armut, als die betreffende Person in der Wüste lebte und Hunde abwehren musste, um sich eine dürftige Nahrungszufuhr zu sichern. Die Ursprünge von körperlichen Krankheiten, die hartnäckig andauern und einer konventionellen Behandlung trotzen, können oft in früheren Leben gefunden werden. Die lange Geschichte von ernsthaften Nackenschmerzen ließ sich bei einer Person auf zwei gewaltsame Tode zurückführen: einer durch die Guillotine und ein anderer durch das Kriegsbeil eines Indianers, das sich im Nacken eingrub. Ein junger Hochschulstudent konnte seine Ausbildung nicht abschließen, weil in Stressphasen ernsthafte Darmverkrampfungen auftauchten. Dies konnte zurückgeführt werden auf verschiedene Leben, wo der Tod mit einem Trauma bezüglich dieses Körperteils verbunden war: Tod durch das Schwert, durch das Überfahren werden von einer Kutsche, durch Erschießen und so weiter... Anfallartiges Überessen und exzessive Gewichtskontrolle können sich oft ergeben aus nachklingenden Erinnerungen an einen Tod durch Verhungern oder indem man einen anderen verhungern ließ. Letzteres erzeugte ein dringendes Bedürfnis, die karmischen Schulden auszugleichen.

Eine Frau, die sich sehnlichst ein Kind wünschte, aber viele Fehlgeburten erlitt, entdeckte, dass sie in einem früheren Leben bei der Niederkunft gestorben war. Weil das Unterbewusstsein das Konzept der Zeit nicht kennt, glaubt es, dass es seine Schutzfunktion erfüllt, indem es nicht zulässt, dass so etwas wieder geschieht. Seine Methode im Fall der Frau, die Fehlgeburten hatte, bestand darin, jede weitere Schwangerschaft zu verhindern. In solchen Fällen erfordert es die Therapie, direkt mit dem Unterbewusstsein zu arbeiten und es zu überzeugen, dass der Körper, der die physischen Probleme hatte, nicht mehr existiert, und dass der jetzige Körper vollkommen gesund ist. Wenn es den Unterschied einmal erkennt, und dass die gegenwärtige Persönlichkeit nicht gefährdet ist, lösen sich die Probleme schnell.

Manchmal kann die Antwort in einem einzigen früheren Leben gefunden werden. Ein anderes Mal ist der Fall komplexer, weil sich ein Muster durch Wiederholung gebildet hat, die mehrere Leben umspannt. Es ist wichtig zu betonen, dass die Arbeit mit früheren Leben – wie jede Therapie – kein magisches Allheilmittel ist. Wenn die Schlüssel einmal entdeckt sind, muss die gegenwärtige Persönlichkeit sie erst noch als Werkzeuge benützen und die Informationen in ihr gegenwärtiges Leben einbauen. Wendet die Person das Wissen an und arbeitet mit ihm, können die Ergebnisse zufriedenstellend oder sogar aufsehenerregend sein.

Im Lauf der Jahre, in denen ich mit Hunderten von Klienten an einem riesigen Themenbereich arbeitete, gab es gelegentlich interessante Fälle, die mehr Aufwand erforderten. Die überwiegende Mehrheit der Fälle handelte jedoch von Leben, die man wahrscheinlich als banal und langweilig betrachten könnte. Es schien nichts Interessantes in ihnen zu geschehen. Aber genau diese Fälle tragen zur Stichhaltigkeit der Rückführungen bei. Wenn eines Tages in einem zukünftigen Leben irgendjemand von uns auf dieses jetzige

Leben zurückgeführt würde, würden wir wahrscheinlich zu langweiligen und gewöhnlichen Szenen zurückkehren, weil so das Leben ist. Nur wenige von uns sind bedeutend genug oder tun etwas genügend Sensationelles, um in der Zeitung oder in den TV-Nachrichten erwähnt zu werden. Es gibt viel mehr gewöhnliche Menschen auf der Welt, als berühmte.

Auch wenn ich eine Rückführung als ereignisarm betrachten mag, ist doch der springende Punkt der, dass sie dem Klienten hilft, herauszufinden, was er sucht. Oftmals dachte ich nach einer solchen Sitzung, die Person sei enttäuscht. Ich war überrascht, wenn sie dann sagte, dass die Erinnerung extrem wichtig für sie war und etwas erklärte, von dem sie immer einmal etwas wissen wollte. Deshalb bin ich nicht diejenige, die darüber urteilt, welche Erinnerungen wichtig und nützlich als ein therapeutisches Werkzeug sind. Diese Arten von unzähligen, banalen Rückführungen sind die Norm, und man schreibt normalerweise nicht darüber. Ausnahmen sind Leben, die sich in ihrer Ähnlichkeit zu Gruppen zusammenfassen lassen, also typische Leben, oder Leben, in denen mehrere Menschen über den gleichen Zeitabschnitt berichten und somit die Geschichte in eine verdichtete Version gebracht werden kann.

Meine Bücher entstanden durch die wenigen ausgewählten Fälle, als ich das Glück hatte, mit einer Person zu arbeiten, die zufällig in einer bedeutenden Geschichtsepoche lebte oder mit einer bedeutenden Persönlichkeit verbunden war. Ich habe noch nie einen Napoleon oder eine Cleopatra entdeckt, und ich erwarte das auch nicht. Die Chancen, ein Leben zu finden, in dem der Klient mit Napoleon oder Cleopatra verbunden war, sind wahrscheinlicher. In so einem Fall müsste man sich auf seine Erinnerungen über diese berühmte Person konzentrieren, und man würde nie irgendwelche Details mehr persönlicher Art erhalten. Auch wenn die Person zufällig während eines wichtigen historischen Ereignisses lebte, würde sie einem nur das, was sie persönlich wusste, erzählen. Zum Beispiel: Der Bauer wäre nicht in die Details eingeweiht, die ein König eines Landes wüsste, und umgekehrt. Die Geschichte würde immer aus seinem einzigartigen Blickwinkel erzählt werden. Alles andere würde sofort als Phantasie erkannt.

Als ich JESUS UND DIE ESSENER schrieb, dachte ich nie, dass ich jemals einem weiteren Klienten begegnen würde, der ein solches Wissen über persönliche Details aus dem Leben Christi hatte. Jenes

Buch war die Geschichte, wie sie von einem der essenischen Lehrer von Jesus in Qumran erzählt wurde. Das geschah, als ich ein junges Mädchen in diese Zeitperiode zurückführte und die überraschende Entdeckung machte. Das Mädchen hatte noch nicht einmal die High-School (amerikanische Oberschule für 15- bis 18-Jährige) beendet, und das machte die historischen und theologischen Einzelheiten des Judentums noch interessanter, da sie keine Möglichkeit hatte, diese Informationen von ihrer eigenen Ausbildung her zusammenzutragen. Aber dieser Fall war eine Gelegenheit, wie sie einem nur einmal im Leben begegnet. Deshalb investierte ich so viel Zeit in diesen Fall, wobei ich versuchte, so viele Details wie möglich zu erhalten. Die Idee, jemals einer anderen Person zu begegnen, die in der gleichen Zeitperiode lebte und auch noch mit Jesus in Verbindung stand, lag mir fern.

Ich habe Personen in diese Zeit und Gegend zurückgeführt, aber sie berichteten von normalen Leben als ein römischer Soldat, als eine in Jerusalem lebende Person oder von jemandem, der Waren auf dem Markt verkaufte. Sie erwähnten Christus nicht, obwohl sie sogar ziemlich sicher in direkter Nähe zu ihm lebten. Dies gibt meinen Entdeckungen noch mehr Stichhaltigkeit, weil es zeigt, dass Menschen nicht geneigt sind, die Wunschidee, mit Jesus bekannt gewesen zu sein, zu phantasieren. Wenn ihnen die Gelegenheit gegeben wurde, erzählten sie noch immer ihre eigene einzigartige Geschichte. Es stimmt wahrscheinlich, dass es über die ganze Welt verstreut eine große Zahl von Menschen gibt, die ein vergangenes Leben mit Jesus hatten und die diese Erinnerung verschlossen in ihrem Unterbewusstsein tragen. Aber welche Chancen hatte ich überhaupt, noch weiteren solchen Menschen in meiner Arbeit mit Rückführungshypnose zu begegnen? Ich würde sagen: Die Chancen wären gering, und das berechtigterweise. Ich erwartete ganz sicher nicht, dass dies wieder geschehen würde – nach meinem Erlebnis mit Katie und dem Schreiben jenes Buches im Jahr 1985.

Und doch arbeitete ich mit einer Frau, die so überzeugt war, in jener Zeit gelebt zu haben, dass sie versuchte, unter Hypnose eine Erinnerung zu phantasieren. Ich glaube nicht, dass sie versuchte, mir etwas vorzumachen, oder versteckte Beweggründe hatte. Sie glaubte einfach ganz fest, dass sie Elisabeth gewesen war, die Mutter von Johannes dem Täufer, und niemand konnte sie anderweitig überzeugen. Sie wünschte sich eine Rückführung, um dies für sich und ihre zweifelnde Familie zu beweisen. Ich war einverstanden, mit ihr eine Rückführung in vergangene Leben zu machen, aber ich fühlte mich dabei nicht wohl, und deshalb kontrollierte ich die Person besonders sorgfältig und aufmerksam. Sobald sie in Trance gegangen war, begann sie, den Schauplatz des Heiligen Landes und ihre Verbindung mit Johannes und Jesus zu beschreiben. Sie wurde sehr emotional, als sie über die Gefangenschaft von Johannes und seinen drohenden Tod sprach. Es gab mehrere Dinge, die sofort verrieten, dass dies eine Phantasie war. Als ich begann, mit Fragen weiter nachzuhaken, konnte sie sie nicht beantworten. Sie haftete strikt an der biblischen Version und wich in keiner Weise davon ab. Mit anderen Worten, sie konnte keine Frage beantworten, die sich nicht auf das bezog, was man durch Lektüre der Bibel wissen konnte.

Ein anderer Anhaltspunkt war ihr körperliches Benehmen. In normaler Trance liegt die Person fast ohne Emotion, während ihre Atmung und ihr Muskeltonus wechseln und schnelle Augenbewegungen (REM) zunehmen. Dies sind Zeichen, die der Hypnosetherapeut bemerkt und die er überwacht, um die Tiefe der Trance zu bestimmen und ihn auch auf Zeichen von Trauma hin aufmerksam zu machen. Diese Frau lag nicht ruhig. Ihr Körper zeigte Unruhe. Sie rang ständig mit den Händen, ihr Atem war unregelmäßig, und ihre Augenbewegungen waren nicht korrekt. Ihr ganzes Benehmen zeigte Stress. Nachdem dies eine halbe Stunde so andauerte, während der ich ständig vertiefende Techniken anwandte, tat sie plötzlich das, was ich einen „Bocksprung" nenne. Sie sprang aus der Szene, die sie gerade beschrieb, in eine Szene, die sich auf ein anderes Leben bezog. Dieses Mal war sie ein italienischer Priester einer kleinen und ärmlichen Kirche. Ihr Körper entspannte sich, und eine normale und gewöhnliche Regression folgte. Sie erzählte die Geschichte eines unangepassten Priesters, der sehr unglücklich mit dem ihm vom Schicksal zugeteilten Leben war. Ich entspannte mich auch, weil ich wusste, dass wir einmal wieder auf solidem Grund standen. Es war offensichtlich, was geschehen war. Ihr Unterbewusstscin versuchte, ihren Wunsch zu erfüllen und ein Leben mit Johannes und Jesus zu phantasieren, aber als sich die Trance vertiefte, konnte es die Anmaßung nicht länger aufrechterhalten, und eine normale Rückführung kam ans Licht.

Während dieser Sitzung passierte noch etwas anderes, das bei seltenen Gelegenheiten geschah. Während der erfundenen Regression fühlte ich ein extremes Ausmaß an Energie aus ihrem Körper strömen. Wenn dies geschieht, fühlt es sich wie Hitze an und erzeugt eine ziehende, zugreifende Wirkung auf meinen Körper. Es fühlt sich sehr unangenehm an und kann meine Beobachtung und Konzentration auf Fragen stören. Oft bewege ich mich dann, wenn möglich, von der Person weg (ein bis zwei Meter reichen oft aus), bis die Empfindung nachlässt. Während der Zeit, als der störende Energiefluss der Frau stattfand, stellte ich fest, dass das Tonbandgerät aufgehört hatte zu laufen. Während ich weiterhin der Klientin Fragen stellte, versuchte ich auch noch, mit diesem für meine Arbeit notwendigen Gerät zurechtzukommen. Als ich das Gerät öffnete, entdeckte ich, dass das Band verklemmt und um den Tonkopf gewickelt war. Ich zog ein langes Stück des zerknitterten, verdrehten Bandes heraus. Dann legte ich ein anderes Band ein und fuhr mit der Sitzung fort. Als sie in die normale Rückführung des italienischen Priesters einstieg, arbeitete das Tonbandgerät wieder einwandfrei. Wie ich sagte, dies geschah bei seltenen Gelegenheiten, und das waren meist Fälle, die mit großer Spannung und Angst beim Klienten verbunden waren. Konnte das Energiefeld, das ich tatsächlich spürte, irgendwie das Tonbandgerät beeinträchtigen? Ich hatte auch Fälle, wo extreme atmosphärische Störungen oder Geräusche die Stimmen auf dem Tonband auslöschten. Ich glaube, das zeigt, dass während einer Rückführung in vergangene Leben mehr vor sich geht, als wir denken. Es scheinen unsichtbare Energien anwesend zu sein und von den beteiligten Menschen auszugehen, die tatsächlich Maschinen beeinflussen können, speziell so etwas Empfindliches wie ein Tonbandgerät.

Als die Frau aus der Trance erwachte, war sie von ihrer vermeintlichen Erinnerung an ein Leben mit Jesus absorbiert. Sie glaubte, dies wäre ein Faktum, und überging das andere Leben des Priesters. Sie war fast außer sich, als ich ihr mitteilte, dass die Tonbandaufnahme dieses Teils unbrauchbar war. Außer dem zerknitterten Band waren die Getrieberäder blockiert, und das Band konnte nicht einmal mehr zurückgespult werden. Sie bat mich, es irgendwie wiederherzustellen, weil sie es unbedingt haben wollte. Es war die wichtigste Sache in ihrem Leben. Dies war ein anderer Anhaltspunkt, dass die Erinnerung nicht real war, weil eine richtige Regression diese Art von Reaktion nicht mit sich bringt. Der Klient bestreitet normalerweise, dass die Erfahrung echt ist, indem er sagt, dass er das wahrscheinlich irgendwo gelesen habe oder in einem Film oder im Fernsehen gesehen habe. Leugnung ist die erste Reaktion; und es ist normal, wenn der Klient sagt: „Oh, wahrscheinlich habe ich das Ganze erfunden". Ich glaube, dies ist die Methode des bewussten Verstandes, mit etwas fertig zu werden, was für die eigene Denkart so fremd und andersartig ist. Und frühere Leben sind der durchschnittlichen menschlichen Denkweise sicherlich fremd. So erlebte ich den unschuldigen Versuch einer Klientin, ein Leben zu phantasieren, das irgendwie ihr Verlangen erfüllen würde, mit diesen bedeutenden historischen Persönlichkeiten gelebt zu haben. Das hat mir ferner auch bewiesen, dass diese Fälle nicht gefälscht werden können.

So erwartete ich nicht, noch weitere Klienten zu finden, die während der Zeit Christi gelebt hatten, und wenn es so wäre, würde mich die frühere Erfahrung höchst misstrauisch machen. Aber diese Angelegenheiten scheinen in den Händen von anderen – jenseits von uns bloßen Sterblichen – zu liegen. Ich habe den Eindruck, dass mir die Fälle, die mich zu tiefer Nachforschung bewegen, aus höheren Quellen, die gewiss jenseits meiner Kontrolle liegen, zugeführt werden. Während der Jahre 1986 und 1987, während ich mich sehr auf das Nostradamus-Material (berichtet in meiner Trilogie GESPRÄCHE MIT NOSTRADAMUS) eingelassen hatte, gingen zwei Versuchspersonen von mir spontan in diese Zeitperiode zurück, und mein Interesse wurde aufs Neue geweckt. Ich habe mich oft gefragt, welche Chancen in dieser Richtung bestanden, aber ich habe seither gelernt, nicht nach Gründen zu fragen, denn ich scheine unerklärlicherweise zu den Fällen geführt zu werden, über die zu berichten ich bestimmt bin.

Dieses Buch ist die Geschichte von zwei Frauen, die unabhängig voneinander Jesus in einem früheren Leben begegnet sind. Ihre Erinnerungen fügen den Texten, die uns über die Zeiten hinweg überliefert und dabei teilweise verdreht und gekürzt worden sind, wertvolles Material hinzu. Das hilft uns, diesen Jesus, der zuallererst ein Mann und ein menschliches Wesen mit vielschichtigen und sehr realen Gefühlen und Emotionen war, besser zu verstehen und zu würdigen. Sicher war er ein Meister-Lehrer, der die Geheimnisse des Universums verstand und versuchte, sie den Sterblichen seiner Zeit zu offenbaren, als er sagte: „Diese Dinge und noch mehr werdet auch ihr tun". Aber er war auch ein Mensch, und dieser Teil seiner Geschichte wurde geflissentlich übersehen. In diesem Buch – wie in JESUS UND

DIE ESSENER – haben wir die seltene Gelegenheit, ihn wie die Menschen seiner eigenen Zeit zu sehen. Es malt ein Bild von ihm, das höchst persönlich und echt ist. Vielleicht kann der wahre Jesus schließlich als der wunderbare Mensch gesehen und gewürdigt werden, der er war.

Betreten Sie die Welt des Unbekannten, die Welt der Rückführungshypnose.

Galiläa zur Zeit Jesu

Kapitel 2:

Eine Begegnung mit Jesus

Es gibt verschiedene Gründe, sich eine Rückführung in vergangene Leben zu wünschen. Viele Menschen haben ein bestimmtes Problem, das sie zu lösen versuchen – sei es physisch oder emotional. Karmische Beziehungen mit Familienmitgliedern oder anderen wichtigen Personen schaffen oft Probleme, die nach Hilfe verlangen. Diese Menschen haben oft konventionelle Hilfsmittel – sowohl medizinischer als auch psychiatrischer Art – ausgeschöpft und wenden sich nun der Reinkarnationstherapie als einem möglichen Lösungsweg zu. Dann gibt es immer jene, die rein aus Neugier um eine Rückführungshypnose ersuchen, nur um zu sehen, ob sie tatsächlich ein früheres Leben hatten.

Als Maria um einen Termin bat, war es mir nicht klar, welcher Kategorie sie angehörte. Sie war eine sehr attraktive Frau Ende dreißig. Sie war geschieden und versuchte, zwei Söhne allein aufzuziehen. Dafür machte sie ihr eigenes Geschäft auf, eine kleine Pflanzschule und eine Landschaftsgärtnerei. Ihr Terminplan war voll, und unsere Sitzungen mussten zwischen ihren anderen Verabredungen stattfinden. Sie kam normalerweise in ihrem kleinen Lieferwagen, der beladen war mit Pflanzen. Nach der Sitzung setzte sie dann ihre geschäftlichen Lieferungen fort. Sie war zweifellos keine gelangweilte Hausfrau, die ein aufregendes Betätigungsfeld suchte. Maria war eine pflichtbewusste Mutter, bestrebt, in ihrem Geschäft Erfolg zu haben, sodass sie ihren zwei Söhnen das bestmögliche häusliche Leben schaffen konnte.

Sie gab zu, dass sie nach einer Antwort auf ein Problem suchte, aber sie wollte mit mir nicht darüber sprechen, um welches Problem es sich handelte. Sie sagte einfach, wenn wir es fänden, würde sie es erkennen. Dies bedeutete für mich als Therapeutin, dass ich im Dunkeln tasten und nicht wissen würde, wonach wir suchten. Dem kann abgeholfen werden, indem man dem Unterbewusstsein freien Lauf lässt und ihm erlaubt, das zu finden, wonach der Klient sucht. Als wir unser erstes Treffen hatten, versetzte ich Maria in Trance. Ich erlaubte ihr dann, ohne Führung meinerseits durch die Zeit zu reisen, wohin auch immer sie wollte, ohne nach dem Grund des Problems zu suchen.

Ich konnte leicht voraussagen, was passieren würde, denn diese Fälle folgen oft einem Muster. Die Ergebnisse sind üblicherweise immer dieselben. Maria ging in ein Leben zurück, das alltäglich und langweilig war, und wo wenig Bedeutendes geschah. Sie sagte, es würde einige ihrer Fragen beantworten und sich auf Dinge in ihrem jetzigen Leben beziehen, hätte aber keine Verbindung zu dem Hauptproblem. In der nächsten Woche waren die Ergebnisse ähnlich: Ein normales Leben kam hoch, das nur ein Randproblem ihres jetzigen Lebens streifte.

Der Durchbruch kam während der dritten Sitzung. Maria war eine ausgezeichnete Versuchsperson, und ich hatte ihr beigebracht, durch die Benützung eines Schlüsselworts in tiefe Trance zu fallen. So ein Schlüsselwort kann jedes beliebige Wort sein, und seine Anwendung erspart lange Einführungen. Nachdem sie es sich auf der Liege bequem gemacht und sich entspannt hatte, benützte ich ihr Schlüsselwort und zählte abwärts......

Sobald sie den tiefen Trancezustand erreicht hatte, ersuchte ich ihr Unterbewusstsein, eine Information zu liefern, die für sie wichtig war. Ich bat es, sie zu einem früheren Leben zu führen, das für ihr jetziges Leben wichtig und bedeutungsvoll wäre. Sie fühlte sich nun genügend sicher mit mir, sodass ich hoffte, dass ihr Unterbewusstsein zur Mitarbeit bereit wäre.

Ich führe so viele Sitzungen durch, dass ich mehrere Tonbandgeräte benütze. Oft nutze ich sie völlig ab, sowohl durch das Aufnehmen als auch durch das Übertragen. Die Tonbandaufnahme der ersten Sitzungen mit Maria fiel gerade in eine Zeit, wo mein Tonbandgerät nicht richtig funktionierte. Ich hatte schon einige Sitzungen hinter mir, als ich erst bemerkte, dass mit dem Gerät etwas nicht stimmte. Immer wieder machte es Sprünge, und die Spulen hörten gelegentlich auf, sich zu drehen. Während dieser Momente

12

verlor ich Worte. Bein Übertragen dieser Sitzungen versuchte ich, alles, was fehlte, zu rekonstruieren, so gut ich mich erinnern konnte. Deshalb war ich während dieser Sitzungen oft genauso mit der Kontrolle des Tonbandgerätes beschäftigt wie mit der Klientin. Ich benützte eine Methode, bei der die Person auf einer schönen weißen Wolke schwebt. Ich bat die Wolke, sie in einem bedeutungsvollen Zeitabschnitt abzusetzen, wo es für sie wichtige Informationen gab. Ich wandte die Zähltechnik an, als die Wolke sie trug und ganz sachte hinuntergleiten ließ. Ihre ersten Eindrücke waren, dass sie in einem Hain von grünen Bäumen stand. Sie stellte fest, dass sie eine glatte, leicht gefleckte, graue Rinde hatten, die ihr nicht vertraut war. Dann bemerkte sie eine kleine Gruppe von vier Leuten unter den Bäumen. Sie konnte sie aus der Entfernung sehen, und sie schienen alle gleich gekleidet zu sein: in weißen Leinengewändern, die an der Taille durch einen Baumwollstrick zusammengefasst waren. Eine Frau hatte ein Tuch aus Leinen als Kopfbedeckung. Als Maria an sich hinunterschaute, entdeckte sie, dass sie in der gleichen Art gekleidet war, in einem handgewebten Gewand aus weißem Leinen, und hatte Sandalen an ihren Füßen. Sie wusste, dass sie ein junges Mädchen im Teenager-Alter war, mit langen, braunen Haaren. Sie sagte, sie heiße Abigail, und sie sei von einem nahegelegenen Dorf zu diesem Platz gekommen. Ich fragte, ob sie näher an die Leute herangehen wolle.

„Ja", sagte sie, „ich würde gern wissen, warum sie sich versammelt haben. Warten sie auf meine Ankunft? Ich muss ähnlich scheu sein wie in meinem jetzigen Leben. Sogar heute noch zögere ich, mich Gruppen anzuschließen. Ja, ich glaube, sie warten auf mich."

Dolores: Kennst du diese Leute?
Maria: Ich war schon früher mit ihnen zusammen gewesen. Aber ich bin die Jüngste. Ich weiß nicht so viel wie sie.
D: Sind sie Nachbarn oder Freunde, oder was?
M: Ich glaube, sie sind Lehrer. Ich habe noch keine lange Zeit mit ihnen verbracht. Ich fühle mich irgendwie unwürdig für das, worauf sie ihre Aufmerksamkeit richten. Es ist schwierig für mich anzunehmen, dass sie mich als Schülerin in ihrem Kreis haben wollen. Ich bin ja noch so jung und sie sind so weise.
D: Ich denke, es ist sehr gut, dass du lernen willst.

M: Ja (lacht). Das ist meine Natur. Sie haben meinen Eifer bemerkt. Sie glauben, dass ich eine würdige Schülerin bin, auch wenn ich es nicht glaube.

D: Ist es schwer zu verstehen, was sie dich lehren?

M: Es ist nicht schwierig zu verstehen. Ich bin sehr privilegiert, diese Informationen erfahren zu dürfen. Es sind spirituelle Lehren, die sie über viele Jahre gesammelt und aufbewahrt haben, um sie weiterzugeben.

D: Wie finden sie ihre Schüler?

M: Ich glaube, meine Eltern schickten mich hierher. Da, wo ich jetzt bin, scheinen die anderen alle Lehrer zu sein, und ich bin die einzige Schülerin.

D: Vermutlich ist das schwierig, so viele Lehrer zu haben.

M: Es ist eine moralische Unterstützung. Ich fühle mich, wie wenn ich in eine neue Familie gekommen wäre. Sie sind sehr warmherzig und nehmen mich gerne an. Sie scheinen mich sehr gern zu haben.

D: Weißt du, in welchem Land wir sind? Hast du das schon einmal von jemandem gehört?

M: (Lange Pause) Das Wort „Palästina" kommt mir in den Sinn.

D: Ist es heiß da?

M: Es ist ein leichter Wind. Draußen in der Sonne ist es warm, aber unter den Bäumen ist es kühl. Es ist ein sehr angenehmer Ort zum Lernen. Mir gefällt der Unterricht mit ihnen. Dies ist eine sehr erfreuliche Erfahrung.

D: Musst du lesen oder schreiben?

M: Nein. Sie lehren durch Reden. Und ich höre zu und lerne und behalte das Wissen in meinem Gedächtnis, in meinem Herzen. Ich glaube, dass ich eine Lehrerin werden soll. Und deshalb will ich nun lernen, in diesem Alter, und ich werde dann fähig sein zu lehren, wenn ich das ganze Wissen aufgenommen habe.

D: Welche Art von Lehren geben sie dir?

M: Mysterien. Das, was den meisten Menschen nicht bekannt ist.

D: Nun, die meisten Menschen würden sie sowieso nicht glauben, oder?

M: Sie machen sich nichts daraus. Sie haben nicht das brennende Verlangen. Deshalb haben mich meine Eltern hier angeboten. Sie erkannten dieses brennende Verlangen in mir.

D: Du hast gesagt, dass du noch nicht lange Schülerin bei ihnen seist?

M: Ja, das stimmt. Dies ist vielleicht mein drittes Treffen mit ihnen. Wir lernen uns gerade kennen und erfahren persönliche Dinge voneinander. Es ist etwas spezieller als nur ein Lehrer-Schüler-Verhältnis. Es fühlt sich fast an, wie wenn man in eine Familie von Tanten und Onkeln kommt. Wie wenn sie auf mich gewartet hätten, und nun bin ich hier. Sie haben mich wissen lassen, dass das, was sie mir vermitteln wollen, „die Mysterien" genannt wird, und dass ich sehr eng mit ihnen verbunden sein werde.

D: Weißt du, wo sie dieses Wissen herhaben?

M: Sie hatten Lehrer. Es scheint weit in die Zeit zurückzureichen. Es handelt sich hier um so etwas wie Wahrheiten.

Was ich nun über diese Lehrer hörte, klang stark nach den Essenern, dieselbe geheimnisvolle Gruppe, von der auch Jesus unterrichtet wurde, obwohl man das niemals eindeutig festgestellt hat. Sie erschienen zweifellos als Mitglieder einer geheimen gnostischen Gruppe, die Wissen besaß, das der breiten Öffentlichkeit nicht zur Verfügung stand.

Ich wollte die betreffende Zeitperiode festmachen, ob es vor oder nach Christi Geburt war, zumal die Essener über einen langen Zeitabschnitt aktiv waren. Eine Methode, die in JESUS UND DIE ESSENER funktionierte, war, nach dem Messias zu fragen.

D: Ist der Messias schon in euer Land gekommen? Weißt du etwas darüber?

M: (Pause) Der Messias?

D: Hast du schon einmal dieses Wort gehört?

M: Der Messias? Es scheint etwas zu sein, das eines Tages kommen wird. Ich weiß nichts davon.

D: Sind da, wo du lebst, jüdische Menschen? Leute, die die jüdische Religion studieren?

M: (Lange Pause) Das scheint nicht zur Sache zu gehören.

D: Ich vermute, es ist ein Teil ihres Glaubens, dass eines Tages ein Messias kommen wird; deshalb fragte ich mich, ob du solche Geschichten gehört hattest.

M: Das scheint nicht... Das Wissen scheint nicht da zu sein.

D: Gut. Ich versuchte nur herauszufinden, in welcher Zeitperiode wir sind. Und die Zeit ist manchmal sehr schwierig zu verstehen. Gibt es in eurem Land einen Herrscher? Weißt du etwas darüber?

15

In JESUS UND DIE ESSENER wurde die Zeit nach den Regierungsjahren eines Herrschers berechnet. Aber das half hier nicht weiter.

M: Nein. Das weiß ich nicht. Ich wuchs in einer kleinen Gemeinschaft auf. Es ist fast so, als ob mein ganzes Leben auf diese Zeit gewartet hätte. Ich scheine ein sehr behütetes, beschütztes Leben gehabt zu haben, ohne weiterreichende äußere Einflüsse. Wir haben eine Gemeinschaft, ein kleines Dorf. Ich kenne die Leute des Dorfes, aber nichts von der großen weiten Welt. So wuchs ich völlig unberührt auf, und als die Zeit der Ausbildung kam, war ich vergleichbar einem jungfräulichen Material.

D: So wurdest du in keiner Weise von der Außenwelt beeinflusst.

M: Ich glaube, das ist eine wahre Feststellung.

D: Ich kann das verstehen. Ist dir noch etwas anderes vor dieser Zeit beigebracht worden?

M: Durch meine Eltern. Sie sind sehr freundliche Leute. Mein Leben im Dorf war sehr friedlich. Ich hatte eine wunderbare Kindheit. Meine Mutter macht so eine Art flaches Kuchenbrot, das ich sehr mag. Sie bäckt das auf einem Backblech. Die Brote scheinen eine Leibspeise von mir zu sein. (Sie hörte plötzlich auf, in Erinnerungen zu schwelgen). Aber nun bin ich nicht mehr länger ein Kind. Und es ist nun Zeit für mich, einen neuen Lebensabschnitt zu beginnen und diese zärtlichen Erinnerungen loszulassen.

D: Aber wenigstens hast du doch die zärtlichen Erinnerungen. Hast du Brüder oder Schwestern?

M: (Pause, dann überrascht) Oh! Es sieht so aus, als gäbe es eine kleine Schwester. Sie und ich – wir mögen uns sehr.

D: Ich dachte gerade: Bist du nicht in dem Alter, wo Mädchen normalerweise heiraten?

M: Nun, ich glaube nicht, dass es das ist, wozu ich berufen bin. Ich bin sehr glücklich, eine Schülerin zu sein. Das ist etwas, worauf ich gewartet und mich gefreut habe. Jeder dieser Menschen wird eine andere Rolle in meinem Unterricht haben. Sie werden alle an meiner Ausbildung Anteil haben. Es scheint, dass... (Pause).

D: Was ist?

M: Es scheint, dass ich gründlich für den Dienst in der Öffentlichkeit vorbereitet werde, zum Beispiel in einem Tempel.
D: Dann wirst du viele Dinge zu lernen haben, oder?
M: Ja. Ein breites, umfassendes Verständnis. Eine spirituelle Basis. Wahrheiten.
D: Wirst du imstande sein, mir weiterzugeben, was dir gelehrt wird?
M: Nun, ich weiß das jetzt noch nicht, weil mir diese Lehren noch nicht bekannt sind. Ich zögere nicht, sie mit dir zu teilen, wenn sie mir einmal bekannt sind.

Es war offensichtlich, dass das Lehren noch eine lange Zeit weitergehen würde, deshalb beschloss ich, die Geschichte in der Zeit vorwärts zu bewegen. Üblicherweise tue ich das, indem ich den Klienten bitte, in jenem Leben vorwärts zu gehen bis zu einem bedeutenden Tag. Da die meisten Leben nüchtern und mit einfacher, gewöhnlicher, täglicher Routine angefüllt sind (wie unser gegenwärtiges Leben), ist dies die wirkungsvollste Methode, einen wichtigen Brennpunkt zu lokalisieren – wenn einer existiert. Es gibt frühere Leben, wo der Klient nichts Bedeutendes findet, was wiederum das Phantasieren ausschließt. Als ich das Vorwärtszählen von Maria (als Abigail) beendet hatte, zeigte ihr Gesichts- und Körperausdruck, dass gerade etwas passierte. Es kam keine Antwort, aber aus den deutlichen körperlichen Reaktionen und ihren tiefen Seufzern zu schließen, wusste ich, dass es etwas Beunruhigendes war.

D: Was erfährst du gerade?
M: Ich scheine… älter zu sein. Meine Lehrer sind nicht mehr bei mir.
D: Hast du lange Zeit bei ihnen gelernt?
M: Ja, vierzehn Jahre.
D: Wo bist du?
M: (Pause) Ich scheine… bei einem Tempel zu sein. Es ist… etwas ist nicht gut… alles ist nicht gut.
D: Was ist los?
M: (Lange Pause) Ich glaube, dass es mir nicht erlaubt ist zu lehren. Es ist, wie wenn mein Geist voll ist, und es ist ein zusammenschnürendes Band um meinen Kopf. Es ist mir nicht gestattet, mein Wissen weiterzugeben. Es ist… meine Leute… Es ist, wie wenn ich kaltgestellt wäre.

D: Aber du hast so viel Wissen, warum sollten sie dir verbieten zu lehren? Du hast die Aufgabe, viele wichtige Dinge weiterzugeben.

M: Sie sind nicht glücklich über das Wissen, das ich habe.

D: Wer sind sie?

M: Die Älteren. Die Männer. Ich bin eine Frau. Sie sagen: Frauen sind es nicht wert, irgendetwas zu lernen. Ich darf diese Art von Wissen nicht haben. Sie wollen nicht, dass ich lehre. (Voller Schmerz) Mein Kopf!

Wenn die Person reale physische Empfindungen erlebt, beseitige ich diese immer. Von einem objektiven Standpunkt aus kann über sie eher berichtet werden, als wenn man wirklich Schmerz oder Unwohlsein wiedererlebt. Dies hält die Person in einem angenehmen Zustand und lässt sie spüren, dass ich immer auf sie aufpasse. Es hilft ihr, die Geschichte zu erzählen, ohne von körperlichen Empfindungen abgelenkt zu werden. – Ich gab ihr Suggestionen des Wohlbefindens. Dann versuchte ich, ihr Vertrauen zu gewinnen. Damit würde sie imstande sein, mir Dinge zu erzählen, die sie anderen gegenüber nicht ausdrücken konnte.

D: Du kannst mit mir sprechen, auch wenn du es mit den anderen nicht kannst. Lehrst du schon längere Zeit?

M: Ja, Kinder. Ich lehrte… Kinder wurden immer zu mir gebracht. Und ich verbrachte die Zeit mit ihnen. Die Eltern brachten sie mir. Wir saßen dann auf den Stufen des Tempels. Und wir lernten durch das Spielen, Geschichtenerzählen und Tanzen. Und ich brachte Licht in ihr Gemüt.

D: Oh, ich denke, das ist eine wundervolle Art des Lernens, weil es für ein Kind manchmal schwierig ist, mit dem Verstand zu verstehen. Ich würde mich freuen, wenn du einige dieser Dinge mit mir teilen könntest, so, wie wenn ich ein Kind wäre. Denn es gäbe Dinge, die ich nicht wüsste, und ich bin sehr begierig zu lernen. Wie hast du sie belehrt?

M: Wir hatten einen Vogel. Einen kleinen weißen… ah, wie eine Taube. Sehr schön… (sie hatte einen plötzlichen Einfall:) eine Turteltaube. Die Turteltaube war eine besondere… oh, eine Freundin von mir. Die Turteltaube und ich standen in enger Verbindung. Und ich pflegte die Taube als ein Beispiel für meine Kinder zu benutzen. Ich brachte die Taube in einem Käfig und zeigte den Kindern dann, dass die Käfig-Tür offen war. Die Taube konnte herausgehen, sich umschauen und neue Gesichter sehen; und es stand ihr ein größerer Raum zum Umherwandern zur Verfügung. Und sie konnte in der Tat ihre Schwingen öffnen und fliegen. Ich zeigte ihnen: Alle Kinder haben diese Gelegenheit, diese Chance, diesen Torweg, der sich zu einem viel größeren Verstehen öffnet. Und wenn sie zu mir kommen und die Zeit mit mir verbringen, beginnen sie zu verstehen, dass die Welt viel größer ist als ihr kleiner Käfig. Und ihr Geist kann sich in diesen Raum hinein ausdehnen. Es gibt nichts zwischen ihnen und dem Flug. Und sie können auch fliegen und sich von den Winden des Geistes tragen lassen. Sie können höher steigen und zurückkommen, zurück zu den Menschen, die auf diesem Erdenplan leben. Und sie können zu ihnen sagen: „Kommt, schaut, was ich gefunden habe! Kommt, fliegt mit mir!" und dann jemanden mit sich nehmen.

D: Das ist sehr schön.

M: Oh, die Turteltaube ist ein wunderbarer, herrlicher Geistfreund.

D: Mir gefällt das, weil ich es auch verstehen kann.

M: Oh, ja. Es gibt so vieles mehr dort draußen, als du dir je vorstellen kannst. Die Kinder sind so kostbar.

D: Was hast du ihnen noch gezeigt?

Sie wechselte von der Erinnerung zur direkten Erfahrung des Ereignisses, so, wie wenn sie ganz in der Szene gegenwärtig wäre.

M: Es liegt da etwas Rotes auf der Stufe. (Sie schien es genauer zu betrachten). Es scheinen zwei Holzstücke zu sein. Zylindrisch. Sie liegen hier... und warten darauf, benützt zu werden.

D: Wofür werden sie benutzt?

M: (Ein Einfall) Oh! Sie werden für den Rhythmus gebraucht, als Schlaginstrumente. (Lacht freudig). Sie werden als Taktgeber gebraucht, wenn die Kinder tanzen. Lass mich sehen. (Pause, wie wenn sie beobachten würde).

D: Was geschieht?

M: (Lacht) Oh, wir tanzen die Stufen hinauf und hinunter. Die Stufen sind sehr breit und geräumig. Sie sind tief und sehr lang. Dies ist einfach ein wunderbarer Platz. (Überrascht) Es ist dem Hain nicht unähnlich. Ahhh! Die Säulen, die Überdachungen... (lacht glücklich) der Schatten, die Kühle – und die Sonne nur auf der anderen Seite. Die Kinder sind sehr froh darüber, hierher zu kommen. Sie haben viel Platz. Und sie verbringen ihre Zeit mit mir. Es ist eine besondere Zeit für uns alle. Wir lernen durch das Tanzen, wenn wir nach innen und nach außen gehen und uns im Kreis bewegen.

D: Was für eine Art von Lektion könnte über das Tanzen vermittelt werden?

M: Dass es wichtig ist, seine Emotionen auf körperliche Weise zum Ausdruck zu bringen; sich zu erlauben, sein Inneres durch Bewegung zu manifestieren. Und indem wir einfache Rhythmen lernen, einfache Muster, einfache Schritte, schaffen wir Erleichterung und Freude. Und wir lernen, den Tanz durch Rhythmus und Musik zu begleiten. Wir benützen auch eine Schellentrommel. Die Kinder werden in diesem zarten Alter befähigt, Ausdrucksmöglichkeiten zu erlernen, die sie später brauchen werden, wenn sie älter sind und sich selbst erziehen. Sie müssen in Berührung bleiben mit ihrem Gefühlsausdruck. Sie werden ermutigt, nicht alles in sich zurückzuhalten, sondern dem Inneren Stimme zu geben und es in Bewegung umzusetzen. Und sie lernen, ein Muster zu sehen und zu wissen, dass es ein Ziel gibt. Das ist alles in den ganz einfachen Anfängen des kleinen Tanzes enthalten. Dieses Muster lernen sie jetzt, und es wird sie befähigen, genau das in ihr Erwachsenenleben zu tragen, wenn es nicht so einfach sein wird, bestimmte Muster oder Handlungen spontan auszudrücken. Sie werden sich daran erinnern, wie sie in ihrer Jugend Spontaneität gelebt haben. Sie werden sich an die Freude erinnern, die in ihnen entstand, an diese Freiheit, dieses Glück. Es ist so viel Freude in Gottes Wort. Es ist so viel Freude in seinem Geist. Und sein Geist bricht sich Bahn und drückt sich in Bewegung aus; es ist eine sehr freudige Erfahrung.

D: So klingt es wirklich. Ich glaube, dass du eine sehr gute Lehrerin bist.

M: Oh, danke.

D: Du hast sehr gute Methoden.

M: (Glücklich) Danke.

Ich gewann den Eindruck, dass sie nicht gewöhnt war, Lob für ihre Arbeit zu erhalten.

D: In welcher Stadt sind wir jetzt? Wo ist dieser Tempel?

M: Jerusalem.

D: Haben sie eine Bezeichnung für diese Art von Unterricht, den du erteilst? Ich denke gerade an eine Organisation oder Gruppe, von der du ein Mitglied sein könntest.

M: Ich scheine... einzelstehend zu sein.

D: Was bedeutet das?

M: Ich bin nicht in einer Verbindung. Ich scheine... zum Tempel zu gehören. Da schlafe ich auch. Meine Bedürfnisse werden gedeckt durch meinen Dienst im Tempel.

D: Es klingt so, als ob das ein großer Tempel wäre.

M: Ja, es ist ein großer Tempel. Offen, große Säulen, Altäre.

D: Welche Religion vertritt der Tempel?

M: (Pause) Ich glaube, das Judentum.

Das war ein weiteres Anzeichen, dass sie zu einer anderen Gruppe gehörte. Waren es die Essener?

D: Du sprachst über Gottes Worte; ich frage mich deshalb, welchen Gott du anbetest.

M: Nun, mein Verständnis weicht vom Verständnis der Männer ab. Solange ich mich mit den Kindern beschäftige, werde ich geduldet. Ich muss Schweigen bewahren über mein Wissen.

D: Ich kann nichts Falsches daran erkennen.

M: Die Priester... (sie zögerte – es war schwierig zu erklären). Es ist sehr unangenehm für mich. Ihr Betragen, ihre Lehren. Sie sind so zu. Sie sind so dunkel. Sie sind nicht vom Licht. Sie sind nicht einmal von der Wahrheit. – Sie halten die Leute ab von der Unmittelbarkeit unserer Erfahrung mit Gott. Er ist nicht irgendwo weit weg, wo man kaum hingelangen kann. Er ärgert sich nicht über uns. Er verlangt von uns nicht, schöne Tiere als Opfer zu töten. Er ist mit uns, in jedem Atemzug, den wir nehmen. Er ist ein Teil von uns. Er lebt in uns. Wir sind Gott in physischer Form. Wir sind das. Es ist nicht irgendein Ding weit weg, das wir nicht erreichen können. Wir sind nicht unwürdiger Pöbel. Jeder von uns ist heilig, jeder hat Zugang zu diesem Glauben, und wir haben diese Essenz von Heiligkeit in uns. Sie ist nur so zu-gedeckt, dass sie nicht durchscheinen kann. (Das alles sagte sie leise, aber mit

Nachdruck). Es ist frustrierend. Ich fühle so viel Verständnis und kann/darf das nicht lehren.

D: Vielleicht bin ich deshalb gekommen. Du kannst mich belehren, und das wird dir helfen; dann wirst du dich nicht so eingeschränkt fühlen. Aber die Priester lehren den Menschen diesen anderen Glauben?

M: Es klingt sehr abgehoben. Sehr weit über dem gewöhnlichen Volk. Wie wenn das gewöhnliche Volk nicht direkt zu Gott gelangen könnte, ohne die Priester. Es ist ihre Rolle, aber es hält die Menschen davon ab zu erkennen, dass Gott in ihnen ist.

D: Bist du die einzige weibliche Lehrerin?

M: Ich bin die einzige. Ich habe eine Art von Dienst. Die Kinder scheinen ein annehmbarer Weg zu sein, mich aus der Hauptströmung herauszuhalten, und an einen für eine Frau angemessenen Platz zu stellen.

Später, als ich meine Nachforschungen betrieb, entdeckte ich, dass es zur Zeit Jesu nicht verlangt wurde, irgendeine Schule zu besuchen. Wenn ein jüdischer Junge eine Ausbildung erhielt, gab es Schule nur in Verbindung mit den Synagogen, und die einzigen Schulbücher waren die hebräischen Schriften. Bei den Juden bedeutete Wissen „das Wissen über die Gesetze des Moses" oder die Thora. Nichts anderes wurde gelehrt, und Ausbildung bedeutete bloß „Ausbildung in Religion". Jeder, der das Gesetz gründlich verstand und imstande war, es zu erklären – vorausgesetzt, er wählte den Lehrberuf – wurde als „Gelehrter" betrachtet, als „Rabbi". Die Einhaltung des strengen Buchstabens des Gesetzes wurde als herausragende Eigenschaft eines Gelehrten dieser Zeit betrachtet.

In JESUS UND DIE ESSENER entdeckten wir, dass in Palästina zu jener Zeit eine sehr starke männliche, chauvinistische Haltung vorherrschte (wie uns jetzt bekannt ist). Frauen hatten streng definierte Rollen, und jede Abweichung davon wurde nicht akzeptiert. Sie wurden nicht ausgebildet und hatten ihren eigenen Bereich im Tempel, sodass sie sich während des Gottesdienstes nicht unter die Männer mischen konnten. Abigails Fall ist nicht ein Widerspruch zu diesen Regeln, weil sie andeutete, dass sie keine Jüdin war. Sie muss von einer anderen Gruppe, die nicht an diese Regelungen gebunden war, ausgebildet worden sein. Die Essener hatten keine solchen

Einschränkungen und lehrten jeden entsprechend seines eigenen Verlangens und seiner Lernfähigkeit.

Es muss die männlichen Priester tief verunsichert haben festzustellen, dass Abigail nicht nur ausgebildet, sondern auch in hohem Maße auf Gebieten, die ihnen nicht vertraut waren, geschult worden war. Dies konnten sie nicht ertragen. Das durfte nicht zugelassen werden.

Es wurde nie geklärt, warum Abigail ein Platz zugewiesen wurde, wo sie unwillkommen war. Offensichtlich wollten sie die Männer dort nicht, aber sie konnten sie nicht entfernen. Ihre einzige Lösung war, sie in eine Position zu bringen, wo sie mit ihrem überlegenen Wissen und ihrer abweichenden Denkweise keine Bedrohung für sie darstellte. Sie wiesen ihr eine weibliche Rolle zu, auf die Kinder aufzupassen, wo sie dachten, dass sie keinen Schaden anrichten könnte. Sie lagen falsch. Sie erfand bald einen Weg, um zu lehren, eine Methode, um Wissen – als Spiel verkleidet – diskret an die Kinder weiterzugeben. Aber das wahre Wissen konnte sie nicht vermitteln, und deshalb schmerzte ihr Kopf, und sie hatte das Gefühl, wie wenn ihr Verstand wegen des Drucks an Information, die freigesetzt werden wollte, explodieren würde.

D: Hast du die traditionellen jüdischen Lehren auch studiert?
M: Sie scheinen nicht in meinem Gedächtnis zu sein.
D: Hast du schon einmal von der Geschichte über den Messias gehört?
M: (Pause). Ich weiß nichts über den Messias, aber ich glaube, dass da ein Mann lehrt. Er ist auch nicht glücklich mit den Priestern (seufzt). Ich glaube, dass es einen Mann gibt, der ein ähnliches Verständnis wie ich hat. (Pause). Das Königtum Gottes ist innen. Die Tempel sind nicht dazu da, um Gott von den Menschen zu trennen. Die Tempel sollen ein Platz für die Vereinigung von Mensch und Gott sein. Den Menschen sollte es ermöglicht werden, in den heiligen Raum zu kommen und Gott direkt in das eigene Herz einzuladen – nicht durch Opfer und nicht durch Vermittlung. Sie sollten die Möglichkeit haben, auf diesem heiligen Grund zu stehen und direkt mit Gott zu kommunizieren.
D: Ich stimme dir voll zu. Aber dieser andere Mann… hast du ihn schon einmal gesehen oder ihn sprechen gehört?
M: Ich glaube, dass er an einer anderen Stelle auf den Tempelstufen war, als da, wo ich lehre. Es ist so wie im rechten Winkel. Ich

lehre die Kinder üblicherweise auf der langen Seite des Gebäudes. Er stand an der Schmalseite, da, wo man normalerweise an den Tempel herantritt (unterhalb des Haupteingangs auf der Ostseite, dem „Schönen Tor", s. Kap. 4).

D: Hast du ihn schon gehört, als er mit den Leuten sprach?

M: Ich glaube, er sprach zu einer Gruppe von Menschen, als ich die Kinder auf der anderen Seite der Treppe hatte.

Sie wechselte wieder von der Vergangenheitsform in die Gegenwart, was anzeigt, dass sie ganz in diesen Zeitabschnitt eintauchte, um das Ereignis wieder zu erleben und davon zu berichten.

M: Er spricht mit großer Autorität. Ich bin neugierig zu wissen, wer das ist.

D: Hast du jemanden sagen gehört, wer er ist?

M: Das ist höchst ungewöhnlich. Ein Mann winkt uns zu kommen. Die Kinder und ich. Er sagt: „Kommt! Ihr müsst ihn hören. Dieser Mann ist der Sohn Gottes."

D: Ist er auch auf den Stufen?

M: Er rennt an die Stelle, wo die Menge versammelt ist.

D: Seid ihr dabei, mit ihm zu gehen?

M: Ich bin im Zwiespalt, was ich tun soll. Einerseits will ich gehen und diese Person sprechen hören – andererseits kann ich die Kinder nicht unbeaufsichtigt zurücklassen. Sie... ich denke nicht... Ich will nicht, dass sie jetzt mit mir kommen. Ich weiß nicht, in was ich die Kinder hineinziehen würde. Und ich bin sehr vorsichtig mit den Kindern.

D: Ich denke, du bist sehr weise, weil du die Kinder nicht in Gefahr bringen willst. Bleibst du bei ihnen, anstatt zu sehen, wer dieser Mann ist?

M: Ich bin hin- und hergerissen. Ich stehe in der Mitte zwischen beidem.

D: Ich vermute, dass du auch sehr neugierig bist.

M: Ja, ich will wissen, wer das ist, der mit solcher Autorität spricht.

D: Kannst du ihn sprechen hören?

M: Ich kann seine Stimme hören. Er spricht mit vollkommener Autorität. (Lacht) Ah! Ich muss zu den Kindern zurückkehren. Für sie bin ich verantwortlich.

D: Aber zumindest kannst du ihn von da, wo du bist, hören.

M: Er ist ein Stück weit entfernt. Ich kann ihn sprechen hören. Aber ich kann die Worte nicht unterscheiden. Ich kann seine Sprachmelodie wahrnehmen. Er spricht sehr klar.

D: Vielleicht findest du eines Tages heraus, wer er ist, und es wird dir ermöglicht, ihn zu hören und ihn aus der Nähe zu sehen.

Ich versuchte gerade, die Sitzung zu beenden. Bevor wir die Arbeit dieses Tages begannen, hatte Maria gesagt, sie wolle zu einer bestimmten Zeit aus der Trance kommen, weil sie eine Verabredung hatte. Wenn Abigail nicht vorhatte, hinüber zu gehen und diesen Mann zu hören, wäre es uns wahrscheinlich nicht möglich, im Moment sehr viel mehr zu erfahren. Ich wusste nicht, ob der Mann Jesus war, aber die Anzeichen wiesen in diese Richtung. Ich wollte das weiterverfolgen und herausfinden. Ich wollte mich jetzt nicht weiter engagieren, weil ich dem Ereignis mehr Zeit widmen wollte, und sowohl die Zeit als auch das Tonband waren gleich zu Ende. Ich plante, in der nächsten Sitzung fortzufahren.

M: Ich habe das Gefühl, dass wir uns gegenseitig kennen. Es ist ein allgemeines Verstehen zwischen uns, das uns gegenseitig anziehen wird. Ich kann geduldig sein.

D: Das ist wahr: Menschen, die ähnlich denken, werden sich üblicherweise auch gegenseitig finden. Aber mich interessierte der jüdische Glaube, dass eines Tages ein Messias kommen wird. Ist es wahr, dass sie nach einem Messias Ausschau halten? Weißt du etwas darüber?

M: Es ist, als ob... dazu kommt mir nichts in den Sinn. Es ist, als ob das, was aus meiner Erinnerung auftaucht, leicht und rein ist. Und es ist, als ob ich Ärger, Furcht und Verdammung nicht annehmen wollte. Ich will es nicht in meine Gedanken aufnehmen.

Sie hatte das bewusst ausgeblendet oder war vielleicht nie mit irgendeiner traditionellen jüdischen Theologie konfrontiert worden. Sie war allem Anschein nach sehr abgeschirmt worden. Am Beginn der Sitzung sagte sie, sie war wie jungfräuliches Material, als ihre Lehrer mit ihren Kursen begannen. Vielleicht war das beabsichtigt, sodass sie nicht von traditionellen Denkschulen beeinflusst würde.

D: Dann akzeptierst du keine der Lehren der Männer.

M: Ich scheine eine Art Schutzschild um mich herum zu haben, der...
ich akzeptiere das nicht in meiner Vorstellung.

D: Ich kann sehen, warum du es abblockst, weil die Männer so negativ sind, auch wenn es ihre Bestimmung ist, Priester Gottes zu sein.

M: Sie sind so wichtigtuerisch, nimm es mir bitte nicht übel. Dieser Mann hat Licht um sich. Deshalb weiß ich, dass ich ihn eines Tages kennenlernen werde.

D: Kannst du ihn sehen?

M: Ja, ich kann sehen, dass Licht um ihn ist.

D: Bist du um das Gebäude herumgegangen?

M: Nein. Ich kann zwischen den Säulen hindurchsehen. Er steht an einem anderen Platz, aber ich kann ihn sehen. Ja, er ist vom Licht.

D: Siehst du normalerweise Licht um die Menschen?

M: Bei Kindern manchmal, aber es ist nicht wie dieses Licht. Es strahlt rundum weiß aus ihm.

D: Oh, das muss sehr schön sein.

M: Nun, es hebt ihn von den anderen ab (lacht).

D: (Lacht) Kannst du sehen, wie er aussieht, oder ist er zu weit weg?

M: Er ist in einem seitlichen Winkel von mir. Er scheint in Weiß gekleidet zu sein, mit einem braunen... zusammengefasst an... es scheint ein Kleidungsstück zu sein, das über seine Schultern, auf die Vorderseite und den Rücken geht, und das an der Taille nahe am Körper gehalten wird.

D: Kannst du seine Gesichtszüge sehen?

M: Nein, er ist zu weit weg. Wir haben eine ähnliche Gesinnung. Es ist fast so, als ob da eine... Verbindung da ist, sogar auf diese Entfernung. (Sie gab einen plötzlichen Laut des Erstaunens von sich).

D: Was ist? (Ein weiteres Einatmen) Was geht vor sich?

M: Oooh! Ja, er fühlte die Verbindung.

D: Was?

M: Er kommt! Er kommt! Er kommt die Stufen herauf. Um die Kinder zu sehen! (Ihre Stimme drückte völlige Ehrfurcht aus).

Und bei mir lief das Tonband ab! Ich konnte kein weiteres in das Gerät einsetzen wegen des Zeitlimits, das mir Maria gesetzt hatte. Was für ein schlechtes Timing! Dass mir das ausgerechnet an diesem Punkt passieren musste! Frustriert wie ich war, wusste ich, dass ich einen Weg finden musste, die Sitzung abzuschließen, ohne sie aus der

Fassung zu bringen, sodass wir nächstes Mal zu dieser Szene zurückkehren konnten, um sie genauer bis in die Einzelheiten durchzugehen.

M: Die Menge folgt ihm. Er nimmt das Licht um die Kinder wahr. Er versteht. Wir sind von ähnlicher Gesinnung.

D: Nun, das ist sehr schön, aber ich fürchte, wir müssen uns jetzt davon trennen. Ich würde es gern hören, aber wir überschreiten die Zeit. Ich kann heute nicht mehr bei dir bleiben. Kannst du zu diesem Punkt zurückkehren, wenn wir uns jetzt davon verabschieden?

M: Oh, ich würde sehr gern mehr über diesen Mann erfahren.

D: Dann werden wir das nächste Mal, wenn ich komme, damit fortfahren. Es ist sehr schön und ich schätze es, wenn du es mit mir teilst. Lass uns nun diese Szene verlassen.

Sie drückte immer noch Gefühle der Ehrfurcht und Freude aus. Ich hasste es wirklich abzubrechen, aber wir hatten keine andere Alternative. Sie hatte Verpflichtungen in der „realen Welt" wahrzunehmen.

D: Trage das herrliche Gefühl mit dir. Entfernen wir uns jetzt von dieser Szene und kehren wir ein anderes Mal zu ihr zurück. Bewahre die Schönheit, Wärme und Liebe in deinem Herzen, wenn wir uns jetzt von jener Szene entfernen.

Ihr Gesichtsausdruck und ihre Körperbewegungen zeigten Protest an. Sie wollte diese Szene eigentlich nicht verlassen, aber sie musste den Anweisungen von mir, der Hypnotherapeutin, gehorchen. Sie konnte nicht in Trance bleiben, egal, wie sehr sie auch wollte. Die Szene verblasste, und sie wurde vorwärts durch die Zeit gezogen und kehrte bewusstseinsmäßig in das Zimmer zurück.

D: Es ist in Ordnung. Wir werden darauf zurückkommen, ich verspreche es.

Ich richtete ihre Persönlichkeit auf die Gegenwart aus und brachte dann Maria zurück zu vollem Bewusstsein. Als sie erwachte, stand sie immer noch unter dem Eindruck jener berührenden Szene. Sie begann zu weinen. Ich entschuldigte mich bei ihr, weil ich sie davon herausholen musste. Sie hatte Verständnis dafür, da sie ja diejenige war, die das Zeitlimit für die Sitzung gesetzt hatte, aber sie war immer noch enttäuscht. Ich legte schnell ein neues Tonband ein und nahm einen Teil des Gesprächs nach ihrem Erwachen aus der Trance auf.

D: Ich möchte nur ein wenig von dem aufnehmen, was du gesagt hast. Du sagtest, dass es, als eure Augen sich begegneten, Liebe auf den ersten Blick war?

M: *Die Tiefe des Verstehens war überwältigend. Ich konnte nicht glauben, dass ich gebeten worden war, die Szene zu verlassen. Ich meine, ich war gerade mitten drin. Es war so stark.*

D: Tut mir leid! (Lacht).

M: *Dolores, es erinnerte mich an Dinge in meinem jetzigen Leben, die ich nicht verstehen konnte. Ich wurde von Dingen getrennt, die mir so viel bedeuten. (Energisch:) Aber wir werden zurückgehen.*

D: Das werden wir. Und dann werden wir es auch beenden können. Aber du warst nicht nah genug, vermute ich, um wirklich…

M: *Ich war fast nah genug, um meinen Arm auszustrecken und seine Hand zu berühren.*

D: Konntest du einen Blick auf sein Gesicht werfen?

M: *Ja. (In Ehrfurcht) Ich schaute in seine Augen.*

D: Wie sah sein Gesicht aus?

M: *Oh! Markant… und sanft… und Liebe. Alles in seinem Gesicht… war Liebe. Seine Augen waren… es war nur Liebe. Er war nicht groß. So sanft. So freundlich. Oh! Wir müssen einfach zurückgehen.*

D: Welche Haarfarbe hatte er?

M: *(Pause) Wenn die Sonne das Haar traf, war es fast so, als sei etwas Rot darin gewesen.*

D: Hast du die Farbe seiner Augen gesehen?

M: *Nein. Es waren sehr tiefe Augen. Es war fast so, als gäbe es kein Ende in ihnen. Sie gingen geradewegs ins Innere. (Lacht). Es war wie bei der Redewendung, wo man „sich in den Augen eines anderen verlieren" kann. So war es. Die Kinder waren sehr aufgeregt. Sie konnten sehen, dass da etwas vor sich ging. Und sie wussten nicht, was für eine Miene sie dazu machen sollten (lacht).*

D: Ich musste noch niemals eine Szene an einem schlechteren Zeitpunkt verlassen (lacht). Normalerweise plane ich es etwas besser als das, so kann diese Verwirrung und Unzufriedenheit vermieden werden.

Ich wusste nicht viel über Marias Privatleben. Als sie auf der Bettkante saß, vertraute sie mir nun an, dass sie dreimal verheiratet war und dreimal geschieden wurde. Sie sagte, dass ihr ganzes Leben hindurch Dinge und Menschen, die sie liebte, von ihr genommen wurden. Und das war so, wie sie es gerade empfunden hatte. Genau an dem Punkt, als sie ihn sah (offensichtlich ein Höhepunkt in ihrem trüben, unglücklichen Leben), veranlasste ich sie, herauszugehen. Sie war sehr beeindruckt von diesem Mann und wollte mehr über ihn wissen. Von ihren Beschreibungen und Reaktionen her zu schließen gab es keinen Zweifel in mir, dass der Mann, den sie gesehen hatte, Jesus war. Deshalb war ich sehr überrascht, als sie, mit einem weit entfernten Blick in den Augen, sagte: „Ich frage mich, wer er war".

Verblüfft fragte ich: „Du meinst, du weißt es nicht?" Sie sagte, sie hätte wirklich keine Idee, außer dass er bestimmt ein bemerkenswerter und ungewöhnlicher Mann gewesen wäre. Ich antwortete, dass es nicht meine Absicht sei, ihr meine Vermutungen mitzuteilen, und ich würde es sie selbst in der nächsten Sitzung herausfinden lassen. Ihre Bemerkungen schienen ganz bestimmt jedes unbewusste Verlangen auszuschließen, ihrerseits eine Phantasiereise zu erschaffen, die es ihr erlauben würde, Jesus zu begegnen. Sie erkannte ihn nicht einmal als jene Person.

Sie sammelte ihre Habseligkeiten, und mit einem schweren Seufzer bestieg sie ihren Lieferwagen. Dann kehrte sie in ihre alltägliche Geschäftswelt zurück, die im Ausliefern von Pflanzen bestand.

Die Szene, die sie beschrieben hatte, haftete an mir und durchdrang die Luft um mich herum mit einer zarten Süße. Ja, wir würden darauf zurückkommen. Ich musste mehr über diesen bemerkenswerten Mann wissen, den sie durch die Zeiten hindurch nach oben ins Bewusstsein brachte.

Kapitel 3:

Die Heilung

Es war sowohl für Maria als auch für mich verwirrend, als ich die letzte Sitzung abrupt an so einem entscheidenden Punkt beenden musste. Als wir uns in der nächsten Woche trafen, war ich entschlossen, möglichst auf denselben Tag zurückzukommen. Hoffentlich konnten wir die Geschichte von Abigails Begegnung mit dem ungewöhnlichen Mann, den ich als Jesus erkannte, fortsetzen.

Bevor wir die Sitzung begannen, wollte Maria mit mir über ihre Erinnerung von dem Tanz mit den Kindern auf den Tempelstufen erzählen. Wir saßen auf der Couch, und ich schaltete das Tonband ein. Bei der Arbeit mit diesen Fällen ist es nie klug zu versuchen, sich auf seine Erinnerung oder Notizen zu verlassen, da zu viele Einzelheiten verloren gehen können, die sich später als unschätzbar wertvoll erweisen. Eine zufällige, unbedeutende Bemerkung könnte sich als wichtiges Bindeglied, das die Geschichte zusammenfügt, herausstellen. Das Tonbandgerät ist ein unersetzbares Utensil, auch wenn Wochen verstreichen, bis die Bänder transkribiert werden können.

Der weitentfernte Blick in Marias Augen war der Beweis, dass sie die Szene in ihrer Erinnerung wiedererlebte. Wieder einmal sah sie die Kinder auf den Stufen, lachend und sorglos.

M: Der Weg, wie die Szene in mein visuelles Gedächtnis kam, war, dass die Kinder und ich normalerweise in einer einreihigen Linie begannen, dann beschrieben wir eine Kurve und gingen immer mehr, wie bei einer Spirale, in einen enger werdenden Kreis hinein. Und dann führte uns der Anführer wieder heraus aus diesem engen Kreis, hinaus in den offenen Raum. Wir machten wieder eine Biegung, kamen zurück in den kleinen engen Kreis, und dann öffneten wir ihn wieder (all dies wurde begleitet von Handbewegungen). Der Zweck dieses Tanzes war, den Kindern auf symbolische Weise zu erklären, dass es Zeiten in unserem Leben gibt, wo wir es nötig haben, in uns zu gehen und ruhig und allein zu sein. Und dann gibt es eine Zeit, um in die Welt zu gehen und aufgeschlossen zu sein. Dann würden wir, um weitere Balance zu finden, wieder zurückgehen in unser Inneres, um ganz bei uns und allein zu sein, um darauf wieder hinaus in die Welt zu gehen. Der Tanz wurde als Beispiel oder als Verständnishilfe benutzt, um das Gleichgewicht zwischen dem kontemplativen und dem aktiven Leben zu erfahren. Ich konnte die symbolische Bedeutung sehen. Sie offenbarte sich mir klar wie ein Kristall.

D: Du sagtest, dass ihr auch eine Art von Klanghölzern und eine Schellentrommel benutzt habt.

M: *Ja, sie fungierte als Schlaginstrument, bei einem anderen Tanz. Dieser war für mich nicht so klar, außer dass ich die Kinder auf den Stufen sehen konnte. Dazu brauchte man eine breite Stufe, die zwei Treppenfolgen unterbrach. Die Stufen zum Tempel bestanden nicht aus einer Treppenfolge. Nach mehreren Stufen folgte ein breiter Treppenabsatz, daran schloss sich wieder eine Treppe an... Ich glaube, wir machten diese Art von Tanz auf dem weiten Treppenabsatz.*

D: Zuerst klang es seltsam, dass ihr auf den Stufen getanzt habt. Aber sie waren nicht so, wie wir uns Treppen vorstellen.

M: *Sie waren sehr breit. Ich unterrichtete die Kinder in dieser Art. Und den Männern gab das ein Gefühl von Sicherheit, weil sie glaubten, dass ich die Kinder nicht beeinflussen konnte. Ich war an meinem angemessenen Platz. Aber ich konnte viele spirituelle Inhalte lehren. Ich möchte dir eine weitere interessante Sache erzählen, die sich in diesem Sommer ereignete und die sehr untypisch für mich war. Ich besuchte einen großen Gartenmarkt hier in der Stadt, den ich für mein Geschäft benütze. Ich war gerade hereingekommen, um Pflanzen für die Einrichtung eines gewerblichen Gartens herauszugreifen – ein Auftrag für mich. Und ganz plötzlich sah ich dieses Stück Tonware, das die Form einer Taube hatte, die auf dem Boden sitzt. Und aus irgendeinem Grund konnte ich meine Aufmerksamkeit nicht von dieser Taube weglenken. Zum Schluss kaufte ich sie. Das war deshalb so untypisch für mich, weil sie 34 Dollar kostete, und das ist eine Menge Geld für eine Tontaube (lacht). Aber es war, wie wenn diese Taube zu mir sprechen würde. Ich meine, es war eine Spontan-Reaktion. Und letzte Woche, während der Rückführung, als diese Taube aus ihrem Käfig kam, sagte ich fast „Paloma", denn so benannte ich das kleine Stück Tonware.*

D: Das ist das spanische Wort für Taube. Aber diese Taube musste abgerichtet gewesen sein, weil sie nicht wegflog.

M: Richtig. Sie und ich, wir hatten eine spirituelle Verbindung. Wir kommunizierten miteinander.

D: Ich dachte, dass sie wegfliegen würde, als du sie herausließest. Aber anscheinend blieb sie genau da.

M: Sie flog. Sie machte ihre Kreise. Sie zeigte die ganze Freiheit des Fliegens. Sie verstand es, ihre Freiheit in der Luft zur Schau zu stellen, und sie verstand es, zurückzukommen, sodass sie andere lehren konnte, wie man geht und fliegt.

D: Das war die Symbolik.

M: Sie verstand wirklich, dass sie eine spirituelle Hilfe bei meinem Unterricht war. Wir standen uns sehr nahe.

D: Und der Vorfall mit der Tontaube ereignete sich Monate, bevor wir miteinander zu arbeiten begannen. Vielleicht versuchte dein Unterbewusstsein, dir auf die Sprünge zu helfen, wie wenn es sagen wollte „das ist Zeit" oder etwas Ähnliches. Der Anblick der kleinen Figur war der Versuch des Unterbewusstseins, eine Erinnerung auszulösen.

M: Ja, so war es wohl; denn als ich in jener Nacht nach der Rückführung heimkam und an Paloma vorbeiging, dachte ich: „Nun verstehe ich, warum du mir so kostbar bist."

D: Das war eine wichtige Verbindung zu einer Erinnerung.

Als wir die Rückführung begannen, war es meine Aufgabe, Maria in dasselbe Leben zurückzuführen und hoffentlich wieder dieselbe Szene aufzuspüren. Ich benützte ihr Schlüsselwort und zählte sie zurück in das Leben von Abigail.

D: Ich werde auf drei zählen, und wir werden durch Zeit und Raum zurückgehen. Beim Zählen von drei werden wir in der Zeitphase angelangt sein, als Abigail in Jerusalem lebte. Eins... zwei...

drei… wir sind durch Raum und Zeit zurückgegangen in die Zeit, als Abigail in Jerusalem war. Was tust du gerade? Was siehst du?

Als ich mit Zählen aufhörte, zeigte Maria Gesichtsreaktionen.

D: Was ist?

M: *(Lächelnd) Die Kinder. Kannst du die Kinder sehen? Ich bin so nah bei den Kindern. Sie sind mir so lieb.*

D: Was tun die Kinder gerade?

M: *(Lacht) Sie sind Kinder. Hüpfen herum. Klettern die Stufen hinauf und hinunter. Sie freuen sich einfach. Sprechen zu der Turteltaube.*

D: Oh, sie lieben diese Turteltaube, nichtwahr?

M: *Ja. Sie ist so ein besonderes Wesen.*

D: Wo seid ihr?

M: *Auf den Stufen des Tempels. (Sehr liebevoller Ton in der Stimme:) Kinder sind so besonders. Ein kleines Mädchen liebt die Schellentrommel. An deren Seiten sind Bänder befestigt. Und sie liebt es, im Kreis zu tanzen und die Schellentrommel zu schütteln und diese Bänder flattern zu lassen. Im Moment versuchen wir nicht, etwas Strukturiertes zu lernen. Wir verbringen einfach die Zeit miteinander.*

D: Hast du nicht gesagt, dass die Priester dich mit den Kindern arbeiten lassen?

M: *Ja, ja. Ohne dass es den Priestern bewusst ist, sind diese Kinder Gefäße. Sie sind Behältnisse für das Wissen und Training, das ich empfangen habe. Und ob die Kinder voll verstehen oder nicht – was wir während unserer gemeinsamen Zeit tun, wird auf jeden Fall ein Teil von ihnen werden. Und wenn ihr Leben an einen Punkt kommt, wo ihnen diese Information hilfreich sein kann, werden sie sie aus ihrem Inneren aktivieren können. Dieses Muster wird in ihnen verwurzelt sein.*

D: Sie mögen sich vielleicht nicht daran erinnern, woher es kommt, aber es wird da sein.

M: *Richtig. Wir haben so einen Einfluss auf das Leben der Kinder, während sie sich entwickeln. Es ist fast wie eine Konditionierung für sie in diesem Alter. Wir beeinflussen sie, wie sie auf ihre Welt antworten, wenn sie älter werden. Wenn man sie auf dem Weg des*

Wissens und der Weisheit auf das Leben vorbereitet, werden sie später fähig sein, dies aus ihrer Erinnerung zu holen.

D: Und die Priester denken, dass du auf diese Weise keinen Schaden anrichten kannst.

M: *Ich bin ungefährlich. Ich tue und leiste eine Arbeit, die für eine Frau akzeptabel ist. Die Priester erlauben den Kindern, um den Tempel herum zu sein und überlassen sie einer Frau, die keine einschüchternde Figur für sie ist. Ja, meine Arbeit ist... oh, es ist nur ein Krümel, den sie mir zugeworfen haben, und sie wissen nicht, was für eine Gelegenheit sie mir gegeben haben.*

D: Es ist für sie wahrscheinlich etwas, mit dem sie nicht belästigt werden möchten.

M: *Und sie begreifen, dass Frauen einen speziellen Zugang zu Kindern haben, der ihnen selbst fehlt. Sie sind so erfüllt mit ihrer eigenen Wichtigkeit und Position, dass sie nichts anderes können, als Kinder einzuschüchtern. Es ist fast so, als ob sie Furcht in den Herzen der Kinder erregen. (Voller Abneigung). Wegen ihrer kunstvollen Kleidung, ihrer Kopfbedeckung und ihrer Roben und all dem Drum-und-Dran, das eine solche Funktion, eine solche Rolle mit sich bringt. Hier dagegen spielen die Kinder und ich in unseren Alltagskleidern. Wir können in der Sonne sitzen, und wir können in den Schatten gehen, wenn es uns zu warm wird. Und wir haben gewöhnliche, allseits beliebte Werkzeuge, mit denen wir arbeiten, denn unser Leben ist ein gewöhnliches Leben. Nur wenige Menschen gelangen in Positionen von ungewöhnlicher Autorität oder haben ausgetüftelte Netzwerke um sich. Wir alle leben in gewöhnlicher, alltäglicher Weise. Und wenn wir die gewöhnlichen Werkzeuge unseres Lebens nehmen und verstehen, dass sie ein Symbol für etwas viel Größeres sein können, dann haben wir etwas im Leben von gewöhnlichen, normalen Leuten erreicht.*

D: Wir haben mehr Einfluss, als uns bewusst ist.

M: *Ja, ich denke, das stimmt. Ich glaube, wir schätzen es nicht in vollem Maß, wie sehr wir die Kinder um uns beeinflussen.*

D: Ich glaube, dass die Priester einen Fehler machen. Du könntest auch eine große Hilfe für die Erwachsenen sein, aber sie erkennen das nicht.

M: *(Sanft) Das Wissen. Ich weiß nicht, wohin das Wissen geht.*

D: Nun, du erfüllst deinen Teil, indem du diesen Kindern hilfst.

M: Ja, diese einfache Vorbereitung. Aber das volle Wissen, das ich habe, ist... Ich weiß nicht, vielleicht wird mir jemand geschickt, dass ich es weitergeben kann. Mein Kopf ist so voll davon. Mein Kopf... Ich tue, was ich tun kann.

D: Es gibt immer noch mich. Ich bin begierig zu lernen, und ich schätze das, was du tust.

M: Danke.

D: Aber wenn die Priester dich hier nicht wollen, warum bist du dann da? Ich dachte, vielleicht könnten sie dich verjagen oder dich entlassen. Können sie das nicht tun?

M: Ich habe es so verstanden, dass ich fest angestellt bin. Diese Sache wurde in die Wege geleitet von den Leuten, mit denen ich gelernt hatte. Dies war das Ziel oder das Ergebnis dieses Unterrichts und dieser Vorbereitung. Als das beendet war, sollte ich zum Tempel gehen. Man nahm an, dass das ein hervorragender Platz für mich zum Lehren sei und um das Wissen zu vermitteln. Sie wussten nicht, dass das passieren würde. Es war nicht beabsichtigt, dass es so kam, aber nun kann nichts mehr getan werden wegen dieser Sache. Die Priester verstehen, dass ich mystisches Wissen besitze, und sie denken, dass das dem gewöhnlichen Volk nicht mitgeteilt werden soll. Ich soll auch nicht eine Position als Lehrerin innehaben. Es ist so, wie wenn sie wirkungsvoll verschlossen hätten, was mir gegeben worden ist. Sie gestatten mir nur ein sehr kleines Betätigungsfeld, und das ist der Umgang mit den Kindern. Aber die Kinder sind nur ein sehr kleiner Teil von dem, worauf ich vorbereitet wurde. Deshalb ist mein Verstand... mein Kopf so angespannt, so voll.

D: Ich glaube, dass die Priester dich möglicherweise fürchten. Sie wollen alles nach ihrer Weise machen.

M: Ja. Ich denke, dass die Priester, obwohl sie sich selbst zu spirituellen Führern aufgeworfen haben, nach dem Buchstaben der Gesetzesbücher gehen. Sie haben nichts übrig für tiefes Wissen, oder für das, was als ein Geschenk Gottes ins Herz fließt, sondern nur für das, was aus geschriebenen Seiten gelesen werden kann. Und das Wissen, das mir mitgeteilt wurde und das ich mit anderen teilen muss, ist von esoterischer Natur. Sie fangen damit nichts an. Sie fürchten sich irgendwie, oder noch mehr als das – sie sehen einfach nicht ein, dass es das Gesetz ergänzt. (Sie bezog sich auf die Thora oder das jüdische Gesetzbuch). Sie betrachten das Wissen als nicht ernst zu nehmenden, fast formlosen Aspekt der Spiritualität. Ich glaube, sie meinen, dass es gerade recht ist als Inhalt für ein Frauengehirn, weil es mehr um Gefühle und Intuition und Seelenerkenntnis geht als um den Verstand, das Denken. Oh, ihre Vorschriften!

D: Was für eine Art von Vorschriften?

M: Für alles und jedes haben sie Vorschriften. Sie schauen nach in dem Buch, anstatt dass sie in das Herz schauen. Sie verlieren den Geist des Gesetzes, während sie auf den Buchstaben des Gesetzes schauen.

D: Ich glaube nicht, dass sie verstehen würden, auch wenn du versuchen würdest, es ihnen zu erklären. Sie sind nicht die geeigneten Leute.

M: Ja, dem stimme ich zu.

D: Aber ich hoffe, dass du – wenn wir uns auf diese Art begegnen – einiges von deinem esoterischen Wissen mit mir teilen kannst. Ich wäre dankbar, diese Dinge zu lernen. Ich könnte dir vielleicht helfen, es auf diese Weise freizusetzen.

M: Jetzt gerade?... Das wird wahrscheinlich nicht akzeptiert werden.

D: Ich habe nicht gemeint: Jetzt gerade in dieser Minute. Ich dachte irgendwann.

M: Du müsstest einmal einen kurzen Einblick oder eine Einführung in die Materie erhalten, damit du sie kennenlernst und verstehst, worum du bittest. Dann könntest du entscheiden, ob du tatsächlich die Verantwortung für dieses Wissen tragen willst. Wie gesagt: Das Wissen erzeugt bei mir, weil es nicht freigesetzt wird, einen physischen Schmerz in meinem Kopf (sie machte Bewegungen über die Breite ihrer Stirn).

D: Über deine Stirn. Nun, ich möchte nicht, dass du dich unwohl fühlst.

M: Ich bin daran gewöhnt. Es ist da.

D: (Ich gab Suggestionen, um alle gegenwärtigen körperlichen Empfindungen zu mildern). Während ich mit dir spreche, wird es dich nicht belästigen. Ich möchte nicht, dass du dich in irgendeiner Weise unwohl fühlst.

M: Danke.

D: Aber wenn wir zusammenarbeiten und ich mich mit dir treffe, könntest du mir vielleicht die Einführung geben und wir könnten es herausfinden…

M: Es liegt ganz bei dir. Es ist eine Verantwortung, die man nicht so leicht trägt.

D: Gut. Aber heute interessiert mich, was du gerade tust. Du spielst mit den Kindern. Gibt es in der Nähe noch andere Leute?

M: Es gibt hier – so mein Eindruck – Leute, die ziemlich umherwandern. Es sieht nicht so aus, als ob sie zu einem bestimmten Zweck hier seien oder auf ein besonderes Ziel zugehen würden. Sie verhalten sich mehr wie Besucher, die sich umschauen und Dinge betrachten. Kann sein, dass sie von auswärts kommen und woanders leben. So ist es wahrscheinlich eine besondere Gelegenheit für sie, in diesen Bereich zu kommen und den Tempel kennenzulernen. Sie schauen auf und sagen: „Oh, schau!" (zeigend).

D: Ist der Tempel schön?

M: Ja, er ist riesig. Große, hohe Räume. Es ist ein... Ich zögere, das Wort „einschüchternd" zu verwenden, aber die Größe ist bemerkenswert.

D: Das ist es wahrscheinlich, was sie so in Staunen versetzt. Nun, gibt es etwas an diesem Tag, was rund um den Tempel geschieht?

Ich versuchte gerade, auf die Begegnung mit dem Mann, den ich für Jesus hielt, zurückzukommen und jene Geschichte fortzusetzen. Ich wusste nicht, ob es derselbe Tag war oder nicht.

M: (Sanft): Dieser Mann!

D: Welcher Mann?

M: Dieser Mann des Lichts.

Offensichtlich sah sie ihn wieder. Wir waren zu derselben Szene zurückgekommen, ohne danach zu fragen. Das war jedoch unsere Absicht, und Marias Unterbewusstsein nahm dies wahr.

D: Das letzte Mal, als ich mit dir sprach, konntest du ihn durch die Säulen hindurch erblicken, und er sprach zu einigen anderen Leuten mit einer Stimme, die Autorität ausdrückte. Ist es das, was du siehst?

Ihr Gesichtsausdruck spiegelte eine freudige Erfahrung.

M: Ja, dieses Licht.

D: Wie sieht das Licht aus?

M: Es ist weiß und hüllt ihn vollständig ein. Es strömt aus jedem Teil seines Körpers. Von seinen Füßen... überall, überall um seinen Körper... zu seinem Kopf (erstaunt). Es ist, wie wenn er in einer Hülle aus Licht gehen würde.

D: Oh, es klingt wunderbar.

M: Es ist äußerst bemerkenswert. Ich habe nie etwas Derartiges gesehen. Er ist vom Licht.

D: Was, glaubst du, verursacht dieses Licht?

M: Sein Geist. Es ist eine äußere Manifestation seines inneren Lichts. Es kann nicht einfach in einem physischen Körper enthalten sein, und deshalb strahlt es aus von innen. Es ist wirklich klar zu sehen – nur für mich.

D: Bist du überrascht, dass du so etwas sehen kannst?

M: Oh nein, nein, das ist nicht ungewöhnlich. Nur die Natur des Lichts an sich ist äußerst ungewöhnlich. Es ist so ein weißes Licht.

D: Du meinst, dass es nicht ungewöhnlich für dich ist, Licht um Personen zu sehen?

M: Nein, nein, ich habe dieses Wissen.

D: Waren die anderen Lichter, die du gesehen hast, anders?

M: Ja, das ist ganz anders. Die Kinder, siehst du, haben ein sanftes Leuchten um sich. Ein rosafarbenes, gelbes und grünes. Sehr sanfte, kindliche, glühende Juwelen. Dieser Mann ist ein Diamant. Er ist ein klares, weißes, kraftvolles Licht. Sehr, sehr kraftvoll.

D: Was tut er gerade?

M: Er spricht mit Menschen. Er benützt seine Arme, während er spricht. Er spricht wirklich mit großer Autorität. Er ist nicht unbedingt erfreut über das Verhalten einiger Leute...

D: Kannst du ihn diese Dinge sagen hören?

M: Nein. Das kann ich dem Ton seiner Stimme entnehmen. Seine Worte kommen nicht klar zu mir herüber. Er schaut in eine andere Richtung, und der Schall geht an meinen Ohren vorbei. Aber der Ton einer Stimme sagt viel.

D: Wie wenn ihm etwas nicht gefallen würde.

M: Nun, es ist keine Rüge. Es ist mehr wie... wie eine Erklärung. Eine sehr entschlossene Erklärung. Wenn sie die Wahrheit sehen können, dann werden sie fähig sein, sich mehr auf dieses Licht auszurichten.

D: Das ist für die Menschen schwierig.

M: *Jene Menschen, die um ihn herumstehen, scheinen von einer sehr dunklen und dichten Energie zu sein. Es ist fast, wie wenn... (ein Atemholen, ein Geistesblitz), es ist fast, wie wenn er zu Kohlebrocken sprechen würde! (Lacht). Sie scheinen wirklich dunkel und dicht zu sein. Und er hat so ein Licht um sich. Anscheinend versucht er, es ihnen zu ermöglichen, aus ihrer Dunkelheit herauszukommen und etwas von seinem Licht aufzunehmen. Und er benützt eine starke Sprache, um ihre Aufmerksamkeit zu erhalten, und um ihnen zu helfen, die Wichtigkeit seiner Worte zu verstehen. Es ist nicht unfreundlich. Es ist, wie man sagt, freundlich, aber bestimmt.*

D: Manchmal braucht man das.

M: *Ja. Dieser Mann ist sehr liebevoll. Es ist, als ob er all diese Kohlebrocken lieben würde (lacht). Und er will so viel... (Ein weiteres Atemholen, ein weiterer Einfall:) Oh! Er möchte sie in Diamanten umwandeln. Deshalb die Analogie: Die Kohlebrocken können Diamanten werden wie er. (Sie war sehr zufrieden über ihre Entdeckung).*

D: Es würde jedoch eine große Menge an Arbeit benötigen. Oder?

M: *Oh, sie sind so dicht. Sie sind so dunkel. Er hat wirklich eine Verpflichtung.*

D: Möchtest du gern gehen und ihm zuhören?

M: *Ich habe das Gefühl, dass ich warten kann. Solange die Kinder in meiner Obhut sind, will ich dafür sorgen, dass sie froh, sicher und geschützt sind, sodass sie sich immer beinahe so fühlen, wie wenn sie in einem schützenden Kokon wären – solange sie bei mir sind. Ich denke, das fördert den Unterricht. Wenn wir die schützende Hülle um uns herum aufrechterhalten, sind sie meiner Ansicht nach aufnahmefähiger für den Lernstoff; das Gelernte kann sich dann in tieferen Schichten ihres Gedächtnisses einlagern. So sind wir eine Einheit, ein Körper; Lehrer und Schüler sind eins.*

D: Das letzte Mal, als du davon sprachst, dachte ich, du hättest Angst davor, sie dorthin mitzunehmen, weil du nicht wusstest, wer dieser Mann war und was er sagte. Das hätte die Kinder vielleicht erschrecken können.

M: Es war da jener Mann, der sagte: „Kommt und hört zu." – Ich will bei den Kindern bleiben. Unsere Beziehung zueinander ist sehr wichtig, und ich will nicht, dass da jemand eindringt. Es ist fast so, als ob wir uns in einer Kugel aus farbigem Licht aufhalten würden, wenn wir zusammen sind. Ja, ich will hierbleiben, und wir werden uns hier aufhalten. Aber ich kann sehen, dass dieser Herr kein Eindringling wäre. Eher würde sich sein Licht ausdehnen, um unser Licht in sich aufzunehmen.

D: Ich hatte den Eindruck, dass du eventuell aus Furcht geglaubt hast, die Kinder seien irgendwie gefährdet.

M: Nein, es ist eher eine Sache des Erhaltens unserer eigenen Sphäre. Weißt du, wenn du um diese schwarzen Kohlebrocken herumgehst, greifen sie unweigerlich deine eigene Aura, dein eigenes Leuchten und dein Licht an.

D: Ja, das kann ich verstehen.

M: Zwischen mir und den Kindern bestehen enge Bande. Ich habe kein Verlangen, sie mit dieser anderen Energie in Berührung zu bringen. Sie werden in ihrem späteren Leben noch genug davon mitbekommen. Wir haben ein Vertrauensverhältnis. Ich will das aufrechterhalten.

D: Das ist gut. Es war also nicht er, wegen dem du dir Sorgen gemacht hast, wenn ihr um ihn wäret.

M: Ich glaube nicht, dass ich diesen Mann fürchten muss.

D: Ich werde jetzt ein wenig weiter in der Zeit nach vorne gehen. Letztes Mal hast du gesagt, dass er eure Gegenwart spürte und sich herumgedreht hat.

M: Ja! Es ist fast so, als sei eine Verbindung zwischen uns. Ein Band, das durch diesen physischen Raum reisen kann. Es ist fast so, als ob wir uns gegenseitig anziehen würden; dass die Energie in ihm und in mir ähnliche Energien seien und wir zu dieser Lichtenergie hingezogen würden.

D: Erzähle mir, was geschieht.

M: Er nimmt meine Gegenwart wahr, weil er Energien spüren kann.

D: Es muss eine andere Art von Energie sein als die von den Leuten, zu denen er spricht.

M: Ja, ja (leises Lachen).

D: (Lange Pause) Was tut er nun?

M: Er spricht immer noch zu den anderen Leuten. (Lange Pause).

Ihr Gesichtsausdruck zeigte an, dass sie etwas erlebte.

D: Was ist?

M: *(Sanft) Ja, er... er wird kommen.*

D: Was meinst du?

M: *(Freudenlaute) Er wird kommen – als Antwort auf unser Licht.*

D: Glaubst du, dass er das Licht um euch sehen kann?

M: *(Bestimmt) Oh ja! Er kann es sehen. Er kann es wirklich sehen. Ich glaube nicht, dass es irgendetwas gibt, was er nicht sehen kann.*

D: Er muss eine sehr bemerkenswerte Person sein.

M: *Das ist er. – .... Er ist zu uns gekommen! Wie ich sagte: Sein Licht hat sich ausgedehnt, um unser Licht in sich aufzunehmen. Wir sind nun ein Teil seines Lichtes.*

D: Was tut er?

M: *(In Ehrfurcht) Die Kinder glühen, sie leuchten. Sie... (Sie äußerte Laute von Ehrfurcht und Entzücken). Lebendig... ja, die Energie ist... Oh! Mein ganzer Körper prickelt. Oh! Die Kinder... oh... die Kinder (lacht in sich hinein). Sie sind einfach Kinder. Sie ziehen an seinen Ärmeln und am Saum seines Gewandes und bitten ihn niederzuknien – was er tut. Er versteht die Kinder. Ja, und die Kinder greifen seine Schwingung auf. Wie wenn dieser Mann eine fertige Frucht von dem wäre, womit sie ein winziges Bisschen eine Zeit lang ernährt worden sind. Es ist, wie wenn zum Ausdruck kommen sollte: „Oh! Das ist es, was wir werden können! Deshalb lernen wir, was wir lernen! Schaut! So sieht es aus, wenn alles erwachsen ist!"*

D: Können sie das spüren?

M: *Ja. Oh, da ist... wir wurden in sein Licht hineingenommen. Es ist ein äußerst wunderbares... ungewöhnliches... (Ihre Stimme war so erfüllt mit Freude, dass sie Schwierigkeiten hatte, die Sätze zu vollenden).*

D: Gefühl?

M: *Ja. Im Ganzen gesehen kommen wir uns wie außerhalb von Raum und Zeit vor. Wir sind alle in dieser Kugel aus weißem Licht (tiefes Aufatmen). Nun, er möchte wissen, was die Kinder gelernt haben.*

D: Oh, spricht er mit ihnen?

M: *Und: „Was ist euer Lieblingsspiel?" und: „Was ist euer Lieblingslied?" Und: „Könnt ihr mir zeigen...?" Und... Aber die*

Kinder sind zu aufgeregt, um zusammenzukommen und...
(freudiges Lachen).

D: Folgte ihm die Menge?

M: Da sind Leute, ja, hier unten. Es ist so, als ob die Kinder auch die Menge verwandelt hätten. Nun empfinde ich die Menge nicht mehr als so schwarze, dichte Brocken, sondern mehr als eine Gruppierung von Farben, viele Farben, Formen und Strukturen. Sie sind nicht klar und eindeutig, aber es ist eine Menschenmenge hier. Wir sind nicht auf der gleichen Ebene wie sie.

D: Glaubst du, dass etwas geschah, als er zu euch herüberkam?

M: Ja. Wir haben... wir schweben in diesem... (leises Lachen). Wir sind in unserer eigenen Welt (glückliches Lachen). Es ist sehr angenehm.

D: Spricht er auch mit dir, oder nur mit den Kindern?

M: Es ist so, als ob er verstehen würde, wer ich bin, und dass es nicht nötig ist zu sprechen. Es ist, wie wenn er ein Beispiel für die Kinder wäre. Ich glaube, dass seine Gegenwart hier, die Zeit, die er mit ihnen in diesem Augenblick verbracht hat, bei ihnen ihr ganzes Leben lang bleiben wird. Das ist der Hauptzweck, warum er herübergekommen ist, damit die Kinder diese Erfahrung von Energie und Verbunden-Sein machen und in diesem weißen Licht emporgehoben werden – und dass sie der Zeit und des Raumes enthoben sind. Die Kinder werden dies immer in ihrem Gedächtnis behalten... sogar in anderen Leben. Sie haben diesen Kontakt gehabt.

D: Sprach er mit ihnen, oder denkst du, dass einfach nur seine Gegenwart genügte?

M: Er kniete sich zu ihnen nieder. Er ist auf ihrer Ebene. Er legt seine Arme um sie. Die Kinder sind aufgeregt und mitteilsam. Er scheint fähig zu sein, alle gleichzeitig zu verstehen. (Pause). Er schaut hoch zu mir. (Ein Einatmen) Oh! Er versteht so viel. Oh! (Sie war von Gefühlen fast überwältigt).

D: Was ist?

M: (Fast weinend, ihre Stimme bebte:) Er versteht. Er versteht, warum mir der Kopf weh tut. Er weiß Bescheid über das Wissen, das ich nicht weitergeben darf. Oh! Er liebt mich, für das, was ich fähig bin zu tun. Es ist, als ob das genug sei: mit den Kindern zu arbeiten; den jungen, sich entwickelnden Seelen das zu vermitteln,

42

was ich kann, ist genug. Es ist genug. Oh! Dieser Mann! Ich
glaube, dass er den Schmerz weggenommen hat.

D: Hat er dich berührt?

M: Nein. Aber der Schmerz ist weg.

Sie war so eingetaucht in ihre unglaubliche Erfahrung, dass ich
mich fast wie ein Eindringling empfand.

D: Sprach er mit dir, oder teilte er dir das einfach mental mit?

M: Es war ein Verstehen zwischen unseren Seelen. Er... hat die
gleiche Bürde. Er hat so viel Wissen und Verständnis. Und es ist,
als ob er auch nicht die Möglichkeit hätte, es weiterzuvermitteln.
Das mag wohl die Verbindung zwischen uns gewesen sein, die ihn
hierhergezogen hat (tiefer Seufzer). Wir haben einen ähnlichen
Weg. Wir haben Verständnis füreinander.

D: Hörte er auf, zu der Menge zu reden, während all das geschah?

M: Ja. Er hatte beendet, was er ihnen mitzuteilen hatte. Es war, als ob
sein Herüberkommen zu uns ein sehr privater Akt seinerseits
gewesen wäre, und die Menschenmenge war daran nicht
mitbeteiligt. Sie standen einfach dabei. Sie waren hier und waren
Zeuge, aber sie nahmen nicht daran teil. Auch glaube ich nicht,
dass sie überhaupt verstanden haben, wovon sie Zeuge waren. Ich
wäre auch nicht überrascht, wenn wir unsichtbar gewesen wären
(lacht). Wir waren sehr, sehr hoch.

D: Was meinst du mit „sehr hoch"?

M: Oh, ich meine... wir waren sehr ausgedehnt in das Licht. Es ist...
wir leuchteten einfach.

D: Die anderen Leute sahen wahrscheinlich überhaupt nichts
Außergewöhnliches. Was tut er jetzt?

M: (Sanft) Ich habe nun eine Ruhe in mir, die mich kaum aus der
Fassung bringen kann.

D: Ist er noch da?

M: Ich glaube, dass er noch da ist. Ich scheine... meinen Körper
verlassen zu haben. Und ich muss wieder zurückkehren in meinen
Körper.

D: Ja, für die Kinder. Du kannst sie hier nicht verlassen.

M: Oh, wir sind alle in Sicherheit. Es ist nur... bis ich zurückkomme
in meinen Körper. Ich bin nicht so gut in dem, was wir gerade tun
(tiefer Seufzer).

Sie nahm ein paar tiefe Atemzüge, offensichtlich in dem Bestreben, sich wieder zu sammeln.

M: Es war eine Heilung. Wie wenn er alles in sich aufnehmen würde, was so schmerzhaft für mich war. Er hat mich wirklich befreit. Und ich weiß, dass es mir deshalb schwerfällt zurückzukommen.

D: Vielleicht wird dich dein Kopf nie mehr so sehr quälen.

M: (Sanft) Es ist weg. Der Schmerz ist weg. Ich glaube, dass es das ist, was er tut. Ich glaube, er hat diese Fähigkeit. Ich glaube, dass er einen dieser Kohlebrocken umschließen könnte, und er würde zum Diamanten werden (leichtes Lachen). Ich glaube, dass er diese Art von Verstehen und... diesen Bewusstseinsgrad hat. Er ist auf einer Ebene, die ich noch nie erfahren habe. Ich bin mir nicht einmal sicher, ob ich wusste, dass es diese Ebene gab. Er ist immer noch bei uns. Wir sind immer noch in der Kugel aus weißem Licht, aber wir wurden erhoben. Wir sind außerhalb der Zeit. Die Kinder sind außerhalb der Zeit mit uns.

D: Ich stelle mir vor, dass das ein sehr seltsames Gefühl sein muss, aber es ist nicht unangenehm. (Ich wollte sicher gehen, dass sie sich wohlfühlte).

M: Oh, nein. Wer wollte diesen Zustand verlassen? Nein, dies ist ein sehr gehobener Zustand.

D: Ich frage mich, warum die anderen Leute das nicht fühlen, wenn er zu ihnen spricht.

M: Ich glaube, sie haben ihre Körper und ihre Seelen nicht geöffnet, um dies zu empfangen. Es ist fast so, als ob er uns ein Geschenk als Anerkennung für das, was wir erreicht haben, gegeben hätte. Er hat uns geholfen, auf unserem Pfad voranzuschreiten – einfach dadurch, dass er herüberkam und nun bei uns ist, und indem er uns in sein Licht und in seine Schwingung aufgenommen hat. Ich empfinde das alles als Geschenk. Wir werden alle anders sein, wenn dies vorbei ist.

D: Dann brauchte er dich nicht zu berühren oder mit dir zu sprechen?

M: Nein. Was er tat, war, die Kinder auf ihrer Ebene anzuerkennen, sodass sie verstanden, wie wichtig sie sind. Jedes einzelne von ihnen ist eine sehr wertvolle Seele, mit jeweils besonderen Begabungen und Aufgaben. Und indem er sich zu ihnen niederkniete, sie berührte und ihnen erlaubte, ihn zu berühren,

*wurden sie in vielschichtiger Weise als individuelle Seelen
bestätigt. Und als er stand und eins mit mir wurde, wurden sie
Zeuge der Transzendenz. Dies erlaubte ihnen, ihre Welt zu
überschreiten und ihren Geist außerhalb ihrer Körper zu
erfahren. Nun kennen sie die wahre Realität des Geistes, der in
ihnen wohnt. (Dies alles wurde sanft und in großer Ehrfurcht
gesprochen).*

D: Und niemand kann ihnen das jemals wegnehmen. Vielleicht war es
leichter für die Kinder, weil sie offener waren.

*M: Ja, sie sind noch neue Geister in diesen jungen Körpern. Sie sind
noch nicht ... (leises Lachen) verdichtet.*

D: Das ist ein gutes Wort.

*M: Sie sind noch Licht. Nun, ich bin sicher, dies lässt sich nicht für
immer aufrechterhalten. Wir sind ... wir kehren in unseren
Alltagszustand zurück.*

D: Der ganz anders ist.

*M: Ja. Und so muss er gehen. Er segnet uns, bevor er die Stufen
hinabgeht. Er sagt, dass er nicht oft diese Gelegenheit hat, und
dass es ein besonderes Vergnügen für ihn wie auch für uns
gewesen sei – wie wenn wir etwas Besonderes wären. Wir waren
genauso ein Geschenk für ihn wie er für uns.*

D: Das ist sehr gut. Ihr hattet eine Rolle zu spielen, auch ihm zu helfen.

*M: Ja. (Sie wandte sich zu den Kindern:) „Tja, nun, Kinder, das war
ein Erlebnis, nichtwahr?“*

D: Was sagen sie?

Mich ignorierend, richtete sie sich an die Kinder und begann dann,
über das Erfahrene nachzusinnen.

*M: Wir können das erreichen. So, wie er war, können auch wir sein.
Wir haben unser begrenztes Verstehen, das uns für größeres
Verstehen vorbereitet. Und wenn es uns auch nicht gelingt, so
viele Menschen in diesem Leben zu erreichen, wie wir es gerne
hätten, so wissen wir doch auf jeden Fall, dass unsere Seelen
einen enormen Fortschritt in diesem einen Moment gemacht
haben. Wir haben ein Geschenk erhalten. Es ist, wie..... ohhh! Die
Größe des Geschenks ist überwältigend. Oh! Es ist, wie wenn wir
wirklich um unzählige Jahre nach vorne katapultiert worden
wären – von unserem jetzigen Standpunkt aus. Er war fähig, Zeit*

zum Einstürzen zu bringen. Es ist, wie wenn wir viele Leben weiter fortgeschritten wären – seit diesem kurzen Augenblick. Die Kinder sind nun sehr zahm mir gegenüber. Sie realisieren, dass wir nun anders sind. (Tiefer Seufzer:) Es ist also Zeit für uns, uns wieder an unseren Körper und Verstand anzupassen. Es ist dämmerig geworden. Die Eltern kommen, um ihre Kinder zu holen.

D: Ich frage mich, was sie ihren Eltern erzählen werden, oder ob sie überhaupt etwas erzählen?

M: Ich weiß nicht. Die Kinder verstehen sich mit ihren Eltern unterschiedlich.

D: Dies scheint eine Erfahrung gewesen zu sein, wie man sie nur einmal im Leben macht.

M: Ja. So scheint es mir auch. Dass dies ein ungeheuerliches Geschenk war.

D: Wer war dieser Mann? Weißt du es?

M: Er sagte niemals seinen Namen. Ich fragte nie. Aber er war vom Licht. Er war wie ein Sohn Gottes. Er hatte ein tieferes Verstehen, als jeder von uns es auf der Erde zu dieser Zeit erreicht hat. Es ist, als sei er die Verkörperung all der Mysterien, die mir gelehrt worden sind. Er war so, wie es aussehen würde, wenn man sie leben würde. Er war wie eine reife Frucht. Was er mit uns teilte, war... er erhob uns zu einer anderen Dimension. Dadurch ließ er uns erfahren, wozu auch wir fähig sind. (Seufzer) Und so...

D: Du hast gesagt, er war wie der Sohn Gottes. Können wir nicht alle als Söhne und Töchter Gottes betrachtet werden?

M: Ja. Er war nur um so viel näher dran in seinen Fähigkeiten. Weißt du noch von den Kohlebrocken, die ich vorhin erwähnt habe? Sie haben einen langen Weg vor sich, bis sie zu dieser Art von Licht heranreifen. Die Kinder und ich sind keine Kohlebrocken, aber wir sind auch noch nicht auf dieser Lichtebene wie er. Und wir alle kehren zu unserem Licht, das von Gott ausströmt, zurück. Dieser Mann – dass er auf der Erde wandelt und sich auf dieser Stufe befindet – ist... ich kann das nicht begreifen... er ist eine ganz besondere Person.

D: Ich glaube nicht, dass es viele hier gibt, die so sind, oder?

M: Nein. Ich bin noch nie so jemandem begegnet. Er hat eine Mission. Mir kam es so vor: Nachdem er uns verlassen hatte, kehrte er zu dem Pfad zurück, den er sich zu gehen vorgenommen hatte. Und dieser Seitenweg zu uns... war gerade das. Es war nicht der Hauptpfad, den er ging. Aber es war sicherlich ein Geschenk für uns alle, dass er diesen Abstecher ging. Es war, wie wenn die Kinder und ich ihn genauso nährten wie er uns. (Plötzlich zurück in der Realität:) Und so (seufzt) verlassen mich die letzten Kinder. Es ist Zeit für mich, die Kerzen anzuzünden. Ich werde heute Nacht in meinem Bett viel zum Nachdenken haben.

D: Ja, das wirst du. Und ich danke dir wirklich, dass du die Erfahrung mit mir geteilt hast. Wenn ich wiederkomme, möchtest du dann mit mir über weitere derartige Dinge sprechen und deine Erlebnisse mit mir teilen?

M: Ich kann nicht glauben, dass es da noch weitere ähnliche Erfahrungen gibt.

D: Auch wenn sie nicht in dieser Art sind – willst du trotzdem dein Wissen mit mir teilen?

M: Ja, natürlich. (Mit Gefühl:) Ich will mein Leben mit dir teilen.

D: Ich würde mich sehr geehrt fühlen, wenn du das tätest.

M: Ich muss jetzt für mich allein sein.

D: Das kann ich verstehen. Ich denke, es ist wichtig, dass du jetzt ganz für dich bist, um darüber nachzudenken, was geschehen ist. Und ich danke dir sehr und möchte ein anderes Mal wiederkommen.

M: Danke.

D: Gut. Lass uns diese Szene verlassen. Entferne dich von dieser Szene und lass Abigail gehen, damit sie ausruhen und darüber nachdenken kann, was sie erfahren hat.

Dann brachte ich Maria zum vollen Tagesbewusstsein zurück. Das Erlebnis war so tiefgehend, dass es unmöglich ist, die extreme Emotion, die auf dem Tonband zum Ausdruck kommt, zu übermitteln. Ihre Stimme war sanft und zärtlich wie Samt, als sie das Erlebnis erzählte. Sie war voller Ehrfurcht und von ihr ganz überflutet. Ich war tief bewegt, während ich ihr zuhörte, und ich versuchte, das Wunderbare wie durch Osmose aufzunehmen. Ich kam mir oft wie ein Eindringling vor, während ich Fragen stellte. Als ich sie in das Jetzt zurückbrachte und sie aufweckte, war sie immer noch vom Zauber der Erfahrung gefangen. Sie schien daran festhalten zu wollen, solange sie konnte, im vollen Bewusstsein, dass das Erlebnis bald verblassen würde. Obwohl sie wach war, lag sie ruhig auf dem Bett und ließ alle Einzelheiten in ihrem Gedächtnis nochmals Revue passieren. Es war ein ganz allumfassendes Ereignis von unbeschreiblicher Schönheit, und sie wollte es nicht einfach so gehen lassen.

Ich schaltete das Tonband wieder ein, und das Folgende war ein Teil des Gesprächs nach dem Aufwachen:

M: Ich kann mich erinnern, wie ich in meiner Schlafkammer lag – die Augen weit geöffnet. Ich weiß nicht, ob es immer noch die Ladung der Lichtenergie um mich herum war oder der Versuch zu verstehen, was sich ereignet hatte. Aber ich fand keinen Schlaf in dieser Nacht.

Ich begann lauter zu sprechen und im Zimmer herumzugehen, um den Zauber zu brechen, den sie für sich geschaffen hatte.

D: Ja, das war wirklich eine Erfahrung, nicht wahr?

M: (Sie wollte sich immer noch nicht davon lösen:) Wir waren... es war fast so, als hätten wir uns von der Erde entfernt; als wären wir in dieser Kugel aus Licht eingehüllt. Wir waren außerhalb von Raum und Zeit. Ich kann nicht anders als zu glauben, dass wir unsichtbar wurden.

D: Ich kann mir nicht vorstellen, dass diejenigen, die das beobachtet haben, wussten, was vor sich ging. Wahrscheinlich sahen sie überhaupt nichts Ungewöhnliches.

M: Vielleicht nicht. Ich weiß nicht, wie das funktioniert.

D: Du hast gesagt, alle diese Leute seien wie Kohlebrocken. Möglicherweise verstanden sie überhaupt nichts. Vielleicht sahen sie nur einen Mann mit den Kindern spielen.

M: Ich weiß nicht. Vielleicht war das auch für sie ein Erlebnis. Ich glaube, er war fähig, das der Menschenmenge zu zeigen, auch wenn wir in unserer ganz eigenen Welt waren. Die Menschenmenge musste die Verwandlung in unseren physischen Körpern erkennen, weil es eine Veränderung in unseren physischen Körpern gab. Wir dehnten uns aus. Das Licht dehnte unsere Körper aus. Sie mussten fähig gewesen sein zu... vielleicht war das eine Demonstration. Dass dieser Mann sagte: „Das ist möglich. Seht diese Kinder, die rein und neu und furchtlos sind. Seht, was sie werden können. Und seht diese Frau, die voller Vertrauen und Glauben ist. Seht, wie sie verwandelt werden kann.

Das könnt auch ihr tun." Ich glaube, dass sie eine gewisse Veränderung wahrnahmen.

D: Ja, es ist schwer zu sagen, wie viel sie wohl gesehen haben. Nun gut, das war sehr schön. Ich glaube, es ist Zeit, in das Land unseres jetzigen Lebens zurückzukommen. Aber es ist wunderbar, dass du dich daran erinnern kannst, wie es sich anfühlte. Du wirst fähig sein, das als Geschenk zu bewahren. Die meisten Menschen erinnern sich nicht, wenn sie aufwachen.

M: *Nun, es war eine enorme Befreiung. Mein ganzer Körper hatte seine Lasten losgelassen. Ich weiß nicht, wo das hinging, aber er war fähig, das wegzunehmen. Ich weiß nicht, wie er das tat. Aber weil er von dem Band um meinen Kopf wusste, konnte ich es loslassen. So kam es mir vor. Weil jemand verstand.*

D: Glaubst du, dass du diese Erfahrung in deinem gegenwärtigen Leben benützen kannst?

M: *Ich glaube, dass diese Erinnerung ein Geschenk an mich ist. Und während ich weiter meinen Weg im jetzigen Leben gehe, werde ich diese Erfahrung immer umfassender integrieren können. Erinnere dich, wie ich sagte, dass die Kinder im Lauf ihres Heranwachsens diese Muster in ihrem Leben wiederfänden – egal, ob es ihnen bewusst sei oder nicht. Genau das ist mir hier gegeben worden. Ob es in meinem bewussten Geist bleibt oder nicht, es kann ein Teil meines jetzigen Lebens werden. Wenn es brauche, werde ich es benützen können.*

D: Das ist sehr gut.

Normalerweise behält der Klient keine lebhaften Erinnerungen von der Sitzung, wenn er in einem genügend tiefen Zustand ist, wo er sich ganz mit der anderen Persönlichkeit identifiziert. In diesem Fall aber sollte ich entdecken, dass das Unterbewusstsein einen triftigen Grund hatte, ihr die Erinnerung zu ermöglichen. Die Erinnerung würde ihr gegenwärtiges Leben nicht nachteilig beeinflussen, im Gegenteil, sie sollte wichtige Veränderungen bewirken, die dieses Leben in hohem Maß verbessern würden.

Maria dachte, dass es keine Notwendigkeit für weitere Sitzungen gäbe. Sie hatte genügend erhalten, um für mehrere Monate darüber nachzusinnen. Als der Winter über unsere Berge in Arkansas hereinbrach, kehrten wir beide zu unseren normalen Routinearbeiten zurück.

49

Etwa einen Monat später trafen wir uns bei einer Party wieder, und Maria kam zu mir, schlang ihre Arme um mich und erzählte mir, ich hätte ihr ganzes Leben verwandelt. Sie sagte, dass die Rückführungserfahrung eine sehr tiefgehende Wirkung auf sie gehabt hätte. Ich hätte ihr eine ganz neue Welt eröffnet. Als wir in einer ungestörten Ecke saßen, vertraute sie mir an, sie sei dreimal verheiratet und dreimal geschieden worden. Sie schien immer nach etwas zu suchen, das sie nicht finden konnte. Ihre Ehemänner waren keine schlechten Leute, sie waren einfach menschlich, doch sie fand Fehler bei jedem von ihnen. Nun erkannte sie, dass sie eine tiefgehende und überirdische Liebe zu diesem Mann in einem vergangenen Leben erfahren hatte, und sie hatte seither immer versucht, sie wiederzuerlangen. Aber sie suchte unbewusst danach in sterblichen Männern, und da konnte sie nicht gefunden werden, da eine solch tiefe und selbstlose Liebe nicht von dieser Erde ist. Kein männliches Wesen dieser Erde konnte möglicherweise an das heranreichen. Sie hatte versucht, dieses unglaubliche Gefühl in all ihren Ehemännern zu finden, und weil sie menschlich waren, existierte es nicht. Enttäuscht suchte sie weiter, anstatt sich mit einer geringeren, sterblichen Liebe eines menschlichen Mannes zu begnügen. Sie hatte dieses Suchen und Bedürfnis nach Vollkommenheit und vollkommener Liebe nicht bewusst verstanden.

Maria sagte, dass sich seit der Rückführung ihr ganzes Leben umgedreht hätte. Eine ganz neue Welt hätte sich ihr aufgetan, und es war wunderbar. Zum ersten Mal in ihrem Leben hatte sie sich erlaubt, sich mit einem Mann auf dem normalen Weg einzulassen, und es war eine ganz neue Erfahrung. Sie wusste nun, dass sie eine Beziehung haben konnte und den Mann menschlich, fehlerhaft und alles… sein lassen konnte. Sie fühlte sich wie von einer schweren Last befreit. Ihre unverhältnismäßig hohen Erwartungen davon, wie menschliche Liebe sein müsste, waren an ihren richtigen Platz gerückt. Sie verstand, dass eine so unvorstellbare Liebe real war, und sie hatte sie erfahren. Aber sie verstand auch, dass sie diese Liebe nicht wiederfinden würde, solange sie hier lebte, da eine solche Liebe nicht von dieser Erde ist.

Ich hatte den Wunsch, das Leben von Abigail weiter zu erforschen, aber das sollte nicht sein. Maria vertiefte sich in eine erfolgreiche Beschäftigung und eine neu entdeckte Liebesbeziehung. Als ich ihr ab und zu begegnete, schien sie glücklich und in Frieden mit ihrem Leben, aber empfand keine weitere Notwendigkeit für eine

Rückführung. Sie glaubte, dass sie die Lösung für ihr drängendstes Problem gefunden hatte, und das ist der wichtigste Teil meiner Arbeit. Mein Verlangen ist, den Menschen zu helfen, sich anzupassen, sodass sie in ihrem jetzigen Leben in der wirkungsvollsten Art leben können, ohne Probleme und Muster aus anderen Leben, die in dieses Leben hereinwirken und es stören.

Ich konnte nie herausfinden, was mit Abigail geschah. Offensichtlich war sie zum Dienst im Tempel zugelassen und musste dortbleiben. Aber ich stelle mir gern vor, dass ihr Leben nach der Begegnung mit Jesus einfacher wurde. Sie sagte, er hätte den Schmerz in ihrem Kopf gelindert und ihr gezeigt, dass ihre Arbeit mit den Kindern wichtig war und genügen würde, auch wenn sie nie das große Wissen, das ihr gegeben worden war, weitergab. Vielleicht ersann sie zunehmend kluge Wege, den Kindern diese Lehren zu vermitteln – ohne Wissen der Priester.

Als die Kinder älter wurden, hatten sie sicherlich ihre Freundlichkeit nicht vergessen. Vielleicht kehrten sie für weitere Lehren zurück. Mag sein, sie fand einen besonderen Schüler. Was auch immer in jenem Leben aus ihr wurde – ich empfinde, dass Abigails Leben durch diese Begegnung gesegnet wurde. Indem sie mir erlaubte, es mit mir wieder zu erleben, wurde meinem Gefühl nach auch mein Leben gesegnet. Auch ich konnte die unbeschreibliche Liebe durch ihre Worte hindurch fühlen. Abigail vermittelte mehr Wissen, als sie jemals realisieren wird, indem sie diese Informationen Menschen unserer Zeit zugänglich gemacht hat. Danke Abigail, du bist wirklich eine hingebungsvolle, mitfühlende und wunderbare Lehrerin.

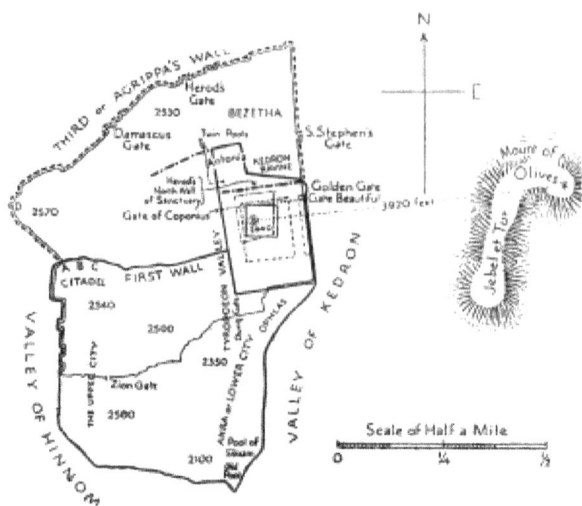

Herod's Jerusalem

Das Jerusalem des Herodes

Ein Modell des Herodes-Tempels von Süd-Ost

Kapitel 4:

Der Tempel und Alt-Jerusalem

Das Material in diesem Buch erhielt ich 1986 und 1987 durch hypnotische Regression von Klienten in frühere Leben. Es lag ungestört in meinen Ordnern, bis mir mein Verleger 1993 vorschlug, den Folgeband zu JESUS UND DIE ESSENER zu schreiben. Ich wusste zu der Zeit, dass ich die nötige Forschung treiben musste, um die historischen Hinweise und Verbindungen in der Erzählung zu bestätigen oder zu verneinen. Das ist ein notwendiger – und in meinem Fall – erfreulicher Teil meiner Arbeit.

Der vorsichtige Rückführungstherapeut, der auf diesem Gebiet arbeitet, betreibt keine Art von Nachforschungen, solange die Sitzungen nicht beendet sind. Das Phänomen der ASW (Außersinnliche Wahrnehmung) könnte sich auch hier auswirken, zumindest gibt es Hinweise in dieser Richtung. D.h.: Wenn der Hypnosetherapeut oder der Klient irgendein Wissen über den historischen Zeitabschnitt oder das Material haben, könnte es möglicherweise unbewusst durch ASW übertragen werden. Ich betrachte ASW als ein wichtiges Phänomen an sich. Nur, kann man sie hier auch wirklich beweisen? Ich hatte Klienten, die erkennen ließen, dass sie Dinge bemerkten, die sich im Raum ereigneten, die sie normalerweise nicht sehen oder hören konnten. Sie beantworteten manchmal eine Frage, bevor ich sie gestellt hatte, so, wie wenn sie sie in meinen Gedanken gelesen hätten. Andererseits habe ich viele Tests gemacht, die – zu meiner eigenen Zufriedenheit – beweisen, dass unzulässige Beeinflussung nicht geschieht. Ich weiß, dass ich nicht unbewusst die Antworten liefere, und die Klienten verändern nicht die Geschichte, damit sie zu meinen Vorstellungen passt. Denn ich habe die Erfahrung gemacht, dass das Bild in meinem Kopf von dem, was sich als Nächstes ereignen könnte, oft total falsch ist. Die Klienten scheinen die Ereignisse von ihrem eigenen, einzigartigen Standpunkt aus zu erzählen, und ich kann nichts tun, um dies zu beeinflussen. Aber wenn weder ich noch der Klient irgendein Vorwissen über das Material, die historische Zeitperiode oder das Gebiet haben, dann müssen die Antworten von woanders her als von unserem jetzigen Bewusstsein kommen. Aus diesem Grund wird den Rückführungstherapeuten empfohlen, keine Nachforschungen zu betreiben, bis der Fall beendet ist.

In den letzten Phasen der Vorbereitung des Manuskripts entschied ich, dass es an der Zeit war, mich in die alten, staubigen Bände in der Universitätsbücherei, wo ich meine Nachforschung betreibe, zu vertiefen. Wenn ich nicht finden kann, was ich will, kann ich dort ein sehr verlässliches Leihsystem, das mit anderen Büchereien in Verbindung steht, beanspruchen. Es kann jedes Buch in den USA ausfindig machen. Der Computer findet das Buch normalerweise in anderen Hochschulbüchereien, und es wird mir zugesandt. Dies ist der Teil meiner Arbeit, der mir sehr gefällt. Ich liebe es, mich durch alte Bücher durchzuarbeiten, um nach Stunden des Lesens ein bedeutsames Detail ausfindig zu machen. Es ist wie das Finden eines Diamanten in einem Sandhaufen, und die Suche gibt mir ungeheure Befriedigung.

Einige der Informationen, die ich fand, mögen für Juden, die an der Geschichte ihres Heimatlandes interessiert sind, Allgemeinwissen sein; aber mir als einer protestantischen Amerikanerin waren sie natürlich nicht bekannt. Ich will dieses Wissen hier miteinbeziehen, um ein Bild der Gegend zu malen, wie sie während der Zeit Christi existierte. Das richtig dargestellte Umfeld ist wichtig für jede Erzählung.

Millionen von Touristen reisen jedes Jahr in das Heilige Land, in der Erwartung, dieselben Orte, wo Jesus lebte, lehrte und starb, zu besuchen. Ich fand heraus, dass dies unmöglich ist, weil diese Orte nicht mehr existieren. Sogar jene, die hoffen, auf demselben Boden wie Jesus zu gehen, werden herausfinden, dass es unmöglich ist, weil sich allein schon das Gelände sehr stark verändert hat.

Heute ist Jerusalem eine heilige Stadt für drei der bedeutendsten Religionen der Welt: die Juden, Christen und Muslime. Von den ersten beiden wird sie als die Heilige Stadt anerkannt, und für die dritten ist sie nur die zweitwichtigste nach Mekka und Medina. Vielleicht hat gerade aus diesem Grund, mehr als aus irgendeinem anderen, Jerusalem seinen Fortbestand gewahrt – und deshalb kann es niemals sterben, solange es in der Menschheit überhaupt einen religiösen Glauben gibt.

Für dieses Buch konzentrierte ich mich darauf, Einzelheiten über den alten Tempel von Jerusalem und Jerusalem selbst zu finden. Ich wollte herausfinden, ob Abigails Beschreibung des Tempels bestätigt werden konnte. Was ich entdeckte, brachte mich zum Staunen. Bekanntlich sind viele alte Städte verschwunden, und alle Spuren davon sind unter dem Staub der Zeiten begraben. Sie werden oft durch sorgfältige Forschung wiederentdeckt und Schritt für Schritt durch die Schaufel der Archäologen freigelegt. Ich habe jedoch immer angenommen, wenn eine Stadt seit Tausenden von Jahren an der gleichen Stelle besteht, seien Überreste der alten Zivilisation erhalten geblieben. Ich habe in England Ruinen gesehen, die viele Jahrhunderte alt sind. Rom hat immer noch Ruinen vom Kolosseum und anderen antiken Bauwerken. So dachte ich, dasselbe würde auch auf Jerusalem zutreffen. Es ist schon seit vielen Zeitaltern ein religiöser Brennpunkt, sodass anzunehmen ist, einige dieser antiken Stätten seien noch erhalten.

Ich fand, dass das nicht wahr ist. Erstaunlicherweise entdeckte ich, dass absolut nichts aus der Zeit Christi überlebt hat (s. S. 176). Keine Stätten wurden ummauert und für die Nachwelt erhalten, weil es zu der Zeit, als die Ereignisse geschahen, keinen Anhaltspunkt für den bedeutsamen Einfluss gab, den sie Jahrhunderte später auf die Welt haben würden. Es mag wie ein Schock wirken zu entdecken, dass die meisten der Stätten, die den andächtigen Pilgern gezeigt werden, keine reelle Grundlage haben. So wurden beispielsweise die christlichen Kirchen in Israel an vermuteten Stätten seiner Geburt und seines Todes erbaut, und es wird einfach angenommen, dass es die richtigen Plätze seien, aber sie sind nicht notwendigerweise authentisch. Der größte Teil der heiligen Plätze, die in Jerusalem gezeigt werden, wurde schrittweise im Lauf vieler Jahrhunderte zum Nutzen der Pilger ausgewählt, und der Bequemlichkeit halber wurden einige der Stätten an andere Stellen verlegt oder in Gruppen zusammengefasst.

Über einen Zeitraum von dreitausend Jahren wurde das Gebiet von Jerusalem von vielen verschiedenen Zivilisationen und Kulturen erobert und besetzt. Die Stadt ging durch ununterbrochene Folgen von Veränderung, Zerstörung und Wiederaufbau hindurch. Material, das man in einem Zeitalter verwendete, wurde immer wieder aufs Neue verwendet und in diesem Prozess manchmal an verschiedene Örtlichkeiten zerstreut. Bauten, die einem bestimmten Zweck gedient haben mögen, wurden verändert und rekonstruiert, sodass sie kaum mehr eine Spur ihrer ursprünglichen Verwendung erkennen lassen. Das Gebiet der Heiligen Landes und die geweihten Plätze haben sich so sehr verändert, dass nur wenige Örtlichkeiten mit Sicherheit identifiziert werden können. Sogar der genaue Ort der alten biblischen Stadt Bethlehem ist noch nicht gesichert. Ohne Zweifel war es eine kleinere Stadt als heute. Gelehrte sagen heute, dass – auch wenn die Bevölkerung während des Zensus anstieg – während dieser entscheidenden Zeit wahrscheinlich nicht mehr als fünfzehn männliche Säuglinge geboren wurden. Dies machte es Herodes einfacher, sie zu verfolgen, und es herrscht Übereinstimmung, dass es wahrscheinlich das massive Abschlachten von Säuglingen, welches in den Filmen gezeigt wird, nicht gab.

Die gegenwärtige Stadt Jerusalem ist zum größten Teil nordwestlich der alten Stadt gebaut. Trotzdem ist es möglich, ein ziemlich genaues Bild der Stadt zu Jesu Zeiten wiederzugewinnen. Vom Ölberg aus konnte man direkt über das Kidrontal zur Heiligen Stadt blicken. Zur Zeit Christi lag Jerusalem hoch auf einem Hügel, und der Tempelberg war auf drei Seiten von gewaltigen Mauern umgeben. So entstand der Eindruck einer mächtigen und unzugänglichen Festung, die über die Zeiten hinweg zahllosen feindlichen Angriffen trotzte. Steile Felsen fielen im Osten, Westen und Süden ab in tiefe Täler (das Kidrontal und das Ge-Hinnomtal) und dienten als natürliche Verteidigungswälle. In den Tagen Christi wurde die Stadt getrennt durch einen Hohlweg, genannt das Tyropöontal, und in zwei klar umrissene Teile geschieden. Dieses tiefe Tal überbrückte ein großer Steinviadukt oder erhöhter Fußweg, getragen von mächtigen Bögen.

Jerusalem wurde so häufig zerstört und wiederaufgebaut, dass gewissermaßen ganze Städte übereinander liegen. An manchen Stellen verlaufen die heutigen Straßen fast dreißig Meter oberhalb der Ebene der alten Stadt, die unter Schutt begraben liegt, der sich über einem Großteil der antiken Stadt angesammelt hat. Das Tyropöontal ist heute großenteils aufgefüllt und nur als eine flache Vertiefung, genannt „el-Wad", zu erkennen. So hat sich auch die Topografie der Gegend rund um die Heilige Stadt seit der Geburt Christi beträchtlich verändert. Das Gebiet bestand ursprünglich aus mehreren, deutlich erkennbaren Hügeln und Tälern, und es hat sich nun in ein fast ebenes Plateau verwandelt. Die Täler um Jerusalem sind mit dem angesammelten Schutt von Jahrtausenden angefüllt.

Der breitere und höhere Hügel auf der Westseite des Tyropöontales war das Gelände der Oberstadt, die der antike Historiker Josephus den „Oberen Markt" nannte. Vermutlich war dieser Teil der Stadt ursprünglich ein Marktzentrum. Der niedrigere östliche Hügel, der auch vom Tempelbereich her abfiel, wurde „Akra" genannt und war das Gelände der Unterstadt. Der Tempelbereich selbst war der „Dritte Hügel". Nördlich des Tempels war der „Vierte Hügel", wo die wachsende Stadt sich ausdehnte. Dieser letztgenannte und neueste Teil wurde laut Josephus „Bezetha" (mögliche Bedeutung: „Haus der Oliven") und auch „Neustadt" genannt. Dieses Gebiet war zur Zeit Christi noch nicht von Mauern umgeben. Jerusalem war zu jener Zeit viel mehr eine Hügelstadt als heute, und die Häuser wurden an den steilen Abhängen gebaut. Die schmalen Straßen nahmen häufig die Form von Treppen an und waren deshalb für Karren und Reiter unpassierbar.

Die Juden betrachteten Jerusalem gern als das Zentrum der Welt, und es konnte in der Tat die Nabe der antiken Welt genannt werden. Durch die vielen unterschiedlichen Nationalitäten in Palästina und den großen Einstrom von Fremden nach Jerusalem bekam man hier eine große Vielfalt von Menschentypen zu Gesicht, und in den Straßen hörte man eine Vielzahl von Sprachen. Griechisch, Hebräisch und Aramäisch waren die Hauptsprachen. Viele Nationalitäten hatten ihre eigenen Viertel und besonders ihre eigenen Synagogen und Tempel in Jerusalem.

Einige der furchterregenden Mauern, die den Tempelberg umgaben, verliefen ursprünglich entlang fast senkrechter Felswände, die über achtzig Meter tief bis zum Talboden abfielen. Ausgrabungen scheinen die Behauptung des Josephus zu bestätigen, dass in den Tagen des Königs Salomo die ungeheure Westmauer über ihre ganze Höhe eingesehen werden konnte, 25,6 m von der untersten Mauerschicht bis zur Ebene des Pflasters des Äußeren Hofes, und darüber erhob sich die Mauer des gedeckten Säulengangs hoch über den Hof. Diese Beschreibung hielt man lange Zeit für eine Übertreibung des Josephus.

Eine andere wundersam konstruierte Steinbrücke überspannte einst die tiefe Schlucht des Kidrontales auf der Ostseite des Tempels und verband diesen Teil mit dem Ölberg. Der Beschreibung nach war es eine zweistöckige Bogenbrücke mit in Längsrichtung versetzten Bogenreihen, über deren Krone ein Fußweg verlief. Es gab damals auch sehr viele andere Steinkonstruktionen; zum Beispiel wurden Unterbauten angelegt, um eine ebene Oberfläche zwischen den unregelmäßigen natürlichen Hügeln zu erhalten. (Der südliche Tempelplatz ist ganz unterhöhlt, durch bis zu vierstöckigen Substruktionen). Auf der entfernten Seite (dem Ölberg) war früher eine sich windende Treppe, die hinunter ins Tal und dann steil zum Osttor des Tempelbereichs führte. In alten Zeiten gab es eine geräumige Promenade oder Terrasse, etwa 16 m breit vor dem Eingang des Osttors, das Susa-Tor und später Goldenes Tor genannt wurde. Jesus soll am später so benannten Palmsonntag Jerusalem über diesen Weg, vom Ölberg herkommend, betreten haben. In Terrassen angelegte Gärten verschönerten die Hänge vom Kidrontal bis hinauf zu der hochgelegenen Terrasse vor der Tempelmauer.

Josephus berichtet uns, dass Jerusalem zur Zeit Jesu vollständig durch unterirdische Stollen und Gänge untergraben war, die nicht so sehr zur Entwässerung oder als Begräbnisstätten, sondern zu Kriegszwecken verwendet wurden. Jedes antike Bollwerk hatte seinen geheimen Fluchtweg für Gefahrenzeiten. Als die Römer 70 n. Chr. In Jerusalem eindrangen und es zerstörten, entdeckten sie, dass so viele Flüchtlinge in unterirdischen Kammern ihre Zuflucht gefunden hatten, dass es nötig war, den Boden aufzugraben, um den Feind zu suchen. Unzählige Kämpfe fanden gerade im Inneren der Erde statt. Es gab so viele Leichen in diesen Tunneln, dass ein giftiger Gestank aus jeder Klappe und jedem Luftloch hochkam, und die Luft in der Stadt war so widerlich, dass man kaum atmen konnte. Um die Ausbreitung von Seuchen zu verhindern, verstopften die Römer die Klappen und Luftlöcher und mauerten die Öffnungen zu den geheimen Gängen zu. Diese alten Bereiche wurden mit der Zeit vergessen, und viele verfielen.

Auf dem Tempelberg befanden sich im Lauf der Geschichte verschiedene Tempel. Heute steht der Felsendom, eine heilige Stätte des Islam („Omar-Moschee" genannt, ist aber keine Moschee) auf dem Gelände der früheren Tempel. Das Gelände heißt nun „Haram-esch-Scherif", was bedeutet: „Heilige Einfriedung"; und es ist tatsächlich den Christen, Juden und Muslimen heilig. Es ist nun dreitausend Jahre her, seit König David Jerusalem als den passendsten Ort für die Hauptstadt des Königreichs Israel auswählte. König Salomo (Regierungszeit von etwa 965-926 v. Chr.) baute den ersten Tempel in Jerusalem nach Plänen seines Vaters David. Der Tempel des Salomo nahm den Raum ein, auf dem heute der Felsendom steht, obwohl das gegenwärtige Heiligtum zweifellos einen größeren Bereich abdeckt als der salomonische Bau. Vermutlich ist der Heilige Felsen unterhalb des reich verzierten muslimischen Doms der natürliche Gipfelpunkt des Hügels und gleichzeitig der Ort, wo früher der salomonische Tempel stand. Dieser Felsen mag gut als ein natürlicher Altar in Urzeiten gedient haben. Der Tempel und Palast von König Salomo waren innerhalb einer Mauer eingeschlossen und vom Hauptteil der Stadt selbst getrennt. Nichts ist heute mehr übrig von diesen Bauten oberhalb der Erde, obwohl beträchtliche Teile unterhalb der Erde entdeckt worden sind. Wir haben nur die Aufzeichnungen alter Historiker, die uns helfen, uns ein Bild von der früheren Gestaltung des Geländes zu machen.

Die Geschichte von Jerusalem ist geprägt von langen und turbulenten Zeiten der Übernahme durch viele verschiedene Länder und von Jahrhunderten des Aufbaus, gefolgt von totaler Zerstörung und des anschließenden Wiederaufbaus. Noch weitere gründliche Ausgrabungen sind nötig, um ausreichende Daten für die Gültigkeit jedweder vorhandenen Theorie zu erhalten und um eine genaue Rekonstruktion des Grundplans der jüdischen Tempelanlagen darlegen zu können. Solche Beweismaterialien existieren tatsächlich, aber gegenwärtig liegen sie unter einer gewaltigen Ansammlung von Schutt, den Trümmern vieler Jahrhunderte, vergraben und stecken unter Straßen und Häusern, sodass sie nicht ohne weiteres ausgegraben werden können. Anhand der Bereiche, die bis jetzt ausgegraben worden sind, wird ersichtlich, dass nachfolgender Wiederaufbau große Zerstörung in der antiken Stadt verursacht hat.

Bei den Rabbis wird überliefert, dass die Urschrift des Gesetzes innerhalb der geheiligten Einfriedung des Harams (der Bereich um den Felsendom) begraben liegt. Und man glaubt allgemein, dass die Bundeslade, die plötzlich verschwand und seit der Zerstörung des salomonischen Tempels durch den König von Babylon nie mehr gesehen worden ist, versteckt wurde und immer noch in einer Höhle unter dem Tempelhügel verborgen liegt.

Irgendwo innerhalb der Mauern der Heiligen Stadt befindet sich das königliche Grab des Königs von Juda (wie in der Bibel berichtet). In dieser königlichen Gruft ruht der Staub von David, und um ihn dürften die sterblichen Überreste von Salomo und der nachfolgenden Herrscher des Hauses von David in der gleichen Grabstätte beerdigt sein. Archäologen glauben, dass die königlichen Gräber – wenn sie gefunden werden – ein gemeinsamer Grabkomplex und nicht eine Reihe von einzelnen Kammern sind. Historiker behaupten, dass König Herodes der Große wusste, wo die Grabkammer war, und einiges von den Schätzen, die mit den Königen begraben wurden, entfernte. Er wollte noch eine gründlichere Suche durchführen, aber zwei seiner Wachen wurden durch eine mysteriöse Flamme, die aus der Grabstätte herausschlug, erschlagen. Dies erschreckte Herodes, und er gab die Nachforschungen auf. Die Gräber wurden vermutlich nie mehr gestört, und ihre Lage wurde verwischt.

Im Jahr 597 v. Chr. eroberte König Nebukadnezzar von Babylon Jerusalem, und nach einer Rebellion (im Jahr 589, die eine erneute Belagerung der Stadt und Verwüstung des Landes Juda zur Folge hatte) eroberte er im Jahr 587 Jerusalem ein zweites Mal. Besonders bei letzterem Ereignis erlitt die Stadt eine schreckliche Verwüstung. Die Babylonier zerstörten Jerusalem vollständig – der Tempel und die Mauern wurden niedergerissen, und die Einwohner wurden ins Exil geschickt. (Das war das Ende des Reiches Juda). Erst im Jahr 538, als es im Exil lebenden Juden gestattet wurde, nach fünfzig Jahren babylonischer Gefangenschaft zurückzukehren, begann man mit einem größeren Wiederaufbau. In dieser Zeit wurde die Stadt Jerusalem langsam und mühsam wiederaufgebaut. Nehemia genehmigte den Wiederaufbau der Mauern und des Tempels an der gleichen Stelle, wo der salomonische Tempel gestanden hatte, aber in einem kleineren und dürftigeren Ausmaß. Dieser Tempel stand etwa fünf Jahrhunderte lang, aber ein Teil des Mauerwerks litt durch Zerfall und Vernachlässigung. Über diesen Tempel wird im Alten Testament ausführlich berichtet.

Viele Jahrhunderte später erschienen die Römer auf der Bildfläche, als die Söhne des Hasmonäischen Herrschers, Hyrkan II. und Aristobul II., um den Thron kämpften. Dies ebnete der römischen Machtübernahme im Land den Weg. Schließlich machte Rom

Herodes zum König von Judäa, eine Position, die er von 40-4 v. Chr. innehatte. Herodes der Große war ein begeisterter Bauherr, und unter seiner Herrschaft erreichte die Stadt Jerusalem das Aussehen, das sie zu Beginn der christlichen Ära hatte. Jerusalem wandelte sich in eine weit mächtigere Stadt, als sie es seit der Zeit Davids gewesen war. Herodes war bei seinen jüdischen Untertanen sehr unbeliebt. Als er älter wurde, versuchte er, die Gunst des Volkes zu erringen. Er hatte einen ausgeprägten Sinn und Geschmack für die Baukunst, und er wusste um die tiefe Verehrung, die die Juden ihrem nationalen Heiligtum entgegenbrachten. Deshalb griff er die Idee auf, durch den Wiederaufbau des Tempels die Abneigung der Untertanen zu mildern und sich selbst beliebt zu machen. Dies verschaffte auch vielen Männern Arbeit und reduzierte die Bedrohung durch eine Revolution. Das Angebot des Königs zum Wiederaufbau wurde zunächst mit Zweifel und Misstrauen aufgenommen, aber Herodes erfüllte sein Versprechen. Ja, dies war derselbe König Herodes, der sich für immer seinen schlechten Ruf einhandelte, indem er wegen seiner Suche nach dem Kind Jesus Säuglinge töten ließ.

Er setzte die Mauern wieder instand und baute drei mächtige Türme in die alte Stadtmauer. Angrenzend an die drei Türme befand sich der Palast des Herodes. Als später die römischen Prokuratoren Judäa regierten, wurde dieses große Gebäude Residenz und Regierungssitz, während sie sich in Jerusalem aufhielten. An der nordwestlichen Ecke des Tempelbereichs baute er eine stattliche Festung für die Soldaten, genannt „Antonia" (nach Marcus Antonius), die mit den Säulenhallen des Tempels durch zwei Treppen oder Brücken verbunden war; so konnten sie im Falle von Unruhen unmittelbar Zutritt zum Tempelbereich haben. Vom Ausguck der Festung konnte man die Stadt, die Umgebung und das Heiligtum ständig beobachten.

Das bedeutendste architektonische Unternehmen war der Wiederaufbau des Tempels selbst. Obwohl Herodes behauptete, das Werk als ein öffentlicher Wohltäter auszuführen, veranlasste er den Bau möglicherweise tatsächlich aus purer Eitelkeit. Der Bau des Tempels begann in den Jahren 20-19 v. Chr., und der Wiederaufbau des Heiligtums selbst (Priesterhof, Brandopferaltar, das Heilige und das Allerheiligste) wurde in eineinhalb Jahren fertiggestellt. Der Hauptteil des Baukomplexes (Höfe und äußere Umfassung) wurde in etwa 8 Jahren vollendet, aber die Ausschmückungsarbeiten und die

Errichtung der Äußeren Höfe dauerten über die ganze Periode von Christi Lebenszeit (und darüber hinaus) an. Der stattliche Tempel des Herodes existierte nur kurze Zeit. Keine 40 Jahre später wurde die Prophezeiung Christi wahr, als die römischen Eindringlinge das bemerkenswerte Gebäude zerstörten. „Nicht ein Stein wird auf dem anderen bleiben, und alle werden zertrümmert werden." (Mk. 13;2)

Alle Überreste des großen Tempels von Jerusalem sind verschwunden. Als die Römer Jerusalem im Jahr 70 n. Chr. angriffen, brannte der riesige und wundervolle Tempel ab und wurde gänzlich niedergerissen. Außer dem Palast des Herodes, der für Verwaltungszwecke erhalten blieb, wurde ganz Jerusalem ausgelöscht. Viele der Mauern wurden fast bis auf ihre Fundamente abgetragen, und die Steine wurden in die Hohlwege geworfen. Die Römer wollten Jerusalem das Aussehen geben, als sei es nicht mehr bewohnt, als existierte es nicht mehr. Es war vollständige, totale Zerstörung, und alle Einwohner wurden während eines der schlimmsten Blutbäder in der Geschichte entweder ermordet oder verschleppt. Um das ganze Gebiet noch weiter zu zerstören, holzten die Römer die unmittelbare Umgebung der Stadt ab, ebenso das Land in einem Umkreis von etwa 18 km. So kehrten sie ein dicht bewaldetes und mit Weinbergen und Gärten überzogenes Gebiet in eine äußerste Wildnis um. Palästina erlangte nie mehr sein früheres Aussehen. Zu dieser Zeit wurde auch Qumran, die Essener-Gemeinschaft am Toten Meer, zerstört. Die Festung von Masada wurde eingenommen, aber erst, nachdem Hunderte von Menschen dort Selbstmord begingen, als Reaktion auf eine lange Belagerung durch die Römer.

Seit dieser Zeit versuchen Gelehrte und Archäologen, genau zu bestimmen, wie der Tempel des Herodes aussah und wo er auf dem Tempelberg gelegen war. Die einzigen oberirdischen Überreste sind Teile der massiven Außenmauern, die die Zeiten überdauert haben. Die Mauern selbst waren Meisterwerke der technologischen Baukunst, von Josephus als „das erstaunlichste Werk, über das Menschen je gehört haben" beschrieben. Die Grundsteine wurden auf festen Fels gelegt – etwa 30 m unter der heutigen Oberfläche. Massive Steine, die pro Stück mehrere Tonnen wiegen, wurden entdeckt. Diese Steine wurden so dicht zusammengefügt, dass ein Stück Papyrus nicht dazwischengeschoben werden konnte, und kein Mörtel wurde benützt. Überreste dieser typisch herodianischen Baukunst können noch an der Klagemauer auf der Westseite des Tempelbereichs betrachtet werden.

Oberhalb der Erdoberfläche scheint diese Mauer rekonstruiert worden zu sein, weil die Steine nicht mehr so sorgfältig wie ursprünglich zusammenpassen. Die neun untersten Steinreihen bestehen aus riesigen Blöcken, wie es für die herodianische Baukunst charakteristisch war; der größte misst etwa 5 m Länge und 4 m Breite. Darüber befinden sich 15 Reihen mit kleineren Steinen. Vieles weist darauf hin, dass dies eine Rekonstruktion aus altem Material ist. Es ist schwierig zu glauben, dass die ursprünglichen Erbauer, die so viel Mühe auf sich nahmen, um herrliche Steinblöcke mit fein zisieliertem Aussehen zu erhalten, diese anderen Steine in einer so wahllosen Art gesetzt haben sollten. Die Juden kommen seit biblischen Zeiten zur Klagemauer, um die Zerstörung des Tempels zu beklagen.

Es gibt viele Theorien über das Erscheinungsbild des Tempels zur Zeit Jesu, aber nur wenige Fakten. Einige der antiken Historiker – Josephus ist der erwähnenswerteste – haben Beschreibungen und Hinweise in ihren Werken hinterlassen. Der Tempel wurde aus hartem Kalkstein erbaut, der in riesigen Höhlen tief unter dem nördlichen Teil von Jerusalem abgebaut wurde. Diese Gesteinsart konnte bis zu einem hohen Glanz aufpoliert werden, um ihr ein marmorähnliches Aussehen zu geben. Der Tempelbezirk war mit einer unerschöpflichen Wasserversorgung gesegnet, die von einer natürlichen Quelle kam. Es gab ein erstaunliches System von unterirdischen Wasserspeichern, die miteinander durch Rohrleitungen und Kanäle verbunden waren. Ein Teil dieses Systems existiert immer noch in den unterirdischen Kammern unter der gegenwärtigen Stadt.

Nach Josephus waren entlang der Mauern des äußeren Tempelvorhofs Säulenhallen eingebaut, und die Basilika im Süden war besonders bemerkenswert; sie hatte mindestens 162 Säulen. Jede Säule bestand aus einem einzigen Block reinsten weißen Marmors und war so groß, dass drei Männer mit ihren ausgestreckten Armen gerade herumreichen konnten. Diese vier Säulenreihen schlossen drei Säulengänge dazwischen ein. Die Dachränder waren mit schönen Skulpturen aus Zedernholz verziert, und die Frontseite war aus poliertem Stein. Das war das Erste, dem man nach dem Betreten des Tors durch die massive äußere Mauer (von Süden und unten herkommend) entgegentrat. Von hier aus betrat man den offenen Hof, der mit allen Arten von Steinen gepflastert war. Es schien keinen besonderen Grund für diese große Säulenbasilika zu geben, außer dem, dass sie entworfen wurde, um große Mengen von Menschen gegen Sonne und Regen zu schützen oder Händler anzuziehen. (Die Gestaltung der ganzen Tempelanlage war der griechischen Tempelbauweise „Temenos" nachempfunden. Eine Basilika gehörte dazu.). Viele Geschäfte wickelten sich auf dem Tempelberg ab, unter anderem der Verkauf von Opfertieren und das Geldwechseln (Umtausch der profanen Münzen in die heilige Opfermünze).

Die Basilika öffnete sich auf einen großen äußeren Hof, allgemein bekannt als der Vorhof der Heiden. Obwohl im alten Tempel Salomos nur Juden innerhalb der Mauern zugelassen waren, hatte Herodes der Große das Gefühl, dass er einen Teil des Heiligtums für die Benutzung durch Fremde aller Nationen bereitstellen musste. Denn es waren viele Ägypter, Griechen, Römer und Mitglieder anderer Nationen in Jerusalem ansässig. So wurde ein großer äußerer Hof errichtet, offen für alle, die in diesem abgeschlossenen Raum gehen und sich unterhalten wollten und der deshalb „Vorhof der Heiden" genannt wurde. Anschließend daran folgte der Hof der Israeliten, in den kein Heide eintreten durfte – unter welchem Vorwand auch immer. Josephus stellt fest, dass diese zwei Höfe durch eine niedere Mauer oder Balustrade in Brusthöhe voneinander getrennt wurden, mit 10-13 Eingängen oder Öffnungen. Oben auf dieser Absperrung waren kleine quadratische Steinsäulen in Abständen angebracht, und jede trug eine Inschrift auf Griechisch, dass kein Fremder die Mauer überschreiten durfte, unter Androhung der Todesstrafe für jeden Übertreter.

Der Tempel war ein riesiger Komplex, zusammengesetzt aus verschiedenen Höfen, wobei einer in den anderen führte, bis der innere Hof und das Allerheiligste erreicht wurde. Die Menschen durften die einzelnen Höfe entsprechend ihres Wertes und Reinheitsgrades betreten. Das wurde alles durch das Gesetz oder die Vorschriftensammlung des Moses festgelegt. Auf der Ostseite des Tempelberges war der Vorhof der Frauen. Ihn erreichte man durch eine Säulenhalle aus großen Säulen (genannt „Halle Salomos"), dann bestieg man eine Reihe von terrassierten Treppen, da dieser Bereich in mehr als einer Richtung abschüssig war – anders als der Rest des Tempelberges. Viele Stufen führten von einem Bereich in den nächsten, vom Vorhof der Frauen aufsteigend bis zum Hauptbezirk des Tempels. Alte Historiker sagen, dass die Treppenflucht vor dem Hof der Frauen möglicherweise durch zwei Absätze unterbrochen war, mit einer dritten breiten Stufe ganz oben.

Jüdische Männer konnten in den Vorhof der Frauen gehen. Jedoch durften die meisten Frauen nicht weiter gehen, weil sie die meiste Zeit über als unrein betrachtet wurden – abhängig von ihrem monatlichen Rhythmus und den Nachwirkungen der Geburt. Bestimmten Männern war es auch nicht gestattet, weiter in die inneren Höfe vorzudringen, wenn sie irgendeine Infektion oder Erkrankung hatten, oder wenn sie erst kurz zuvor einen toten Körper berührt hatten. Es gab viele Regeln bezüglich der Reinheit der Menschen, und die meisten Juden fielen von Zeit zu Zeit in eine dieser Kategorien.

Hinter dem Vorhof der Frauen gab es noch einige weitere Bereiche, in die nur gewisse Leute zugelassen waren, bis die letzte heilige Kammer erreicht war. Der Osteingang zum Vorhof der Frauen hatte Flügeltüren aus korinthischem Messing (nur die Beschläge waren aus Metall). Josephus sagt, dass gelegentlich öffentliche Versammlungen vor diesem Tor stattfanden. Die Türflügel waren so groß und schwer, dass es der vereinten Kraft von 20 Männern bedurfte, um sie jeden Tag zu öffnen und zu schließen. Es war gesetzeswidrig, eines dieser Tempeltore offen zu lassen. In diese inneren Höfe führten neun weitere Tore und Türen, die vollständig mit massiven Silber- und Goldplatten überzogen waren, ebenso die Torpfosten und Torstürze. Aber das riesige Messingtor übertraf sie an Größe und Wert.

Im Vorhof der Priester und direkt vor dem eigentlichen Tempelgebäude war der Altar, auf dem Opfer und Brandopfer dargebracht wurden. Im Boden waren einige Ringe befestigt, wo die zu opfernden Tiere angebunden waren, um ihres Schicksals zu harren. Der Bereich enthielt auch acht Marmortische, auf denen die Kadaver gehäutet, gewaschen und für den Altar vorbereitet wurden. Das Blut der Opfer floss durch Löcher im Boden ab, und der ganze Bereich um den Altar ähnelte dem Schlachthaus eines Metzgers. Hier fanden die Weihräucherung und Segnung derjenigen statt, die für das Betreten dieses Bezirks qualifiziert waren.

Nicht nur die ganze Fassade des Tempelhauses, sondern auch die Wand und der Eingang zwischen dem Portal und dem Heiligtum waren mit Goldplatten bedeckt. (Zwischen dem Portal und dem Heiligtum befand sich eine breite, aber nicht tiefe Vorhalle, durch die man einen zweiten, kleineren Eingang nach etwa 8-10 m erreichte). Das Tempelhaus stand innerhalb des innersten Hofes, und man erreichte es durch eine zwölfstufige Treppe. Es war erbaut aus weißlichen Steinen, die alle laut Josephus die enorme Größe von etwa 10 auf 3,5 auf 5,4 m hatten. Man betrachtete es als das weltweit größte religiöse Heiligtum zur damaligen Zeit. Die vordere Fassade war laut Josephus eine quadratische Fläche von 46 m Seitenlänge. Sie war völlig mit Goldplatten überzogen, mit einem konkaven goldenen Spiegel über dem Eingang. Dieser Spiegel reflektierte die Strahlen der Sonne und glänzte dann hell wie Feuer. Das Heiligtum war nach altem Brauch eingeteilt in das Heilige und das Allerheiligste. Im Raum des Heiligen waren ein Altar, ein siebenarmiger Leuchter aus massivem Gold und ein Licht, das nie verlöschte. Die Wände des Allerheiligsten waren mit Gold überzogen, aber sie blieben absolut leer, weil keine Bilder erlaubt waren. Der Hohepriester durfte als einziges menschliches Wesen diesen Allerheiligsten Raum betreten, und dann nur an gewissen, besonderen Tagen. Man glaubt, dass das Allerheiligste auf dem gegenwärtigen Heiligen Felsen im Felsendom gelegen war. (Der Felsen könnte sich aber auch am bzw. unter dem Altarbereich befunden haben; dann wäre das Hauptgebäude weiter im Westen gelegen, und auf der Ostseite wäre mehr Raum frei. – Der Heilige Felsen enthält verschiedene Löcher bzw. Öffnungen (z. T. verdeckt), die mit einem unterirdischen Höhlen- und Kanalsystem verbunden sind. Das kann die Vorrichtung sein, die das Blut der Opfertiere, die auf dem Altar geopfert wurden, abfließen ließ. Entsprechende Vorschriften für einen Opferaltar wurden in der Mischna erwähnt. – Siehe Gerhard Kroll: AUF DEN SPUREN JESU, S. 179).

Nur der Eingang dieses heiligen Bezirks war für die Menschen einsehbar, verhüllt von einem kostbaren sechsfarbigen Vorhang, der sich im Wind bewegte. Der Vorhang verbarg das vergoldete Innere und seine Inhalte vor allen Laien. Dies ist der Vorhang, der bei der Kreuzigung Jesu von oben bis unten in zwei Teile zerriss.

Vom Ölberg aus gesehen stand der Tempel direkt im Vordergrund, wo sich heute der Dom über dem Heiligen Felsen erhebt. Umgeben von prächtigen Säulengängen erhoben sich seine Höfe, einer jeweils innerhalb des anderen und jeder höher als der vorige bis zum inneren Heiligtum selbst, dessen marmorne und goldene Fassade glänzte und glitzerte.

Herodes bezweckte damit offensichtlich, dass der Tempel schon von weitem gesehen werden konnte und seine Umgebung beherrschte. Das Baumaterial von mattweißem Kalkstein und die quadratische, mit

Gold überzogene Fassade sollten die Aufmerksamkeit vom ganzen Rest der Stadt ablenken. Es war deshalb ganz natürlich, beim Gold des Tempels zu schwören.

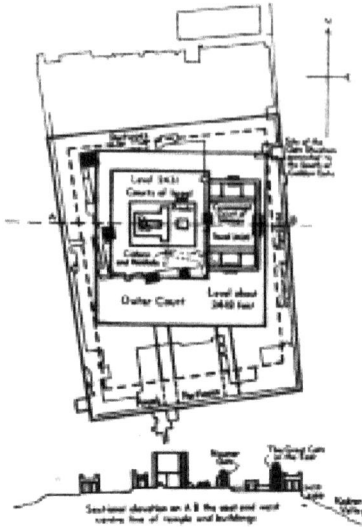

The Temple Sanctuary

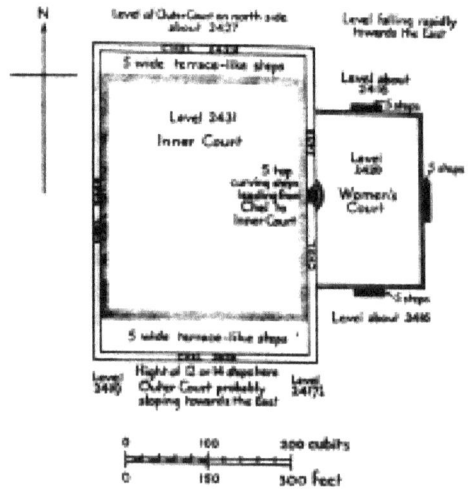

The Women's Court

Oben: Der Tempelbezirk (Plan); unten: Der Vorhof der Frauen

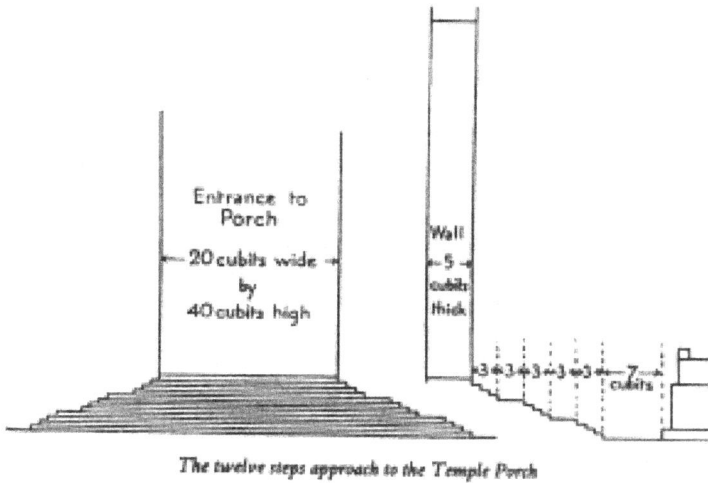

The twelve steps approach to the Temple Porch

Labels in image: Entrance to Porch / 20 cubits wide by 40 cubits high / Wall / 5 cubits thick / 3←3←3←3←3←7 cubits

Die zwölf Stufen, auf denen man an das Tempelportal herantritt

Alles an diesem teuren Gebäude verlangte große Geldsummen. Herodes erhob unbarmherzig Steuern im Übermaß und dachte sich immer neue Wege aus, um seine vielen Projekte zu subventionieren. Auch von den Römern wurden die Menschen hart besteuert, um sogar noch größere Ausgaben im Ausland zu finanzieren, die den Untertanen des Herodes keinen Nutzen brachten. Die Menschen empfanden diese Lasten als drückend. Es gab bittere Aufschreie gegen die Geldverschwendung, die den Menschen schier die Luft zum Atmen nahm. Herodes dachte, wenn die Leute sehen könnten, dass ein Teil dieses Geldes in das sichtbare Projekt des Wiederaufbaus des Tempels für ihren Gott gesteckt würde, dann wären sie wenigstens teilweise beschwichtigt.

Man kann die Eigenart des Heiligtums von Jerusalem nicht voll würdigen, wenn man nicht die Vorstellungen von „Heiligkeit" und die rituellen Vorbereitungen erwägt, denen sich jene, die das Verlangen hatten, „vor dem Herrn zu erscheinen", unterziehen mussten. Einige wurden ermutigt, die Reinheitsriten in ihr alltägliches Leben auszudehnen, um Gottes Zorn nicht zu erregen. Jesu Ansichten waren anders. Er maß den verschiedenen Stufen von Heiligkeit im Heiligtum nicht die Wichtigkeit bei, die seine frommen Zeitgenossen darin sahen. Er empfand, dass sie mehr mit der Konzentration auf das Ritual und die Zeremonie beschäftigt waren als mit deren Sinngehalt. Sie hatten die individuelle Person und ihre Bedürfnisse vergessen.

Ich glaube, dass der Bereich, wo Abigail ihre Kindergruppen leitete, auf der Ostseite des Gebäudes lag. Es gab mehrere andere Treppenfluchten, die vom Vorhof der Heiden in den Vorhof der Frauen führten, aber die terrassierte Treppengruppe scheint zu der Beschreibung von Tänzen auf breiten Absätzen zu passen. Es wäre auch vernünftig, dass die Priester Abigail dem Vorhof der Frauen zugewiesen haben, was zu der Stellung, die sie ihr gegeben hatten, passen würde. Damit wurde sie auf ihren „richtigen Platz" beschränkt. In der Nähe dieses äußeren Bereichs befand sich ein Raum zum Aufbewahren von Musikinstrumenten, was auch zu der Beschreibung der Tänze passt.

Die von Abigail erwähnten Säulen könnten die der Halle Salomos gewesen sein, wo Jesus zu der versammelten Menschenmenge sprach. Der große Säulenbereich im Süden (die Basilika) am Eingang des Tempelberges war zu weit weg für Abigail, um ihn deutlich sehen und hören zu können. Historiker scheinen übereinstimmend der Meinung zu sein, dass Jesus in Begleitung seiner Schüler im östlichen Tempelbereich lehrte. Es würde Sinn machen, weil er hier zu jedem sprechen konnte, unabhängig von dessen Reinheitsgrad. Er konnte auch von Juden und Heiden gleichermaßen gehört werden, da dieser Bereich vor der Absperrung für alle offen war.

Wenn meine Annahmen korrekt sind, hat Jesus nahe dem unteren Ende der Treppen zum Frauenvorhof gesprochen, in der Säulenhalle des Salomo, während Abigail mit den Kindern auf den terrassierten Treppen, die zu den inneren Höfen führten, spielte. Er drehte sich um und sah sie, und er ging die Treppen zu ihr hoch, während die Menge von unten zusah. Ich denke, die Ergebnisse der Historiker und die Darlegungen des Josephus haben diesen Bereich als den einzig möglichen identifiziert, wo sich dies ereignet haben könnte. Und bemerkenswerterweise finden sich hier alle erwähnten Details: Die Treppen, die Säulen und andere Einzelheiten. Das sind belegende Tatsachen – nicht für jemanden zugänglich, der die erschöpfende Nachforschung nicht geleistet hat.

In den folgenden Kapiteln werde ich Einzelheiten, die sich auf diese Nachforschungen beziehen, jeweils an ihrem passenden Platz einfügen.

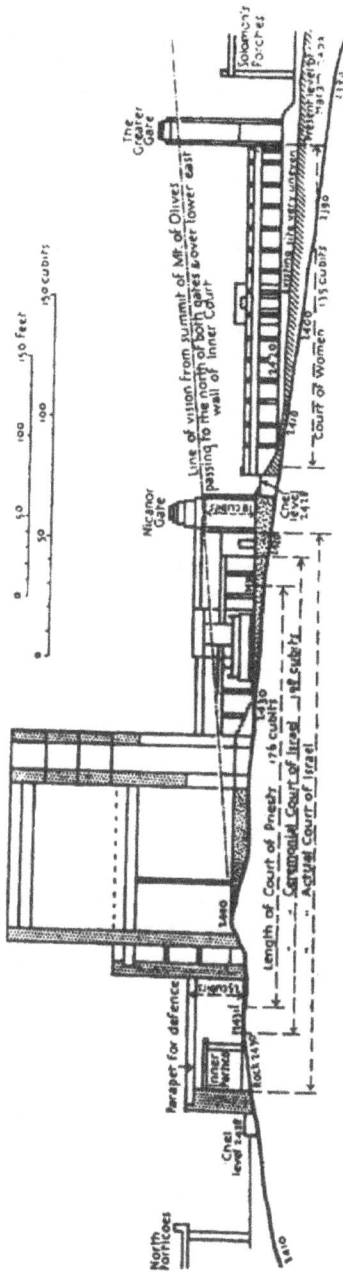

A sectional elevation of Herod's Temple

Ein Teilaufriss des herodianischen Tempels (Plan)

71

Kapitel 5:

Die Nichte von Jesus – Eine Einführung

Die nächste überraschende Verbindung mit Jesus ergab sich spontan im Jahr 1987, ein Jahr nach meiner Arbeit mit Maria. Ich war immer noch sehr mit der Übersetzung der „Zenturien" von Nostradamus (für das 3-bändige Werk GESPRÄCHE MIT NOSTRADAMUS) engagiert, und ich war nun auch eine UFO-Forscherin geworden. Ich wurde aufgerufen, bei vermutlichen Entführungsfällen in Arkansas (siehe mein Buch HÜTER DES GARTENS) Hypnose anzuwenden. Meine Zeit war eingeteilt in viele Projekte, dazu noch Reinkarnationstherapie.

Anna war eine sehr liebenswürdige, freundliche jüdische Frau Ende dreißig, aber ihre Erscheinung entsprach nicht ihrem Alter. Sie schien eine ewige Jugend zu besitzen und vermittelte den Eindruck, direkt unter der Oberfläche einen schelmischen Teenager zu verstecken. Sie wurde in dem „Reformierten Jüdischen Tempel" erzogen, und sie und ihre Familie verstanden kein Hebräisch. Anna und ihr Gatte hatten beschlossen, der überfüllten und lauten Stadt Los Angeles zu entfliehen, wo sie geboren war und aufwuchs. Sie wählten einen ruhigeren Lebensstil in den Hügeln von Arkansas und bauten ein Frühstückshotel in der nahen Umgebung einer Touristenstadt in meiner Nähe. Ich hatte sie schon mehrere Jahre lang gekannt und hatte mit ihr als Versuchsperson bei vielen Projekten gearbeitet. Sie hatte sich als ausgezeichnete Versuchsperson erwiesen, und ich hatte sie daran gewöhnt, schnell und leicht in tiefe Trance zu fallen. Ich kann echt sagen, dass Anna eine der seltenen Individuen ist, die nicht fähig sind zu täuschen. Sie ist die vertrauenswürdigste Person, der ich jemals begegnet bin. Damals hatte Anna keine Probleme, und wir arbeiteten nicht an etwas Besonderem. Sie hatte immer wiederkehrende Szenen erlebt, die blitzartig in ihrem Geist aufleuchteten. Diese Szenen schienen sich in einem Land ähnlich wie Israel oder in diesem Bereich der Welt abzuspielen. Es handelte sich einfach um Straßenszenen und Eindrücke von Leuten, die landestypisch gekleidet waren. Die Szenen waren nicht beunruhigend, aber sie dachte, möglicherweise versuchte ihr Unterbewusstsein, ihr mitzuteilen, dass sie ein Leben in jenem Land gelebt hatte. Sie wollte diese Möglichkeit erforschen. Wir beabsichtigten nachzuschauen, ob wir irgendeine Information darüber während dieser ersten Sitzung finden konnten.

Nachdem sie es sich auf der Liege bequem gemacht hatte, benützte ich ihr Schlüsselwort und begann die Sitzung.

D: Du sagtest, dass du kürzlich einige Szenen gesehen hättest, von denen du meinst, dass sie mit einem früheren Leben zusammenhängen. Wir werden sehen, ob wir etwas darüber herausfinden können, und ob da etwas ist, von dem du wissen musst. Du dachtest, dass es in Jerusalem sein könnte, aber wir wissen das nicht sicher. Deshalb hätte ich es gern, dass wir die Szenen, die in deinen Sinn kommen und für dich wichtig und bedeutsam sind, näher anschauen und zusammen erforschen und sehen, ob da etwas ist, was du wissen musst. Ich werde auf drei zählen, und bei der Zahl drei wirst du dort sein. Eins... zwei... drei... Wir sind in der Zeit angekommen, die du schon einmal als inneres Bild gesehen hast. Was siehst du? Was tust du?

Sie betrat die Szene an einem ungewöhnlichen Punkt. Sie sprach mit einer kindlichen Stimme und erlebte eine so starke Emotion, dass sie nahe am Weinen zu sein schien.

A: *Ich bin... Ich bin ein Mädchen. Ich bin noch nicht dreizehn Jahre alt. Ich heiße Naomi. Und ich bin nicht sehr glücklich (den Tränen nahe). Oh, es ist schwer, darüber zu sprechen.*
D: Geschah etwas, was dich so fühlen lässt? (Sie schluchzte, deshalb beruhigte ich sie). Du kannst es mir erzählen.

A: Ich wünschte, ich wäre ein Junge. Dann wäre ich frei, das zu tun,
von dem ich glaube, dass es meine Bestimmung ist. Und ich weiß
das. (Sie brach zusammen). Das ist hart.

Anna kannte mich schon und hatte eine gut funktionierende
Beziehung zu mir, aber hier hatte ich es mit einer anderen Wesenheit
zu tun. Ich musste Naomis Vertrauen in mich aufrechterhalten, dann
würde sie sich wohl genug fühlen, um mit mir zu sprechen.

D: Ich verstehe. Manchmal brauchst du jemanden, mit dem du
sprechen kannst. Du kannst immer mit mir darüber sprechen.
A: Es ist meine Bestimmung, die Lehren zu verbreiten, weil ich sie so
gut vom Herzen her verstehe. Und er schaute mich an und sagte
mir, dass ich das nicht könne, weil ich eine Frau sei und weil das
nicht verstanden würde. Und... (schluchzend) Ich liebe ihn so
sehr.
D: Von wem sprichst du? Wer sagte dir das?
A: Dies war... (schluchzend) dies war der Nazarener.

Die einzige Person, die meines Wissens jemals mit diesem Namen
benannt wurde, war Jesus. Das war eine Überraschung. Ich würde die
Fragen sorgfältig stellen müssen, um herauszubekommen, ob es dieser
Mann war, über den sie sprach.

D: Kennst du den Nazarener?
A: Ja (schluchzt). Und ich wollte das Zuhause bei meinen Eltern
verlassen und mit ihm gehen, da ich weiß, ich weiß, dass ich all
diese Dinge tun kann. (Ihre Stimme war voller Jammer und
Emotion). Und ich fürchte mich nicht.

Sie begann zu weinen, die Tränen rollten über ihre Wangen und
sanken in das Kissen.

A: Ich könnte mein Haar schneiden und in Jungenkleidern gehen. Und
ich glaube nicht, dass sie den Unterschied merken. Aber ich
glaube, ich glaube wirklich, dass es meine Bestimmung ist, mit
ihm zu gehen, ihm zu helfen und für ihn zu sorgen. Ich glaube,
dass er mich braucht. Und ich glaube, dass ich das könnte, wenn

ich ein Junge wäre. Aber es gibt nichts anderes für mich zu tun.
Ich möchte nichts anderes tun.

D: Ich verstehe.

A: Und sie sagen, dass mein Vater sein Halbbruder sei (sie schniefte).
Wenn das so ist, glaube ich auch, dass es mir erlaubt sein sollte,
das zu tun.

Dies war eine große Überraschung. Ich nahm an, dass sie von Jesus sprach, aber hatte er einen Halbbruder? In JESUS UND DIE ESSENER wurde erwähnt, dass er mehrere Brüder und Schwestern hatte, aber wir kamen mit ihnen in jenem Buch nicht in Kontakt. Obwohl ich verwirrt war, musste ich mir Wege ausdenken, Fragen zu stellen, die nicht manipulierten.

D: Wer ist dein Vater?

A: Mein Vater ist der Schmiedemeister. Er arbeitet mit Metall. Er ist
der Metallarbeiter des Dorfes. Er macht Schlösser und eine ganze
Reihe von Dingen aus den verschiedenen Metallen, die er formt.

D: Du sagtest, er sei der Halbbruder zu diesem anderen Mann?

A: So wurde es mir gesagt. Ich weiß nicht, ob das der Grund ist,
warum sie mich von ihm fernhalten. Vielleicht auch nicht?

D: Wie heißt dein Vater?

A: Joseph.

Eine andere Überraschung. Ich hatte herausgefunden, dass in dieser Kultur der älteste Sohn oft nach dem Vater benannt wurde.

D: Wie lange kennst du schon diesen anderen Mann?

A: Ich habe ihn schon immer gekannt. Er ist schon immer hier. Er
kommt in das Haus, um meinen Vater zu sehen. Ich vermute, sie
haben Geschäfte miteinander, aber er hat eine andere Tätigkeit
in der Stadt. Ich hörte ihn reden, und es war, wie wenn er mit
meinen Worten sprechen würde. Ich weiß auch, dass er bald die
Stadt verlässt.

D: Wohin geht er?

A: Er geht mit einer Gruppe auf eine Reise, eine Wanderschaft, um
die Lehren zu verbreiten. Und ich weiß, dass das mein Platz ist.
Aber mein Vater fühlt nicht genauso. Mein Vater empfindet

*Furcht, und ich nicht. Meine Mutter ist eine sehr ruhige Frau. Sie
sagt überhaupt nichts dazu.*
D: Was ist das für eine Stadt, in der du lebst? Hat sie einen Namen?
A: Jerusalem. Sie sagen...

Sie sprach drei Worte, die anscheinend Hebräisch waren, eine
Sprache, von der Anna keine bewusste Kenntnis besitzt. Sie waren für
mich nur schwer zu übertragen; deshalb fragte ich später einen Mann,
der Hebräisch gut kannte, ob er sie vom Tonband weg verstehen
könne. Er sagte: „Natürlich", und gab mir die Aussprache:
„Yeruschaleym schel sahav". Naomi fuhr fort:

*A: Und nun weiß ich, was das bedeutet. Ich wusste nie wirklich, was
das hieß.*
D: Was bedeutet das?
A: Es heißt „Jerusalem aus Gold".

Der jüdische Mann sagte, dass diese Übersetzung absolut korrekt
sei. Dann erklärte er, warum Jerusalem so genannt wurde. Die älteren
Häuser sind erbaut aus einem honigfarbenen Kalkstein aus der
dortigen Gegend, der der ganzen Stadt ein goldenes Leuchten verleiht,
wenn die Sonne darauf fällt. Dies klang wie eine plausible Erklärung,
bis ich Alt-Jerusalem selbst erforschte. Alle Gebäude in der modernen
Stadt wurden nach der Zeit Jesu erbaut, deshalb würde das nicht
passen, wenn die Häuser nicht aus derselben Art von Material wie vor
2000 Jahren gebaut wurden. Das ist möglich, aber meine
Nachforschung enthüllte eine viel logischere Erklärung für den
Namen dieser Stadt „Jerusalem aus Gold".
Ich fand heraus, dass die wichtigsten Tempelgebäude aus weißem
Kalkstein aus der Gegend erbaut waren; sie waren bis zu einem
solchen Glanz aufpoliert, dass es wie Marmor aussah. Die Vorderseite
der Gebäude war überzogen mit Goldplatten, und mehrere der großen
Tore, die in den inneren Hof oder das Heiligtum führten, waren mit
Gold- oder Silberplatten beschlagen. All das erzeugte den Eindruck
eines glitzernden Tempels und muss einen sehr eindrucksvollen
Anblick ergeben haben. Der Tempel wurde als so wunderbar
beschrieben, dass es sich in der ganzen damaligen Welt
herumgesprochen hatte. Anscheinend nannten die Menschen die Stadt
„Jerusalem aus Gold".

A: Ich liebte immer den Klang, als ich das hörte, aber ich wusste nie, was es wirklich bedeutete. Und es bedeutet das, was er verbreitet. Es bedeutet das goldene Leuchten, das ich aus seinem Herzbereich strömen sehe. Es ist dieses goldene Strahlen, dessen Essenz Liebe, Achtsamkeit und Güte ist, frei von Furcht oder Grausamkeit. Ja, es bedeutet diese Art von Gold. Das Gold des Seins. Es bedeutet nicht das Gold des Metalls. Genau das verstand ich nicht. Es heißt, dass er Jerusalem in Gold verwandelt durch das, was er versucht zu lehren. Und ich vermute nun, dass ich es verstehe. Genau das will ich leben. Ich möchte helfen. Ich möchte mit ihm gehen. Denn ich weiß, ich habe die gleiche Liebesenergie, und meine Hilfe kann gebraucht werden. Und ich muss nicht verheiratet oder versorgt sein, oder eine Mutter sein. Ich weiß, ich könnte mit ihm gehen und lernen zu heilen und die Schmerzen anderer Menschen zu lindern. Und das alles will ich tun.

D: Du sagtest, dass du einige seiner Lehren kennst. Hast du etwa bei ihm studiert?

A: (Lacht) Nein, das ist nicht erlaubt. Ich habe ihn mit meinem Vater reden gehört, als sie dachten, dass ich schliefe. Ich habe mich auch verkleidet und bin hinausgeschlichen, dahin, wo er ein Treffen abhielt. Dabei habe ich ihm zugehört.

D: Hat er eine große Gruppe von Leuten um sich? Du sagtest, dass er eine Gruppe mit sich nahm.

A: Nein, nicht sehr groß, denn er lehrt mit ihnen in privaten, kleinen Gruppen. Aber er weiß nun, dass es seine Aufgabe ist, seine Botschaft zu verbreiten. Diese Gruppe ist klein, denn nicht viele von uns sind mutig genug, den Pfad der Wahrheit und Liebe zu gehen. Es ist schwer, Leute zu finden, die keine Angst haben, zu heilen und zu dienen. Deshalb ist die Gruppe bis jetzt nicht sehr groß, soviel ich weiß.

D: Kennst du ihn noch unter einem anderen Namen, außer dem „Nazarener"?

A: Sie nennen ihn Jesus (Das ist die griechische Version des Namens, auf Hebräisch: Joshua oder Jeshua), aber für mich klingt „Nazarener" besser. Ich mag diesen Namen. Vielleicht kommt es daher, weil ich meinen Vater und ihn sprechen höre. Dabei höre ich das Wort „Nazarener".

D: Ich fragte mich eben, ob das die Art war, wie dein Vater ihn anredete.

A: *Oh, manchmal. Aber normalerweise, wenn er vorbeikommt, wenn sie über das Geschäft, das Zimmermannshandwerk und die Metallwaren reden, nennt er ihn Jesus. Manchmal nennt er ihn Bruder. Sie benützen oft „Bruder".*

D: Aber du sagtest, dass du gehört hattest, sie seien Halbbrüder. Bedeutet das, dass sie die gleiche Mutter oder den gleichen Vater haben? Was weißt du darüber?

A: *Ich weiß nicht, ob ich überhaupt etwas davon verstehe. Sie haben nie wirklich darüber gesprochen, oder sie würden nicht vor mir reden. Aber ich denke ... Ich denke, der Vater ist derselbe, da mein Vater den Namen seines Vaters hat. Aber ich verstehe nicht viel. Sie haben es mir nie gesagt.*

D: Hast du einmal deine Großmutter und deinen Großvater gesehen? (Ich dachte an Joseph und Maria).

A: *Diejenigen meiner Mutter mehr als die meines Vaters. Das sind Dinge, über die sie nicht sprechen. Wir sehen sie nicht oft. Sie sind weit weg. Das ist es, was sie mir erzählen.*

D: Dann ist also derjenige, den du am meisten siehst von der Familie, der Nazarener, wenn er kommt. Hast du noch Brüder und Schwestern?

A: *Ich habe einen Bruder. Und er ist weit weg. Er ging, um zu studieren.*

D: Welches Studium?

A: *Er ging, um gelehrt zu werden. Er ging, um mit Lehrern und „Rabonis" zu studieren, um verschiedene Gesetze und Lehren zu lernen. Um ein Gelehrter zu werden.*

Ich konnte das Wort „Raboni" nicht im Wörterbuch finden, deshalb befragte ich den Juden darüber. Er sagte, es sei einer der formalen, respektvollen Arten, um einen Rabbi anzureden. (In der Folge „Rabbi, Raboni, Rabban" wird eine Rangsteigerung ausgedrückt).

D: Musste er einen langen Weg gehen, um dies zu tun?

A: *Ja. Er musste dazu in eine andere größere Stadt gehen.*

D: Ich dachte, Jerusalem sei groß.

A: Jerusalem ist groß. Aber vermutlich konnte er für diese Studien nicht in Jerusalem bleiben.

Ich habe schon erklärt, dass Erziehung bedeutete, ausschließlich das Gesetz zu studieren. Jede andere Art von Lernen musste woanders erworben werden. Mir kam die Idee, dass ihr Bruder vielleicht gegangen war, um bei den Essenern zu studieren, zumal Jesus ziemlich vertraut mit ihnen war.

D: Dann weißt du nicht wirklich, wohin er gegangen ist? Hörtest du nie jemand etwas darüber sagen?

A: Er gab mir nicht den Namen. Nein, ich weiß den Namen nicht. Aber es gibt da viele Dinge, die sie mich nicht wissen lassen, vermutlich aus Furcht, oder weil sie meinen, mich dadurch schützen zu können.

D: Aber dieser Bruder ist älter als du, ist das richtig?

A: Ja, dieser Bruder ist zehn Jahre über mir. Ich weiß nicht... er könnte in Dinge verwickelt sein, die geheim sind. So erzählen sie mir, was sie wollen. Es ist, wie wenn er ein weiterer Vater wäre (lacht). Meine Mutter hat meinen Bruder und mich als Kinder, aber sie hat noch andere Kinder, für die sie sorgt. Und sie tut all diese Dinge, die man von Frauen erwartet. Sie hütet Waisenkinder oder Kinder, die beaufsichtigt werden müssen.

D: Kannst du mir erzählen, wie der Nazarener aussieht? Wie ist seine körperliche Erscheinung?

A: Er ist..., wenn ich an ihm hinaufschaue... Ich bin nicht sicher. Lass mich zuerst sehen. Er ist etwa so groß wie mein Vater, den du wahrscheinlich als durchschnittlich ansehen würdest. Er scheint sehr... er ist kräftig in den Armen und Schultern. Er ist kein besonders großer Mann, aber er hat Kraft. Und... seine Augen, seine Augen sind wunderbar. Sie sind blau. Und er hat braunes Haar und... Haar auf seinem Kinn und oberhalb seines Mundes. Und er ist gebräunt von der Sonne. Ich würde sagen, er ist ziemlich dunkelhäutig.

D: Aber du sagtest, seine Augen seien wunderbar.

A: a. Ich dachte nie, dass blaue Augen so freundlich und liebevoll sein können, aber seine sind es. Ich bin dunkle Augen gewöhnt. Aber seine Augen sind ja so gütig, so liebevoll (seufzt).

In JESUS UND DIE ESSENER nahm ich Bezug auf THE ARCHKO VOLUME, ein wenig bekanntes Buch, geschrieben von Dr. McIntoch und Dr. Twyman, gedruckt im Jahr 1887. Diese Männer hatten geschriebene Berichte in der Vatikan-Bibliothek gefunden, die von Christus handeln. Einer dieser Berichte enthielt eine Beschreibung von Jesus, die sich auf bemerkenswerte Weise mit den Beschreibungen deckt, die von verschiedenen Klienten gegeben wurden. Nachdem JESUS UND DIE ESSENER gedruckt war, stieß ich auf einen weiteren solchen Brief, der eine ähnliche Beschreibung enthielt. Dieses aufsehenerregende Dokument wurde auch in der Vatikanischen Bibliothek entdeckt. Vermutlich war es zur Zeit Jesu von Publius Lentulus, damals römischer Prokonsul in Judäa, ein Vorgänger und Freund von Pontius Pilatus, an den römischen Senat geschrieben worden. Das Folgende ist seine Beschreibung von Jesus:

„Dies ist ein Mann von edler und wohlproportionierter Statur, mit einem Gesicht voller Freundlichkeit und Festigkeit, sodass diejenigen, die ihn anschauen, ihn sowohl lieben als auch fürchten. Sein Haar hat die Farbe des Weines und ist golden an der Wurzel – glatt und ohne Glanz – aber von der Höhe der Ohren an lockig und glänzend und mitten auf dem Kopf gescheitelt nach der Art der Nazarener.

Seine Stirn ist eben und glatt, sein Gesicht ist ohne Makel und wirkungsvoll zur Geltung gebracht durch eine milde Jugendfrische. Sein Gesichtsausdruck ist offenherzig und gütig, sein Bart ist dicht, von derselben Farbe wie sein Haar, und in Form gegabelt, seine Augen sind blau und außergewöhnlich strahlend.

In Tadel und Rüge ist er furchteinflößend, in Ermahnung und Lehre ist er sanft und von liebenswürdiger Zunge. Niemand hat ihn jemals lachen gesehen (?), im Gegenteil, viele sahen ihn weinen. Er ist groß; seine Hände sind schön und ebenmäßig. Im Sprechen ist er überlegt und ernst und von wenig Redseligkeit. An Schönheit übertrifft er die meisten Menschen."

Diesen Text entnahm ich dem Artikel „Wie sah Christus wirklich aus?" von Jack Anderson, der im PARADE MAGAZINE am 18. 04. 1965 erschien.

D: Du sagtest, er komme schon so lange in euer Haus, wie du dich erinnern kannst?

A: Ja, ich habe ihn immer gekannt. Ich habe ihn immer da gesehen. Als ich sehr klein war, dachte ich einfach, sie hätten Geschäftsbeziehungen miteinander, aber jetzt vermute ich, dass er versuchte, ein Familienproblem zu lösen.

D: Es wäre natürlich – wenn sie Brüder wären –, dass er von Zeit zu Zeit kommen würde, um ihn zu sehen. Ich bin sehr interessiert an diesem Mann. Er scheint sehr ungewöhnlich zu sein.

A: Nun, ich... weiß, ich ging zu ihm am nächsten Tag und sagte ihm, dass ich gerne mit ihm gehen wollte (wieder traurig). Und er erwiderte mir, dass es zu schwierig sei, weil ich ein weibliches Kind sei. Die Leute würden nicht verstehen. Und ich sagte ihm, ich könnte meine Haare abschneiden und Männerkleider tragen, und sie würden es nicht merken. Er meinte, ich würde schon mit ihm gehen, aber jetzt sei die Zeit noch nicht reif dafür. Ich habe keinen Wunsch, etwas anderes zu tun. Ich bin nicht meiner Mutter Kind. Ich bin nicht dazu gemacht, Dinge zu tun wie sie. Ich bin nur in diesem weiblichen Körper.

D: Vielleicht meinte er, dass du noch ein Weilchen warten müsstest. Wenn er sagte, die Zeit sei nicht jetzt, verneinte er nicht wirklich. Vielleicht erlaubt er dir später, mit ihm zu gehen.

A: Ich hoffe darauf. Aber ich kann auf jeden Fall zu Diensten sein und mich zu erinnern versuchen, was er mir gesagt hat und meiner Mutter helfen bei diesen Kindern, die solche Fürsorge brauchen.

D: Du sagtest, dass du dich einmal davongeschlichen und ihm zugehört hast, als er redete. War es nur einmal?

A: Nun, es gab nicht viele Gelegenheiten, weil ich über meine Eltern nicht gern Schande bringen will. Aber ich wurde von meinen Stimmen so gezogen, hinzugehen und ihm zuzuhören. Deshalb war ich ein paarmal dort. In unserem kleinen Stadtteil hörte ich gewöhnlich, wo die Treffen abgehalten wurden, oder ich hörte zufällig die Leute mit an, die mit meinem Vater sprachen. Die Versammlungen wurden an verschiedenen Plätzen abgehalten. Die Leute hatten geheime Bereiche in ihren Häusern oder unterirdische Räume im Stadtgebiet. Und er lehrte bei diesen Treffen eine Lebensart, die richtig ist und für alle gelten sollte.

Während der Ausgrabungen entdeckten die Archäologen, dass der unterirdische Teil von Jerusalem durchzogen ist von geheimen Gängen und Untergrundkammern, die sich bis in die Zeit vor Christus zurückdatieren lassen. Einige der damaligen Häuser könnten geheime Eingänge gehabt haben, die zu unterirdischen Versammlungsräumen führten.

D: Kannst du dich an etwas von dem erinnern, was er gesagt hat?

A: Nun, wenn ich darüber nachdenke, kann ich das Glühen des goldenen Lichtes in seinem Herzbereich sehen. Und ich erinnere mich am meisten daran, dass er sagte, man soll andere genauso lieben und für sie sorgen, wie man will, dass sie es uns gegenüber tun. Ich vermute mal, dass es das ist, was ich am meisten erinnere. Seine Weisheit ist mächtig, und doch ist sie nicht unmenschlich. So lehrt er zum Beispiel, dass man anderen nicht Schmerzen zufügen soll, um ein Verstehen zu erzwingen.

D: Warum muss er sich mit anderen an verborgenen Plätzen treffen?

A: Weil es da eine Gruppe bei den Regierungsmächten gibt, die anfängt zu glauben, er könnte auf mehr Leute einen Einfluss haben, als sie dachten. Ich glaube nicht, dass sie anfangs an seinen Einfluss glaubten oder ihn ernst nahmen. Und ich denke, dass sie jetzt beunruhigt sind, weil die Armen und Hilflosen, diejenigen, die Vertrauen und Glauben haben, sich ihm mehr und mehr zuwenden. Es gibt also einen Gefühlswechsel bei den Regierungsorganen. Sie werden allmählich sauer. Sie fürchten sich langsam vor seiner Macht, die auf Wahrheit beruht. Sie sind eine wüste Bande. Sie nehmen und nehmen und haben eine Fülle von Reichtümern gehortet und kümmern sich nicht darum, was mit den Kranken und Armen geschieht. Deshalb werden die Versammlungen im Geheimen abgehalten.

D: Ich frage mich, warum sie vor einer Person solche Angst haben sollten.

A: Das hatten sie am Anfang auch nicht. Aber ich vermute, einige in den Regierungsorganen haben ihn gehört. Sie wissen, er spricht eine Wahrheit aus, die sie in sich selbst fühlen. Und in sich selbst sind sie zerrissen, weil sie im Grunde keine Loyalität zu ihren eigenen politischen Organen fühlen können. So ist ein großer Konflikt am Entstehen, fürchte ich.

Während dieser Zeit litt Israel unter dem schweren Joch der römischen Besatzung. Den Menschen wurden viele ihrer Freiheiten weggenommen, und sie wurden übertrieben hoch besteuert, bis zu dem Ausmaß, dass sich viele der Juden in ihrem eigenen Land wie Sklaven fühlten. Sie hielten Ausschau nach einem Erlöser, einem Messias, einem Retter, der kommt und sie aus ihrer Lage befreit. Verzweifelt wollten sie, dass der Lebensstil zurückkehrte, an dem sie sich vor der römischen Besatzung erfreut hatten. Aber es herrschte auch große Furcht, weil die römische Armee stark war.

Viele geheime Gruppen bildeten sich, die für einen gewaltsamen Regierungsumsturz eintraten. Eine der bemerkenswertesten waren die Zeloten. Judas Iskariot war als ein Mitglied von ihnen identifiziert worden. Sie wollten Krieg und suchten nach einem Führer, der stark genug war, um ihre Bewegung zu organisieren. Viele dieser Gruppen – einige heftig und einige friedlich – dachten, dass sie einen solchen Führer in Jesus gefunden hätten, weil er von Dingen sprach, die sie nie zuvor gehört hatten.

Die Priester konnten ihn nicht leiden, weil er eine Philosophie predigte, die von dem abwich, was sie lehrten. So wurde er von beiden Gruppen genau beobachtet. Besonders die Römer waren darin eifrig, weil sie sahen, dass er Anhänger gewann, und sie wussten, dass es bei dieser Unruhe in der Bevölkerung nur eines Führers bedurfte, um eine Revolte zu organisieren. Die weite Ausbreitung der Juden hatte Jerusalem zu einem Zentrum von beträchtlicher Größe im Römischen Reich werden lassen. Alles, was sich hier ereignete, geschah auf der Weltbühne. Folglich wurde jede Handlung von einem Subversiven wie Jesus sorgfältig beobachtet und Rom berichtet.

D: Du sagst, er hat eine Gruppe, die mit ihm fast überall hin mitgeht. Kennst du jemanden in dieser Gruppe?

A: *Da gibt es ein paar Männer, die ich schon gesehen habe. Sie lassen es wirklich nicht sehr an die Öffentlichkeit kommen. Aber mir scheint, es sind Männer seines Alters. Es scheint eine verbindliche Anhängerschaft zu sein. Sie glauben an die gleichen Dinge und arbeiten für das Wohl des Ganzen. So gibt es eine Handvoll Männer, die ich immer um ihn herum sehe.*

D: Ich fragte mich, ob du vielleicht einige beim Namen kennst. Du weißt, ich würde es nicht weitererzählen, ich bin einfach neugierig.

A: *(Pause) Es scheint einen Mann namens Johannes zu geben (als Frage gesagt). Und dieser Mann... Ich habe Johannes schon oft gesehen. Aber diese anderen Männer ... ich glaube nicht, dass ich ihre Namen kenne.*

D: Ich dachte, du hast vielleicht gehört, wie er oder dein Vater sie beim Namen ruft. Wie sieht Johannes aus? Du sagtest, er hat etwa das gleiche Alter?

A: Ja, er schaut ähnlich aus, mit Ausnahme der Augen. Er hat dunkle Augen wie die meisten Leute hier in dieser Gegend. Und er sieht nicht so nett aus. Er ist auch etwas schlanker.

D: Vorhin sagtest du etwas über deine „Stimmen", die dir sagen, was du tun solltest. Was hast du damit gemeint?

A: Nun, ich will nicht die Ehre meiner Eltern verletzen oder mich gegen ihre Wünsche stellen, aber manchmal höre ich Dinge. Die Stimmen, die in meinen Kopf dringen, sagen mir, dass diese Dinge alle richtig sind, weil ich sie aus den richtigen Beweggründen heraus tun will. Ich tue nichts Unehrenhaftes. Ich will handeln, um den Glauben und meinen Gott zu ehren. Die Stimmen sind so stark, dass ich weiß: Es ist ganz richtig, mich zu verkleiden und aus dem Haus zu schleichen.

D: Aha, das meinst du. Du hörst sie innerhalb deines Kopfes? Gehörst du irgendeiner Religion an? Weißt du, was ich meine?

A: Sie lehren die Mädchen nicht viel, zumindest nicht, was meine Familie betrifft. Aber sie sind jüdischen Glaubens. Ich denke, auch der Nazarener ist ein Jude. Und doch geht er einen anderen Weg, weil viel Unbarmherzigkeit in den Gesetzen steckt. Deshalb werden vermutlich Familien auseinandergerissen. Die Menschen haben heute Mühe, ihren eigenen Glauben zu verstehen oder zu erfahren.

Dies war ein Teil des Konflikts, den Jesus mit den Priestern im Tempel hatte. Er stimmte mit ihrer Auslegung des Gesetzes, den Gesetzen des Moses, die für die Juden zur Befolgung aufgezeichnet waren, nicht überein. Er dachte, dass sie ungerecht und zu streng ausgelegt wären. In JESUS UND DIE ESSENER war es offensichtlich, dass er beim Studium der Gesetze andere Bedeutungen fand. Seine freimütigen Äußerungen verursachten Reibung, deshalb wandte er sich vom Tempel ab und ging dazu über, den Menschen im Geheimen über seine Auffassungen von Religion zu erzählen. So wie seine Beliebtheit wuchs, so wuchs auch die Opposition der Priester, die dachten, er versuche, ihre Autorität zu untergraben.

D: Geht deine Familie irgendwo hin, um anzubeten?

A: Ja. Sie gehen zum Tempel.

D: Warst du schon einmal selbst im Tempel?

A: Ja. Aber die Frauen gehen einen anderen Weg und sitzen auf einem anderen Platz als die Männer. Und ich... (seufzt). Ich fühle mich nicht sehr geliebt hier drinnen. Ich fühle mich woanders näher bei Gott.

D: Kannst du mir erzählen, wie das Äußere des Tempels aussieht? Ist es ein großes oder ein kleines Gebäude?

Ich wollte herausfinden, ob Naomis Beschreibung des Tempels der von Abigail entsprach.

A: Dies ist ein... Ich denke, da gibt es viele in der Umgebung.

D: In Jerusalem?

A: Ja. Dieser eine ist nicht der größte. Er ist aus Stein oder aus Steinen aufgebaut.

D: Gibt es noch einen größeren in der Stadt?

A: Ja, es gibt einen.

D: Hast du dieses Gebäude schon einmal gesehen?

A: Ja. Es ist sehr groß. Es erschreckt mich. Es lässt mich Kälte fühlen (lacht). Ich ziehe unser kleineres Gebäude vor.

D: Warum reagierst du so? Weil es zu groß ist?

A: Ja, ich meine, es ist einfach zu groß.

D: Nun, wie sieht dieses Gebäude von außen aus?

A: Oh, es hat viele der hellen Steine. Und dann sehe ich große Eingänge, und einige Säulen außen. Es ist... es hat innen eine sehr hohe Decke.

D: Hat es viele Säulen außen herum?

A: Vorne scheinen... 8 Säulen zu sein.

D: Hat es noch anderswo Säulen, als nur an der Vorderseite?

A: Innen, ich sehe einige innen.

D: Hat es Stufen, die zu den Eingängen führen?

A: Ja. Sie sind lang... lange Steine... Stufen.

Naomis Beschreibung stimmt gut mit Abigails Version und mit der historischen Forschung überein.

D: Aber du sagtest, du gehst nicht gern dort hin, weil es…

A: (Unterbrechend:) Zu groß. Es bewirkt, dass ich mich einsam fühle.

D: Ja, manchmal können Dinge zu groß sein; und dann bringt es die Leute ab von dem, was die Priester ihnen zu lehren versuchen. Aber die Frauen werden nicht wirklich unterrichtet?

A: Nein. Nicht da, wo ich aufgewachsen bin. Sie lehren den Frauen nichts. Die männlichen Personen werden ausgebildet. Der Raboni lehrt die Männer, aber nicht die Frauen. Es scheint eine Tradition zu sein, bis jetzt. Mir gefällt das nicht.

D: Es erscheint seltsam, dass sie dich nicht unterrichten wollen, obwohl du lernen willst.

A: Ich habe gelernt, auf jeden Fall. Ich habe gehört und gelernt. Und ich hatte Freunde, die mich lehrten.

D: Nun, die Gruppe, die dem Nazarener folgt… sind einige Frauen in dieser Gruppe, oder sind es nur Männer?

A: Ich sehe Frauen. Aber ich weiß nicht, ob sie die ganze Zeit bei der Gruppe sind, oder ob sie da sind, weil sie Ehefrauen oder Schwestern sind. Aber er scheint mit den Männern auf die Reise zu gehen.

D: Ich dachte gerade, dass – wenn andere Frauen in der Gruppe sind – es dir später auch erlaubt wird mitzugehen.

A: Kann sein. Es gibt da einen Jeremiah. Jeremiah fällt mir gerade ein. Ich bin sicher, warum. Ich denke, er ist einer der Männer, die mit ihm gehen.

D: Ist Jeremiah so alt wie die anderen?

A: Nein, er scheint etwas jünger zu sein.

D: Dieses Land, in dem du lebst – hat es einen Regenten? Du sprachst vorhin von einem Regierungsorgan.

A: Sie nennen ihn König. König? Ich vermute, sie nennen ihn König, und dann hat er noch eine leitende Regierung, vermutlich.

D: Hast du sie schon einmal über den König reden gehört?

A: Ja, meinen Vater. Sie denken, er ist ein ungerechter König. Sie… es ist so, wie ich dir erzählt habe; sie haben Räume und Räume, Lagerhäuser voll von Reichtum, und da draußen hat es zu viele arme Leute.

D: Hast du von etwas gehört, das er getan hat? Hat dein Vater schon einmal über etwas Bestimmtes geredet?

A: Nun, sie sprechen über Leute, die sie „Sklaven" nennen. Sie reden von grausamen Bestrafungen, von Menschen, die entfernt wurden und von denen man nie mehr etwas gehört hat. Und es gibt keinen Grund dafür.

D: Denken sie, dass der König dafür verantwortlich ist?

A: Ja. Und ich verstehe das ganz und gar nicht. Ich weiß nicht alles, was man wissen muss. Sie erzählen mir dies nicht. Verstehe, meine Mutter ist eine sehr gute, ruhige Frau. Sie ist genau so, wie man es von ihr erwartet. Deshalb diskutiert sie weder über so etwas, noch will sie ihre Meinung laut hinausposaunen.

D: Kann sein, dass das von ihr erwartet wird. – Ist das Haus, in dem du lebst, groß?

A: Nein, es ist klein. Mein Vater hat seinen Arbeitsraum, damit verbunden ist unser Wohnzimmer. Und außerhalb ist ein Ofen zum Kochen. Es ist also klein, aber nett. Es ist gemütlich.

D: Wie sieht es innen aus, der Wohnraum?

A: Es ist ein Raum, wenn man eintritt. Hier nehmen wir Mahlzeiten zu uns. Wir haben einen Tisch und Möbel. Dann gibt es noch einen anderen kleinen Raum, das Schlafzimmer meiner Eltern. Und da ist eine kleine Kellertüre. Und dann habe ich noch eine kleine Nische für mich.

D: Wie sieht dein Platz aus? Worauf schläfst du?

A: Es ist Stroh, das zusammengebunden ist, um es in Form zu bringen und eine gewisse Dicke zu erreichen. Es liegt auf einem kleinen Podest aus Holz und ist bedeckt mit einem Tuch und Fellen.

D: Ist es bequem?

A: Ja. Es ist wirklich sehr bequem.

D: Ist das alles, was du an deinem Platz hast?

A: Ich habe das und noch eine Kerze. Und gerade noch ein paar persönliche Dinge, aber das ist alles. Und meine Kleidung ist zusammengefaltet in einer Ecke.

D: Welche Art von Nahrung isst du?

A: Wir essen Getreide und Früchte. Und es gibt Fisch. Es gibt Datteln und andere weiche Früchte von Sträuchern.

D: Esst ihr auch Fleisch, neben Fisch?

A: Selten. Ab und zu haben wir Lamm. Ich weiß nicht... Rindfleisch? Rindfleisch? (wie wenn es ein unbekanntes Wort wäre).

D: Was ist das?

A: Rindfleisch ist rar. Wir haben das sehr wenig.

D: Habt ihr irgendwelche Gemüsesorten? Weißt du, was ich meine?

A: *Ja. An Gemüse haben wir zum Beispiel... Kürbis und... grüne Gemüsearten.*

D: Nun, es klingt so, als ob ihr viele verschiedene Dinge zum Essen hättet. Was trinkst du?

A: *Ich trinke Ziegenmilch und Wasser. Und für meinen Vater gibt es noch ein anderes Getränk.*

D: Was ist es?

A: *Ich denke, er trinkt ein Gebräu. Ich weiß allerdings nicht genau, was es ist. Und dann haben sie auch noch Wein. Wir machen Brote in unserem Ofen draußen.*

D: Dann wirst du also nicht hungrig. Das ist sehr gut. Nun, wäre es in Ordnung, wenn ich wiederkomme und ein anderes Mal mit dir spreche?

A: *Ja, das würde mir gefallen. Du hast bewirkt, dass ich mich jetzt besser fühle (erleichtertes Aufatmen).*

D: Gut so. Und du kannst immer mit mir reden, wenn ich komme, und mir Dinge erzählen, die dich quälen, denn ich erzähle es niemandem weiter. Es ist immer gut, eine Freundin zu haben, mit der man reden kann.

Als ich Anna zu vollem Tagesbewusstsein zurückbrachte, war ich gespannt, wie sie reagieren würde, wenn ich ihr erzählen würde, worüber sie gerade erst gesprochen hatte. Sie hatte einige vage Erinnerungen an die Sitzung. Ich schaltete das Tonband wieder ein, als sie von diesen berichtete.

D: Du sagtest, sie hatten verschiedene Namen für die Nahrung? Und du konntest andere Sprachen in dir hören? Ist es das, was du meinst?

A: *Ja. Es ist schwer zu erklären. Als du sagtest „Gemüse" oder „Früchte", konnte ich das sehen, ihm aber keinen Namen geben. Es gab auch einige Dinge, die ich im jetzigen Leben noch nie gesehen habe. Deshalb denke ich, dass ich mich manchmal – wenn du mich etwas fragtest – die Antworten so sehr durchzufiltern bemühte, dass es mir noch weiter nachgeht.*

D: Konntest du andere Sprachen hören? Waren sie im Hintergrund, oder wie?

A: *Manchmal. Aber ich verstand die Worte nicht.*

D: Sind diese wenigen Dinge alles, woran du dich erinnern kannst?

A: *Ich erinnere mich an das Haus. Und ich glaube, ich erinnere mich... (lacht). Ich erinnere mich daran, wie ich gesagt habe: Der „Nazarener".*

D: Offensichtlich bezog sich das auf Jesus. Weißt du sehr viel von ihm?

A: *Weil ich Jüdin bin, habe ich in der Vergangenheit wirklich nicht viel über Jesus nachgedacht. Eigentlich nie. In meinem Milieu wurde er nicht einmal anerkannt. Wenn ich in dem Haushalt, in dem ich aufwuchs, Mama und Papa über Jesus fragte, pflegten sie die Frage einfach abzuwimmeln. Juden, die ich kannte, als ich heranwuchs, verhielten sich so, wie wenn er nicht existiert hätte. So kam es, dass ich erst in meinen dreißiger Jahren wirklich begann, diesem Sachverhalt ins Auge zu sehen. Ich dachte immer, dass es da einen Konflikt gab. Ich konnte nicht verstehen, warum sie nicht über ihn zu sprechen pflegten. Und doch – das Bisschen, das ich im Lauf der Zeit von ihm erfuhr, war, dass er anscheinend ein sehr guter Lehrer war. Deshalb konnte ich ihn nie einordnen.*

D: So hast du also keinen Grund, zu... Ein Christ zum Beispiel könnte sagen: „Oh, ich hätte gern zu Jesu Zeiten gelebt". Du hättest keinen Grund, so zu fühlen.

A: *Nein, weil wir ja nicht einmal über ihn redeten. Er existierte für meine Familie und die Leute, die mir bekannt waren, einfach nicht.*

D: Wenn ich dir erzählen würde, dass du Christus in jenem Leben gekannt hast, was würdest du darauf sagen?

A: *Ich würde sagen... (lacht). Ich glaube nicht, dass ich dafür empfänglich sein kann (lacht).*

D: Was würdest du sagen, wenn ich dir erzählen würde, dass er dein Onkel war?

A: *(Ein verblüffter Ausdruck) Ich wusste nicht, dass Jesus ein...... Ich....... Ich finde es wirklich verwirrend. Es kommt mir fast komisch vor. Das ist absurd. Ich bin Jüdin. Wenn so eine Geschichte von mir kommen würde, wäre das die schlechteste Wahl, die ich mir vorstellen könnte.*

D: Mit anderen Worten: Es ist schwer zu glauben.

A: *Nun, im Moment fühle ich mich unwohl damit. Seit meiner Kindheit erzählte mir nie jemand etwas über Jesus – wegen meiner Eltern.*

D: Aber sie spielten das Thema auch nicht herunter?

A: Nein, meine Eltern hätten wirklich nicht gewusst, wie sie darüber sprechen sollten. Sie hatten immer Patentantworten. Es gab keine große Kommunikation. Als Kind lernte ich einfach, was ich fragen konnte und was nicht. Schon in jungen Jahren lernte ich, dass es gewisse Dinge gibt, nach denen man nicht fragt. Und sie sagten einfach: „Es gibt Juden, und es gibt Nicht-Juden. Wir glauben an Gott." Sie pflegten mir zu sagen: „Die anderen haben Jesus. Und für uns war Moses, der uns die Zehn Gebote gab, sozusagen unser Jesus." In der Art pflegten meine Eltern zu mir zu sprechen. Nun versuche ich, mich an meine Kindheit zu erinnern. Als ich noch klein war, konnte ich es kaum ertragen, in den Tempel und in die Sonntagsschule zu gehen. Ich dachte, dass das alles völliger Quatsch sei. Als kleines Kind, als ich jüdische Geschichte lernte, war ich entsetzt darüber, wie grausam die Juden waren. Es war mir so klar, wie viel Kontrolle sie über unser Leben hatten und wie furchtbar der Tempel war. Ich hatte diese Gefühle über das Judentum seit meiner Kindheit. Aber ich hörte über Jesus von all den anderen kleinen Kindern. Und ich wuchs heran, indem ich von ihm so verletzt wurde. Ich war entsetzt darüber, dass diese ganze Religion rund um diesen einen Mann geschaffen wurde; deshalb konnte ich niemals etwas Gutes über Jesus fühlen. Die Geschichte war für mich immer sehr anstoßerregend. Und dann, als ich älter wurde und begann, all das in Frage zu stellen, verschlimmerte es sich nur noch. Ich verstand nicht einmal, wer oder was er war. Ich fühlte einfach: Das war zu fremd, um verstehen zu können, dass Menschen eine Religion um einen Mann gebildet hatten. Religion setzt unbedingt einen Gott voraus. Erst seit wir hier leben, beginne ich darauf zu hören, was manche Leute zu sagen haben. Und plötzlich wurden die Dinge klar für mich. Das ist alles innerhalb der letzten fünf Jahre geschehen. So war es für mich wahrscheinlich notwendig, den alten Ort zu verlassen und hierher in diese Umgebung zu ziehen, damit sich Dinge in der richtigen Weise klären konnten. Es war für mich wie ein stiller Fingerzeig: Hier kannst du die Wahrheit kennenlernen. Vielleicht konnte ich deshalb nie etwas von dem, was ich hörte, hinunterschlucken, weil er ein menschliches Wesen war. Aber auch weil... kann sein, dass es ein Teil von mir im Inneren glauben will. Besonders in den letzten sechs Monaten hatte ich aus irgendeinem Grund so starke Gefühle, und ich wusste nicht, *woher sie kamen. Ich wusste, dass es da etwas Bedeutsamem in jener Ecke der Welt nachzuspüren galt, und diese Rückführung war der Weg, um die Antwort zu finden.*

D: Aber dies würdest du, wenn du über ein früheres Leben phantasieren würdest, nicht erfinden wollen.

A: Das wäre das Letzte, woran ich je denken würde.

Dies schien ein bemerkenswerter Durchbruch zu sein, und ich wollte diese Sache auf jeden Fall weiterverfolgen und ihre Geschichte über das Leben Christi – soweit sie Kontakt mit ihm hatte – im Auge behalten. Die Tatsache, dass sie Jüdin ist, gibt dieser Geschichte ein großes Maß an Glaubwürdigkeit. Ich fragte sie, ob sie je einmal über Jesus in der Bibel gelesen hätte. Sie sagte, nur das Alte Testament, und sie wäre nicht einmal sehr vertraut damit. In ihrer Religion würde von ihnen nicht verlangt, das zu lesen. Als sie versuchte, es für sich allein zu lesen, war es ihr zu schwierig, zu anstrengend. So bat ich sie, das Neue Testament nicht zu lesen. Sie antwortete, dass es wenig Chancen diesbezüglich gäbe, da sie nicht einmal ein Exemplar davon besäße. Soweit es sie betraf, wusste sie absolut nichts über sein Leben. Sie kannte keine der Geschehnisse, die den Christen so geläufig sind, und auch keine der Geschichten, die uns von Kindheit an eingehämmert wurden. Dies alles war fremdes Territorium für sie, und sie würde nichts in ihrem Unterbewusstsein haben, was solche Dinge anziehen würde. Auch würde sie keinen bewussten oder unbewussten Grund zum Phantasieren haben. Die ganze Idee schien ihr absurd. Dies könnte eine perfekte Chance sein, eine Geschichte zu erhalten, die auch der Kritik der Skeptiker standhalten würde.

Die Idee, dass Joseph einen älteren Sohn haben könnte, machte mir zu schaffen, und ich fragte mich, wie die Menschen darauf reagieren würden. Ich wusste jedoch, dass Joseph ein ganzes Stück älter war als Maria. Dies wurde festgestellt in JESUS UND DIE ESSENER. Was geschah in seinen jüngeren Jahren? Vielleicht war er menschlicher, als die Kirche uns glauben gelehrt hat. Vielleicht hatte er auch Schwächen wie wir alle. Welche Flecken auch immer auf Jesu Stammbaum lagen – es machte ihm offensichtlich nichts aus. Er war jahrelang freundlich zu seinem älteren Halbbruder. Ich war gespannt darauf, welche anderen unbekannten Details wir lüften würden, wenn wir mit Naomis Geschichte fortfahren würden.

Kapitel 6:

Die Abreise

Ich wollte das Leben in Jerusalem weiter erforschen, um zu sehen, wie viel Verbindung Annas „alter ego" (lat. für „anderes Ich") Naomi mit Jesus hatte und wie viele Informationen sie mir geben konnte. Ich benützte ihr Schlüsselwort und zählte Anna zurück in das Leben, das Naomi in Jerusalem lebte.

D: Ich möchte, dass du zu einem wichtigen Tag in deinem Leben gehst, als Naomi in Jerusalem lebte, und erzähle mir, was gerade geschieht. Ich werde auf drei zählen, und wir werden dort sein. Eins… zwei… drei… es ist ein wichtiger Tag in deinem Leben. Was geschieht? Was siehst du?

A: *Ich sehe dieselbe Szene, durch die ich schon zuvor durchgegangen bin. Und ich weiß nun, was ich mit meinem Leben anfangen muss. Ich möchte nicht, dass meine Eltern das Gefühl haben, ich sei unfolgsam gewesen, aber ich weiß, dass es meine Bestimmung ist, mit ihm zu wandern und zu lehren. Und ich bin gewillt, die Kleider der Männer zu tragen und mich selbst zu verkleiden, denn es ist für mich nicht vorgesehen, Dinge wie meine Mutter zu tun oder gehorsam wie sie zu sein. Das Einzige, was ich für mich in diesem Leben sehe, ist, seine Worte und seine Lebensart zu lehren.*

D: Wie alt bist du zu dieser Zeit?

A: *Ich denke, ich bin dreizehn. Ich bin etwa ein Jahr älter. Im letzten Jahr bemühte ich mich, versuchte ich wirklich, eine gute Tochter zu sein und zu tun, wie sie es wünschten. Aber es kommt nicht von Herzen. Ich liebe sie, aber mein Leben ist nicht lebenswert, wenn ich hierbleiben und heiraten und diesen Lebensstil leben muss.*

D: Wie es jedes andere Mädchen tun müsste? Hast du dies schon mit deiner Mutter und mit deinem Vater besprochen?

A: *Mein Vater erträgt das nicht so, und er nannte es Torheit. Ich habe aufgehört zu reden. Und meine Mutter versteht, aber sie sagte: „Es ist nicht das Leben für eine Frau." So bin ich ruhig geworden, und ich habe nur gebetet. Ich habe mit dem Nazarener geredet, als er hier war, aber es gibt für mich keine andere Wahl.*

D: Denkt dein Vater, dass das, was sein Bruder tut, auch Torheit ist?

A: *Überhaupt nicht. Er glaubt an all die Worte und an das, was er tun will. Er ist einfach nicht gewöhnt daran, dass ein Mädchen oder eine Frau diesen Fußstapfen folgt. Wenn ich ein männliches Kind wäre, gäbe es kein Problem, glaube ich. Sie könnten um meine Sicherheit fürchten, aber sie würden mich gehen lassen mit ihrer Liebe und ihrem Segen.*

D: Sie wollen dich nur schützen. Ihnen liegt dein Wohlergehen am Herzen, auch wenn es nicht das ist, was du wirklich tun willst. Sie wollen für dich nur das Beste.

A: *Ich weiß. Und ich bemühte mich, ich probierte es nun fast ein Jahr lang. Ich tat Dinge, die sie wünschten. Ich half meiner Mutter bei der Kinderbetreuung. Und ich kann dies nicht länger tun. Ich fühle mich älter, als ich bin. Ich fühle, dass für mich eine Heirat töricht ist. Es gibt keinen Grund für mich zu heiraten. Das Einzige, was ich liebe, sind die Wahrheiten, bei deren Ausbreitung ich behilflich sein will. Und ich liebe... Ich schätze, wenn ich je einen Mann lieben würde, wäre es der Nazarener. Aber ich weiß, dass das nie möglich ist. Deshalb muss dieser Teil von mir lernen, in einer anderen Art zu lieben, als eine Frau normalerweise liebt.*

D: Geht das nicht gegen die Tradition, gegen das, was eine Frau normalerweise zu deiner Zeit tun sollte? Vielleicht bringt gerade das deine Eltern aus der Fassung.

A: *Aber ich weiß, es ist meine Bestimmung, eine Lehrerin und Beraterin zu sein. Und das ist alles, was in meinem Herzen ist. Ich weiß, es ist das einzig Richtige für mich. Ich hoffe nur, dass sie bereit sind, zu verstehen und zu begreifen, dass es keine andere Wahl für mich gibt. Es gibt nur einen Pfad.*

D: Hast du daran gedacht, dass es – wenn du hier herausgehst – härter sein könnte, als du es dir vorstellst?

A: *Ich habe diesbezüglich keine Furcht. Ich fürchte mich nicht vor Tod oder Elend. Ich finde, dass die Dinge sehr einfach sind. Ich finde,*

dass es nur sehr wenige Gründe für mich gibt, überhaupt zu leben.
Und es gibt nichts in mir, was in der Lage ist, so zu sein, wie meine
Eltern es von mir erwarten. Auch wenn es aus ihrem Herzen
kommt und für mein eigenes Wohlergehen gedacht ist.

D: Du sagtest, dass du mit dem Nazarener darüber gesprochen hast.
Wie fühlt er darüber?

A: *Als ich vor einem Jahr mit ihm sprach, legte er sanft seine Hände*
um mein Gesicht und sagte, ich sei ein weibliches Kind und könne
jetzt nicht mit ihm gehen. Aber ich würde mit ihm zu einer anderen
Zeit gehen.

D: Ja, ich erinnere mich daran.

A: *Und ich weiß auch, dass er bloß für die Ohren meiner Eltern*
sprach. Aber ich schaute in seine Augen, und er wusste es besser.
Er tat es aus Liebe und zum Schutz. Und ich sagte ihm dann, dass
ich Männerkleider tragen und mein Haar schneiden könnte, und
niemand würde etwas merken. Ich weiß, dass er mich nicht von
sich weisen wird. Er weiß, dass ich aufgehört habe, über
bestimmte Dinge zu reden, und ruhig geworden bin. Und er weiß
warum, obwohl ich es ihm nicht erzählt habe. Er weiß, dass ich
mit ihm gehen werde, und er wird mich annehmen, weil er weiß,
es kommt aus meinem Herzen und von Gott.

D: Er könnte gedacht haben, dass du deinen Sinn noch änderst, weil
du ein Kind bist.

A: *Aber er sah in diesem vergangenen Jahr, dass ich versuchte, eine*
gehorsame Tochter zu sein und das zu tun, was meine Eltern
wollten. Er weiß, ich habe das Beste getan, was ich konnte, und
ich bemühte mich. Aber es wäre falsch für mich, zu heiraten und
Kinder zu haben, weil es ohne die reinste Liebe in meinem Herzen
wäre. Ich kann kein glückliches Zuhause schaffen mit dem, was
ich in mir spüre.

D: Du würdest es mehr aus Pflicht als aus irgendeinem anderen Grund
tun. Aber er dachte möglicherweise, dass du deinen Sinn noch
ändern könntest. In deinem Alter wissen die Menschen
üblicherweise noch nicht, was sie wollen. Nun, was willst du jetzt
tun?

A: *Ich warte darauf zu hören, wann er wieder weggeht.*
(Entschlossen:) Und ich werde mitgehen.

D: Ist er jetzt gerade in Jerusalem?

A: *Er wird innerhalb von ein paar Tagen erwartet.*

D: Weißt du, wo er gewesen ist?

A: Ich glaube, er ist auswärts im Haus seiner Herkunftsfamilie gewesen. Und es gab Probleme dort. Aber er setzt seine Lehren, Treffen und Städtereisen fort.

D: Mit seiner Gruppe von Leuten?

A: Eine kleine Gruppe.

D: Wo ist sein Elternhaus? Weißt du, welche Stadt das ist?

A: Es ist weg… Es ist das Gebiet um Nazareth, aber von hier aus sind es ein paar Tagereisen, glaube ich. Ich war nie dort.

D: Aber seine Heimat ist nicht genau in Nazareth. (Die alte Siedlung lag etwas oberhalb von Nazareth, am Hang eines Hügels nordwestlich davon). Weißt du, welche Mitglieder seiner Familie dort sind?

A: Sein Bruder… Ich denke, sein Bruder ist zu Hause. Und es gab da einige Schwierigkeiten. Ich bin mir nicht völlig sicher. Sie sprechen nicht so viel vor mir, oder wenn sie wissen, dass ich in der Nähe bin.

D: Nun, weil du über Familie sprachst, fragte ich mich, ob er je geheiratet hatte. (Das war eine Trickfrage).

A: Oh nein, er würde nie heiraten. Er ist verheiratet mit Gott und seinen Überzeugungen. Und er fühlt, dass das der Grund seines Lebens ist. Er könnte nicht genauso treu oder hingebungsvoll zu einer Frau oder Familie sein. (Vielleicht projiziert sie diese Sichtweise in ihn hinein, weil es ihr Thema ist; außerdem kennt sie ja nur einen sehr kleinen Ausschnitt aus seinem Leben).

D: Dann sind diejenigen, die in dieser Familie leben, hauptsächlich seine Brüder?

A: Ja, in seinem Elternhaus. Er hat Brüder in diesem Gebiet.

D: Ich war überrascht zu hören, dass er Familienprobleme hatte. Ich dachte, dass die Dinge glatt gehen.

Ich versuchte herauszufinden, was los war, ohne aufdringlich oder deutlich zu werden.

A: Ich denke, seine Brüder haben da eine Art Problem.

D: Du sagtest vorhin, dass dein Vater seine Eltern auch nicht sehr oft gesehen hätte. War das auch wegen einem Familienproblem?

A: *Ich denke – von dem, was ich mich erinnere, gehört zu haben –,*
dass sein Vater Schwierigkeiten hatte, ihn anzuerkennen. Weil die
Frau, die er Mutter nennt ... nicht bei seinem Vater blieb.

D: Du sagtest zuvor, dass beide, er und der Nazarener, Halbbrüder
sind.

A: *Ich weiß nicht, ob ich es erklären kann. Ich glaube, seine Mutter*
war nicht in der Lage, seinen Vater zu heiraten. Da gab es ein
Problem. Ich weiß, dass sie krank war. Vermutlich ist mir nicht
die ganze Geschichte bekannt.

D: In anderen Worten: Du denkst, dass der Nazarener und dein Vater
nicht die gleiche Mutter hatten? Weißt du, wer der Ältere ist? Dein
Vater oder der Nazarener?

A: *Mein Vater ist älter als der Nazarener.*

D: Und dies ist ein Grund, warum er keinen Kontakt mit seiner
Familie hat?

A: *Ja, ich denke, da ist Schmerz, ziemlich viel Schmerz, Verwirrung*
und Verlegenheit. Aber es geschah vor langer Zeit.

D: Anscheinend bekümmert das den Nazarener überhaupt nicht –
oder?

A: *Ich meine, er weiß sicher die ganze Wahrheit. Mein Vater und er*
haben zusammengearbeitet, und ihre Glaubensvorstellungen sind
ähnlich.

D: Ich war neugierig, weil es so klingt, als ob sie Geheimnisse hüten
würden. Denkst du, dass es ein Problem mit den anderen Brüdern
gibt? Du sagtest, auch sie hätten Familienprobleme, oder glaubst
du, dass es etwas anderes ist?

A: *Ja. Ich vermute, dass das Problem in einer Art Eifersucht liegt.*

D: Eines Tages wirst du die ganze Geschichte kennen, und du wirst
mir das erzählen können. Ich kann verstehen, warum sie in deiner
Anwesenheit nicht darüber sprechen wollen. Sie wollen nicht –
vermute ich –, dass die Kinder die Familienprobleme kennen.
Nun, ist es in deinem Land Sitte, den ältesten Sohn nach seinem
Vater zu benennen?

A: *Ich denke, es ist Sitte, Kinder zur Erinnerung an jemanden zu*
benennen, sodass derjenige durch das Kind weiterlebt.

D: Du sagtest, dein Vater hat den Namen von seinem Vater.

A: *Richtig. Und ich denke, meine Großmutter nannte ihn Joseph*
genau deshalb, um die Liebe und Erinnerung an den Vater

lebendig zu erhalten, weil sie wusste, dass sie nicht bei ihm bleiben konnte.

D: Aber er heiratete die Mutter von Jesus und den anderen Kindern?

A: Ja. Ich weiß nicht wirklich, ob es eine Krankheit war, die die erste Frau hatte, die etwas damit zu tun hatte.

D: Aber du hast gesagt, dass du deine Großeltern nicht sehen würdest. Ist das, weil sie so weit weg sind oder wegen dieses Problems mit seiner Geburt?

A: Mir wurde gesagt, es sei zu weit weg, aber ich bin mir sicher, dass mein Vater ein Teil des Problems ist.

D: Ich frage einfach, weil ich neugierig bin. Wenn du mit dem Nazarener gehst, was erwartest du zu tun? Kennst du irgendwelche deiner Pflichten?

A: Ich werde weiterlernen. Ich hoffe, ihm zur Seite stehen zu können in der Art, wie er es wünscht. Ich fürchte mich nicht vor den Kranken oder Armen oder den Menschen, die in verzweifelter Not sind. Ich möchte fähig sein, zu geben und zu lernen, wie er hilft und heilt und Gottes Gesetze lebt.

D: Denkst du, dass er dich diese Dinge lehren kann?

A: Ich denke, ja.

D: Weiß er, wie man Menschen heilt? Hast du ihn schon einmal etwas wie das tun sehen?

A: Ja, einmal sah ich... Ich hätte dort nicht sein sollen. Er hatte bei Nacht ein Treffen in unserem Dorf. Ich erinnere mich, wie ich hinausgeschlüpft bin und mich versteckt habe. Und da war ein Kind... eine Mutter brachte ihr Kind, das krank war. Ich bin mir nicht sicher, was dem Kind fehlte, aber ich sah, wie er es nahm und hielt. Er nahm das Kind auf seinen Schoß und legte ihm die Hände auf. Und das Kind hörte auf zu schreien. Das Fieber wich, und dem Kind ging es gut. (Dies wurde fast mit Ehrfurcht gesprochen).

D: Weißt du, wie er imstande war, das zu tun?

A: Ich weiß nicht. Ich denke... er kennt Wege, Gottes Gesetze zu leben. Und durch Liebe und Mitgefühl kann er etwas bewirken, wenn es sein soll.

D: Dies ist nicht der normale Weg, wie Menschen in deiner Zeitperiode Krankheiten heilen, oder?

A: Nein. Wir haben Ärzte, und sie behandeln die Kranken üblicherweise. Aber ich weiß: Was ich in jener Nacht sah, war ein

Wunder. Ich weiß nicht, was diesem Kind fehlte. Aber es schrie und war sehr rot und voller Schweiß und hatte große Schmerzen. Und sein Zustand veränderte sich: Es wurde ruhig und bekam eine normale Gesichtsfarbe. Ich hoffe zu lernen, wie man auf diese Weise heilt.

D: Es wäre eine sehr schöne Sache, wenn du so etwas lernen könntest. Hast du gehört, dass er noch andere ähnliche Heilungen vollbracht hat?

A: Ich habe gehört, dass er einen verkrüppelten Mann geheilt hat, und ich höre, wie die Leute reden, aber ich weiß nichts Genaues. Ich muss warten und ihn fragen.

D: Was reden die Leute?

A: Oh, wie er Menschen sehend machen und Glieder heilen kann, sodass sie wieder gehen oder ihre Glieder benutzen können.

D: Aber du weißt nicht, ob es wahr ist oder nicht?

A: Ich hoffe, dass es stimmt. Ich weiß, was ich gesehen habe. Aber manches – egal wie stark man an Gott glaubt – ... es ist wirklich schwer zu glauben, dass ein Mensch das tun kann.

D: Ja, ein sterblicher Mann. Er muss eine wundervolle Person sein, wenn er so etwas tun kann.

A: Er ist... anders. Weißt du, wenn man ihn sieht oder mit ihm spricht, oder wenn er einen berührt, unterscheidet er sich von jedem anderen, den man je getroffen hat. Und deshalb könnte er nie... mit jemand anderem zusammen sein. Weil so sein Leben gemeint war, nur so. Und ich weiß, einfach aus Liebe, durch meine Gebete, meine inneren Stimmen und von Gott, dass dies der Lebensweg ist, der für mich bestimmt ist. Es ist für mich vorgesehen, dass ich allein lebe und mich den Dingen widme, an die ich glaube.

D: Wenn es das ist, woran du wirklich glaubst, nehme ich an, dass es richtig ist zu tun, was immer du wünschst.

A: Und ich fühle nicht wie ein Kind.

D: Hast du irgendwelche Geschichten von anderen Dingen gehört, die er getan hat und die die Norm sprengen?

A: Oh, ich hörte... er ging fort und wurde abweichend von Leuten in unserer Schule oder in unseren Tempeln ausgebildet. Und er lernte Dinge von weisen Männern in weit entfernten Ländern. Ich vermute, dass sie ihn vieles über das Heilen lehrten und wie man fähig ist, physische Wesen und sich selbst zu verändern, wenn das eigene Herz rein und auf Gott ausgerichtet ist. Ich vermute, dass das ein Teil des Problems zu Hause ist. Möglicherweise könnte es da eine Frage in seiner Familie geben. Aber ...

D: Was für eine Frage?

A: Von Dingen, die er tun kann. Dinge, die ihm gelehrt wurden.

D: Denken sie, dass ihn das anders macht? Meinst du das?

A: Ja. Und ich weiß nicht, ob sie glauben.

D: Nun, du weißt, es gibt viele andere Wege der Ausbildung neben euren Schulen. Vielleicht konnten sie ihn viel Wundersames in anderen Ländern lehren. Aber den anderen Brüdern war es nicht erlaubt, dies zu tun?

A: Nein. Ich glaube nicht, dass sie das Verlangen hatten. Ich denke, sie wollten überwiegend ein elementares Leben führen, wie die meisten Bürger.

D: Dann sollten sie auch nicht eifersüchtig sein, wenn sie diese Art von Leben nicht haben wollten.

A: Nein. Aber ich vermute, dass es im Dorf einige Zweifel geben könnte, und das erschwert ihr Leben. Oder es kann sein, dass sie verlegen sind.

D: Ja. Vielleicht ist dies das Problem. Diese Leute kennen ihn ja schon seit seiner Kindheit, vermute ich.

A: Ja. Und wer sonst kann solche Dinge tun?

D: Meinst du, dass sie denken, er schwindle oder betreibe irgendeine Magie?

A: Ich glaube schon, dass einige das denken.

D: Sie meinen, er versuche, den Leuten etwas vorzumachen. Ich kann sehen, dass das ein Problem verursachen kann, wenn es etwas ist, das so schwer zu glauben ist.

A: (Seufzt) Oh, ich sehe ihn jetzt.

D: Kommt er gerade?

A: Ich sehe ihn ... Ich sehe ein Bild in meinem Geist – gerade jetzt: Er geht gerade die Straße entlang. Und ich sehe diese ... Energie um seinen Kopf, einen glitzernden Wirbel um seinen Kopf herum.

D: Hast du das schon einmal gesehen, wenn er bei dir war, oder ist es eben jetzt in deinem Geist?

A: Ich habe das noch nie zuvor gesehen.

D: Was bedeutet das deiner Meinung nach?

A: Ich glaube, es bedeutet „Wahrheit". Ich denke, es bedeutet durchzuhalten und Vertrauen zu haben. Und dass es ganz richtig ist, mit ihm zu gehen.

D: Er scheint eine wundervolle Person zu sein. Aber hast du Geschichten von etwas Außergewöhnlichem gehört, das er getan hat – außer dem Heilen?

A: *Ich habe gehört... ja, ich erinnere mich, wie meine Eltern redeten. Es war noch jemand anderes im Haus. Ich schätze, sie dachten, dass ich schon schlief. Und sie sagten: In einem Gebiet, das unter Trockenheit gelitten hatte – und die Menschen zweifelten an ihm – schuf er Regen. Ich hörte sie über das sprechen. (Leise, voller Ehrfurcht:) Ich vergaß das. Dies geschieht hier in der Gegend immer wieder. Wir haben manchmal Jahre mit großer Wasserknappheit.*

D: Tja, das wäre auch eine Art Wunder, oder?

A: *Ja. Aber die Hauptsache, die er vermitteln will, ist, nach Gottes Gesetzen zu leben und wie man einander wirklich liebt. Dass man in Frieden leben kann und ohne Furcht und Eifersucht. Und dass ein Leben mit liebender Freundlichkeit die wahre Natur des Menschen ist.*

D: Aber manchmal ist das anderen Leuten nur schwer zu vermitteln. Es scheint so einfach, aber manche Menschen wollen nicht hören.

A: *Ich weiß. Deshalb hatte er Auseinandersetzungen im Tempel. Weil er feststellte, dass viele ihrer Wege sehr grausam und lieblos sind. Deshalb begab er sich auf seinen Weg des Wanderns und Lehrens, um Gottes Gesetze und eine neue Lebensart für Mann und Frau zu verkünden.*

D: Diese Probleme, die er mit dem Tempel hatte – war das, bevor er hinausging und begann, das Wort überall zu verkünden?

A: *Ja. Das veranlasste ihn zu gehen.*

D: Weißt du, was geschah?

A: *Es war Verschiedenes. Es war auch Tatsache, dass sie denen nicht viel helfen wollten, die in Not waren, die Armen und die Leidenden. Tatsächlich hatten sie wenig Verständnis und Barmherzigkeit, wenn es darum ging, die Probleme der Menschen anzuschauen oder Gerichtsurteile zu fällen. Es war einiges.*

D: Glaubst du, dass sie andere gern verurteilten?

A: *Sie waren sehr verurteilend und strikt. Und ohne Grund.*

D: Waren das die Priester oder die Rabbis?

A: *Ja, die Rabbis. Es gab für alles nur einen Weg. Und es war ungerecht und lieblos in vielen Fällen. Ihre Position und Macht veranlasste die Rabbis immer wieder, ihre Entscheidungsfindung* zu verzerren. *Sie waren diejenigen, zu denen man ging, um Kontroversen und Probleme zu lösen.* Und sie bildeten sich ein, selbst zu Gott zu werden, anstatt auf Gott zu hören und sich zu bemühen, gerecht zu sein.

D: Macht kann das manchmal mit Menschen machen.

A: *Ja. So tendieren sie zeitweise dazu, anstatt sich zu bemühen, zu dienen und Probleme zu lösen, nur noch weitere zu machen.*

D: So versuchen sie, strikt nach dem Gesetz zu gehen, ohne Barmherzigkeit oder irgendwelche anderen Auslegungen? Und das machte Jesus ärgerlich oder was?

A: *Es enttäuschte ihn sehr. Er realisierte, dass das, was er im Tempel oder durch die Rabbis hörte, nicht das war, was seinem Gefühl nach Gott wollte. Er spürte, dass sie die Gebote nicht lebten. Er stellte in Frage, was sie sagten, und fragte, warum es nicht auch so sein könnte. Und sie waren es nicht gewöhnt, in Frage gestellt zu werden.*

D: Sie waren daran gewöhnt, dass ihr Wort als Gesetz galt.

A: *Richtig. Und er brachte zum Beispiel eine Lösung zur Sprache, die das Problem sehr schnell gelöst hätte und zeigte dabei Gerechtigkeit und Barmherzigkeit und Gleichheit. Und es gab Wege für die Menschen, die falsch handelten, Wiedergutmachung zu leisten. So brachte er Lösungen zur Sprache und forderte ihre Lösungswege heraus, und das schuf viele Probleme. Ich denke, das ärgerte die Rabbis, denn der Nazarener hatte mehr Klarheit und Gerechtigkeit in seinen Lösungen. Aber Jesus konnte sich nicht mit dem Hochmut und der Grausamkeit der Rabbis anfreunden, weil es nicht Gott ist, der lieblos und ungnädig ist – es ist der Mensch. So spürte er, dass von nun an das Land sein Tempel war; die Erde war der Boden, der Himmel die Decke. Er würde Gottes Gesetze verbreiten und ein guter Lehrer sein wollen.*

D: Es klingt wunderbar. Ich kann sehen, warum sie ihn als Rebell betrachteten, wenn er gegen die Lehren seiner Zeit vorging. Wie fand er seine Gruppe von Jüngern? Oder fanden sie ihn?

A: *Es gab immer welche, die fühlten wie er, aber sie fürchteten sich zu sehr. So begannen die Treffen eben in verschiedenen Häusern, und durch Mundpropaganda. Die Menschen folgten einfach.*

D: Und nach einer Zeitlang wollten sie bei ihm bleiben? Meinst du das?

A: Ja. Denn wenn man ihn reden hört, weiß man, dass es Wahrheit ist. Er spricht aus seinem Herzen und aus Gott.

D: Es klingt wirklich so, wie wenn er eine wunderbare Person wäre. Ich kann verstehen, warum du ihm nachfolgen willst. Früher sprachst du über dein Dorf, aber ich dachte, dass du in Jerusalem lebst.

A: Nun, es ist Jerusalem, aber es gibt kleine Bezirke.

D: Ich versuche zu verstehen, was du meinst.

A: Es gibt Gebiete in dieser Stadt. Den Teil, in dem wir wohnen, nennen sie den „Osten", und früher wurde er das „Osttor" genannt. Ich vermute, dass diese verschiedenen Teile ihren Namen von verschiedenen Toren des Tempels bekamen. Ich nehme an, dass die Stadtteile von Menschen gebildet wurden, die das Gleiche glaubten und die deshalb näher beieinander wohnten. Und vielleicht spielte das Geld auch eine Rolle.

D: Gibt es eine Mauer um den Tempel? Ich denke an ein Tor, wie es üblicherweise in so einer Mauer ist.

A: Ja. Hier war von Anfang an der große Tempel, und es war eine Mauer darum herum und verschiedene Eingänge. In dem Fall war es die Ostseite. Es gibt für die einzelnen Stadtteile verschiedene Namen, aber sie gehören alle zur Stadt Jerusalem.

Josephus schrieb in seinen historischen Schriften, dass das Tyropöontal Jerusalem natürlicherweise in einen östlichen und westlichen Teil teilte. Diese waren bekannt als die Oberstadt und die Unterstadt. Es klang so, wie wenn Naomi sagte, sie lebte in der Unteren Stadt, die auf der östlichen Seite lag.

D: Gibt es andere große, bedeutsame Gebäude außer dem Tempel?

A: Der Tempel ist das größte, bedeutsamste Gebäude. Aber es gibt auch andere große Gebäude: den Regierungssitz, die Dienstgebäude, Lagerhäuser und Schulen.

D: Es ist also eine große Stadt. Ich habe gehört, dass es auch noch andere Arten von Tempeln gibt außer den jüdischen Tempeln. Stimmt das?

A: Ich höre von anderen Glaubensrichtungen oder anderen Schulen, die sie „Tempel" nennen.

D: Bist du schon einmal in diesen Tempeln gewesen?

A: Nein, nein.

D: Weißt du, was Römer sind?

A: *Ja. Sie haben ihre eigenen Gebäude, ihre eigenen Schulen und ihre eigenen Stätten für die Anbetung. Wir versuchen, so weit wie möglich für uns zu bleiben und weg von ihnen.*

D: Ich kann das verstehen. Siehst du manchmal Soldaten?

A: *Nicht sehr oft. Nicht in unserem Bereich – wenn sie nicht gerade jemanden suchen.*

D: Gibt es einen Markt in Jerusalem?

A: *Ja. Es gibt ein Stadtzentrum. Und da ist ein Marktplatz. Und man kann alles kaufen, was man braucht. Es ist ein besonderes Gebiet der Stadt. Und dort sind kleine... Stände, mit Waren und Nahrungsmitteln und... Sie bilden ein Gewirr von Verkaufsständen, über den ganzen Marktplatz verteilt. Es ist im Freien.*

D: Ist es in der Nähe eurer Wohnung?

A: *Ja. Ich gehe zum Marktplatz. Es gibt mehrere Marktplätze in der Stadt, einer ist nicht weit weg von uns.*

D: Diese Tore in der Mauer – wie sehen sie aus?

A: *Nun, mir ist gesagt worden, dass sie sich verändert haben. Aber gerade jetzt sind sie aus Holz, und es sind jeweils zwei Türflügel, die sich öffnen lassen. Sie sind groß, sehr groß und schwer.*

D: Wenn sie sich verändert haben, wie waren sie vorher?

A: *Mir ist gesagt worden, dass sie von neuem erbaut werden mussten; jetzt sind sie größer und stabiler.*

D: Warum wurden sie wieder neu gebaut?

A: *Ich glaube, es gab einmal ein Problem mit Soldaten. Sie wollten den Leuten von unserem Tempel eine Lektion erteilen. Es gab eine Rebellion, weil die Römer wollten, dass wir sie mit mehr Getreide belieferten. Und wir hatten trockene Jahre gehabt. Deshalb gab es eine Rebellion, und sie zerstörten einen Teil dieser Mauer und einen Teil des Tempels, der – wie ich glaube – teilweise wiederaufgebaut worden ist. Die Römer brachten uns viele Probleme mit ihren Gesetzen und ihrem Mangel an Verständnis.*

D: Sind die Römer Herrscher oder wie?

A: *Ja, sie haben die Kontrolle. Aber was uns betrifft, die Menschen, die zum Tempel des Judentums gehören – wir fühlen, dass der Rabbi der Herrscher ist. Aber die Römer haben andere Gesetze und eine andere Macht und Kontrolle.*

D: Hast du mir nicht einmal erzählt, dass ihr auch einen König habt?

A: *Den römischen. Der König kontrolliert und bestimmt jeden. Der römische König.*

D: Vermutlich darfst du als Mädchen nicht wirklich viel davon wissen.

A: *Nein, ich will lieber nichts davon wissen. Ich will lieber kein Urteil über die Mehrzahl von ihnen abgeben, mit dem Bisschen, was ich erfahren und gehört habe. Ich kümmere mich wirklich nicht darum, über sie oder ihre Gesetze etwas zu erfahren. Sie haben uns viel Verdruss verursacht. Ich möchte meine Energie in ein Leben des Lehrens und Lernens stecken, zum Besten aller. So können Menschen zusammenleben, egal, ob sie Römer oder Juden oder Andersgläubige sind.*

D: Aber als Land müsst ihr euch dem unterordnen, was die Römer sagen?

A: *Ja. – Wir leben jetzt schon eine Zeitlang in Frieden.*

D: Das ist gut. Danke für diese Information, weil ich gern wissen wollte, wie die Bedingungen in diesem Land sind. – Du sagtest, dass du gerade auf die Ankunft des Nazareners wartest. Was bereitest du dafür vor?

A: *Ich tue einfach die tägliche Routine, aber ich spüre, dass er sehr bald bei uns sein wird. Und ich bin bereit. Ich habe Kleidung zum Anziehen und ich bin fertig zum Abreisen. – Das Land ist nicht überall so sicher. Wenn man die Stadt verlässt, könnte es jederzeit Banden geben – gleich, ob sie Römer sind oder nicht – die stehlen und töten.*

D: So ist es also nicht wirklich sicher hier draußen, oder?

A: *Nicht immer. Wir wissen das eben nicht.*

D: Willst du dich deshalb als Junge verkleiden?

A: *So werde ich mehr akzeptiert werden.*

D: Nicht notwendigerweise, weil du sicherer wärst?

A: *Richtig.*

D: Glaubst du, dass sie eine Frau weniger annehmen würden?

A: *Sie würden mehr Schwierigkeiten haben. Den Frauen ist die Ausbildung, wie sie Männer haben, nicht erlaubt. Man erwartet von ihnen, das Haus und die kleinen Kinder zu versorgen; genau das habe ich getan. Und ich habe meiner Mutter geholfen, Kinder während des Tages zu betreuen.*

D: Das ist alles, was von einer Frau erwartet wird; deshalb denken sie, dass du nicht viele Kenntnisse besitzt. – Nun lass uns in der Zeit weitergehen, bis zu dem Zeitpunkt, wo er ankommt, und wir wollen herausfinden, was geschieht. Muss ich zählen, oder bist du schon hier?

A: Nein, ich sehe ihn (Pause). Er bringt drei andere Männer mit. Und er kommt herein und spricht gerade mit meinem Vater in dessen Laden. Und ... er kommt ins Wohnzimmer. Er grüßt mich. Und ich lasse ihn wissen, dass ich mich entschieden habe und dass es für mich in diesem Leben nur eines zu tun gibt – und das ist, mit ihm zu gehen. Und zu lehren und denen zu Diensten zu sein, von denen er wünscht, dass ich ihnen helfe – seien sie krank oder arm oder in Nöten.

D: Was sagt er?

A: (Pause) Er schaut mich an und nimmt mein Gesicht in seine Hände, und mit Augen, die über diese Welt hinausgehen, weiß er ... er weiß, dass nichts, was er sagen kann, mich aufhalten wird. Und er sagt, so soll es sein. Meine Mutter ist nun hereingekommen, ich muss es Mutter und Vater jetzt sagen. Ich sage ihnen, ich habe mein Bestes getan, jedoch in der Zeit, die nun vergangen ist. Ich habe gebetet, und ich weiß, was Gott von mir wünscht. Ich habe den Stimmen gelauscht, die ich in mir höre. Und ich weiß, dass kein Mann mit mir Glück finden kann. Dass es mein Herz brechen würde, hier zu bleiben und zu heiraten und eine Familie zu haben, weil das nicht meine Berufung ist. So hoffe ich, dass sie verstehen und in ihrem Herzen Liebe für mich empfinden können. Aber ich muss auf dieser Reise sein.

D: Wie reagieren sie?

A: Mutter weint. Und Vater ist ruhig geworden, aber der Nazarener sagt: „Dieses Mädchen spricht aus ihrem Herzen und weiß, dass es die einzige Wahrheit für sie ist. So soll es sein. Sie mag an meiner Seite in Frieden wandern und meinen Schutz und meine Liebe erfahren. Und sie wird mich unterstützen und lernen, mit Gottes Gesetzen zu leben und behilflich zu sein, wo auch immer sie gebraucht wird."

D: Und wenn er will, dass du gehst, gibt es nicht wirklich viel, was sie sagen können, oder?

A: Nein. Ich denke, weil ich diese vergangenen Monate geduldig und ruhig war, wissen sie, ich werde das auf jeden Fall tun.

D: Sie wissen, dass es nicht einfach ein kindlicher Impuls ist.

A: Richtig. Und er weiß, dass ich mit ihm gehen werde.

D: Wann wird er aufbrechen?

A: *Am Morgen wird er in die Provinz gehen, in ein Gebiet, wo die Menschen sehr krank sind und es nötig haben, seine Lehren zu hören; so mögen sie Glauben und Hoffnung finden und einen Grund weiterzumachen. Und diese Leute – sagt er – werden „Aussätzige" (Leprakranke) genannt. Sie haben eine sehr traurige Krankheit.*

D: Glaubst du, dass du in der Lage sein wirst, in ein Gebiet wie dieses zu gehen, mit so vielen kranken Leuten?

A: *Ja. Das ist es, warum ich hier bin.*

D: Gehen noch andere mit ihm?

A: *Er hat eine Gruppe, die normalerweise mit ihm geht. Die Gruppe scheint in ihrer Größe zu variieren. Aber die meisten seiner Gefolgsleute sind Männer. Nur ab und zu sehe ich Frauen, aber es sind ältere Frauen.*

D: Keine von deinem Alter.

A: *Richtig. So bin ich also bereit.*

D: Dann wirst du am Morgen aufbrechen. Hast du schon dein Haar geschnitten? Du sagtest doch, dass du dein Haar schneiden würdest, um dich zu tarnen?

A: *Das werde ich tun, wenn ich denke, dass jeder im Bett ist. Ich möchte ihnen nicht noch mehr Schmerz verursachen. Ich werde die Kinder vermissen, die meine Mutter betreut. Sie haben mir viel Freude gebracht. Aber ich weiß, dass meine Eltern ihre eigene Arbeit tun müssen und dort sind, wo es ihre Bestimmung ist.*

D: Natürlich kannst du jederzeit zurückkommen, wenn es nicht klappt.

A: *Ja. Wir werden auf diesem Weg wieder zurückkommen.*

D: Gut. Lass uns in der Zeit weitergehen bis zum Morgen, wenn du dabei bist, mit ihm aufzubrechen, und erzähle mir, was geschieht.

A: *(Seufzt) Nun… ich fließe über vor Liebe und Freude. Aber… es ist eben auch ein bisschen traurig. Weil ich mich von einem Leben verabschiede, das ich gekannt habe, und ich beginne ein anderes. (Traurig) Aber ich umarme meine Mutter und küsse sie, und lasse sie wissen, dass es mir gut gehen wird. Ich muss das tun, und ich liebe sie. Und mein Vater hat Tränen in den Augen. Wir umarmen uns. Und… ich blicke nur noch einmal zurück. (All das wurde mit tief empfundenem Gefühl gesagt; dann ergeben, aber mit Bestimmtheit:) So bin ich nun bereit zu gehen.*

D: (Es war so anrührend, dass ich mich als Eindringling empfand). Es wird ein ganz neues Leben sein, oder?

A: (Ein tiefer Seufzer:) Ja.

D: Du bist nie wirklich irgendwo außerhalb von Jerusalem gewesen, deshalb wird es auch ein Abenteuer sein, nichtwahr?

A: (Sanft:) Ja.

D: Etwas, wozu junge Mädchen normalerweise keine Gelegenheit bekommen. (Ich musste ihre Gedanken von der Traurigkeit weglenken). Wie viele sind in der Gruppe, die mit dir heute gehen?

A: Oh, lass mich sehen. Es scheinen... zwölf zu sein, uns alle zusammengezählt.

D: Dich und Jesus mitgezählt?

A: Ja, ja.

D: Kennst du jemanden von den anderen Leuten?

A: Sie scheinen mir vertraut zu sein. Hauptsächlich, weil ich sie mit ihm schon gesehen habe, oder ich sah sie, als ich mich zu den Treffen geschlichen hatte. Aber nein. Sie sind es in Wirklichkeit nicht.

D: Ich stelle mir vor, dass – wenn die Reise vorüber ist – du wissen wirst, wer sie sind, und du wirst ihre Namen kennen. Du wirst sie wahrscheinlich alle sehr gut kennenlernen. Ich bin gespannt darauf, was sie über deine Ankunft denken.

A: Ich denke, sie sind auf einem ähnlichen Pfad wie ich, deshalb werden sie mich akzeptieren.

D: Ihr werdet Nahrung und Unterkunft und so ähnliche Dinge finden müssen, oder?

A: Nun, in dieser Jahreszeit ist es gewöhnlich warm genug, um kleine Schutzhütten aufzubauen, in denen man schlafen kann. Und es scheint, dass es da Krüge von Wasser und Nahrung gibt. So denke ich, dass sie auf die Zeitdauer der Reise vorbereitet sein müssen oder Plätze kennen, wo sie Halt machen können.

D: Gehen irgendwelche Tiere mit euch? Ich möchte gern wissen, wie die Dinge transportiert werden.

A: Einige von ihnen werden von Hand getragen. Und ich sehe ein Lasttier, ein... Maulesel scheint mit einigen Dingen beladen zu sein. Und es scheint eine Ziege zu geben, aber ich weiß nicht, ob die Ziege mit uns geht oder nicht. Ich glaube, dass sie wissen, wo sie halten können, wenn sie Nachschub brauchen.

D: Nahmst du etwas für dich mit?

A: Ja. Ich habe einen Stoffsack, der Verschiedenes enthält: eine Decke und persönliche Dinge. Und einfach ein paar Utensilien.

D: Ich fragte mich, ob es irgendwelche persönlichen Gegenstände sind oder etwas, was du nicht zurücklassen magst.

A: Nun... ich... (sie schien verlegen) ich habe nur die nötigsten Dinge mitgenommen, die ich brauche. Was das betrifft... meinst du ein persönliches Objekt, einen Lieblingsgegenstand?

D: Ja. Etwas, das du nicht zurücklassen konntest.

A: Ich habe da ein Amulett, das ich um meinen Hals trage. Es ist bei mir seit meiner Kindheit.

D: Wie sieht es aus?

A: Es wurde von meinem Vater geschmiedet, als ich ein Kind war. Und es hat ein Symbol... oh, ich schätze, es ist ein sechseckiger Stern. Es ist für mich ein Symbol für Liebe und Gott. Und er muss das für mich gemacht haben, als ich fünf Jahre alt war.

D: Hat es noch irgendeine andere Bedeutung, als dass es dein Vater dir gegeben hat?

A: Oh, er gravierte einen Buchstaben darauf, und dieser Buchstabe steht für Leben. Und dies ist im Zentrum dieses Sterns. Es lautet " Ah-hai".

Der Jude, der mir bei einigen dieser hebräischen Details behilflich war, sagte: Das Wort für Leben wird ausgesprochen „Tschai", und es ist möglicherweise das entsprechende Wort, auch wenn es in der hebräischen Sprache durch zwei Symbole dargestellt wird. Das Zentrum des Davidsterns ist leer, und es war sicherlich möglich, zwei Symbole zu kombinieren und in die Mitte zu setzen.

D: Das ist der Name des Buchstabens?

A: Und er bedeutet „Leben".

D: Hat der sechseckige Stern irgendeine Bedeutung?

A: Das ist der Davidstern. Das ist im Judentum bedeutsam.

D: Aber die meisten Amulette haben den Buchstaben nicht?

A: Nein. Er tat das für mich.

D: Dann ist das ein sehr persönlicher Gegenstand, den du mit dir trägst.

A: Ja. Ich erzähle fast niemand darüber. (Verlegenes Lachen).

D: Nun, er ist persönlich. Und ich kann verstehen, was er für dich bedeutet. Er ist ein Stück Heimat für dich, das du mit dir trägst. Braucht es viele Tage, um dahin zu kommen, wohin ihr geht?

A: *Man sagte mir, dass die Wanderung eineinhalb Tage dauert, abhängig – so vermute ich – von der Energie und Gesundheit jedes Einzelnen, und der Hitze und allem. Aber so lange dürfte es vermutlich dauern.*

D: Weißt du, in welcher Richtung ihr von Jerusalem aus geht?

A: *Lass mich sehen. Wir scheinen... in Richtung Ost und Süd zu gehen, ja.*

D: Wie sieht das Land in dieser Richtung aus?

A: *Nun... gerade jetzt sehe ich einige Hügel und Sand. Und während wir weiterwandern, sehe ich in der Ferne Grünes. Ich sehe ein paar Bäume an bestimmten Orten. Aber ich sehe hauptsächlich weite Wüstenräume.*

D: Dann ist es also heiß. Sieht so auch das Land rund um Jerusalem aus?

A: *Um Jerusalem gibt es einige grüne Gebiete und Bäume, weil dort Quellen und Wasser sind, und es gibt Hügel. Es ist nicht überall Wüste.*

D: Es sieht so aus, als ob es eine mühsame Reise sei, die vor euch liegt, aber wenn es deine Bestimmung ist zu gehen, ist das sehr schön. Gut. Ich möchte dich jetzt verlassen und dich deine Reise weiter fortsetzen lassen.

Dann brachte ich Anna wieder zu vollem Tagesbewusstsein zurück. Naomi verschwand, um auf die nächste Gelegenheit zu warten, wo sie wieder aufgerufen würde, um ihre Geschichte fortzusetzen.

Die Bedeutung von dem, was Naomi mit ihrem Leben tun wollte und die Tapferkeit, die sie zeigte, als sie das Haus ihres Vaters verließ, wurde mir erst klar, als ich die Sitten jener Zeit erforschte. Während der Zeit Jesu lebten die Juden streng nach dem Gesetz der Thora oder den Gesetzen des Moses, die in den ersten Büchern des Alten Testaments zu finden sind. Diese Gesetze regierten alles in ihrem Leben und waren ein Streitpunkt zwischen den Priestern und Jesus. Ihm war gelehrt worden, das Gesetz anders und gerechter zu interpretieren, während er bei den Essenern studierte. Er dachte, dass die Priester in ihrer Strenge das Individuum vergessen hatten und dass die jeweiligen Umstände die Anwendung dieser Regeln beeinflussen können. Die Art, wie Frauen in jener Gemeinschaft behandelt wurden, ist beispielhaft. In Qumran, dem Zentrum der Essener, wurden die Frauen gleich wie die Männer behandelt. Ihnen wurde alles gelehrt, was sie lernen wollten, und viele wurden Lehrerinnen. In JESUS UND DIE ESSENER entdeckten wir, dass Jesus viele weibliche Schülerinnen hatte, ein Punkt, der aus der Bibel während der vielen Überarbeitungen und Streichungen verschwunden ist.

Jesus sprach zum gewöhnlichen Volk in Parabeln. Er präsentierte seine Lehren in Form von Analogien, nach dem Muster der alltäglichen Dinge, die die Menschen verstehen und auf die sie sich beziehen konnten. Seinen Jüngern lehrte er die metaphysischen Gesetze des Universums, Heilmethoden und das Vollbringen sogenannter „Wunder", denn sie waren geübt darin, diese Dinge verstehen zu können. Es ist fragwürdig, ob er jemals jemanden fand, mit dem er all sein Wissen teilen konnte. Die Bibel gibt keinen Hinweis in dieser Richtung. Er fand, dass Frauen fähiger waren, seine Lehren aufzunehmen – wegen ihrer natürlichen intuitiven Begabung. Als die Zeit für diese Schülerinnen kam, hinauszugehen und die Lehren zu verbreiten, war es ihm klar, dass sie in größerer Gefahr standen als die Männer; deshalb stellte er ihnen aus Sicherheitsgründen männliche Begleiter zur Seite. Jesu Respekt gegenüber den Frauen als Gleichberechtigte erklärt auch seine Verteidigung einer Prostituierten, die in Gefahr stand, gesteinigt zu werden. Alle diese Dinge erzeugten Spannung, weil sie den Lehren des Gesetzes entgegenstanden. Das ist verständlich, wenn wir wissen, wie Frauen in Palästina zu jener Zeit behandelt wurden.

Nach der Thora war eine Frau einem Mann untergeordnet. Frauen nahmen am öffentlichen Leben nicht teil. Es schickte sich für Frauen beziehungsweise wurde von ihnen erwartet (besonders von unverheirateten Mädchen), dass sie sich im Haus aufhielten. Es war für sie nicht vorgesehen, dass sie das Haus ohne Begleitung verließen, und wenn sie es doch taten, so sollten sie wenigstens in der Öffentlichkeit unbeobachtet bleiben. Marktplätze und Gemeindehallen, Gerichtshöfe, Versammlungen und Treffen, wo viele Menschen zusammenkamen – kurz: das ganze öffentliche Leben – war nur den Männern gestattet, nicht aber den Frauen. Während der großen Volksfeste, die im Vorhof der Frauen am Tempel stattfanden, waren die Volksmengen so riesig, dass es notwendig wurde,

Laufgänge für die Frauen zu errichten, um sie von den Männern zu trennen. Sie konnten am örtlichen Synagogen-Gottesdienst teilnehmen, aber Gitterabgrenzungen trennten den Frauenbereich ab, und sie hatten sogar ihren eigenen Eingang. Während des Gottesdienstes hatten Frauen einfach zuzuhören. Eine Frau hatte kein Recht, bei gesetzlichen Angelegenheiten Zeugnis abzulegen, weil das Gesetz sie sowieso als Lügnerin bezeichnete.

Einige dieser Gesetze konnten aus ökonomischen Gründen nur schwer erzwungen werden. Viele Frauen mussten ihren Ehemännern bei deren Beruf mithelfen, zum Beispiel beim Verkaufen ihrer Waren oder beim Bearbeiten ihrer Felder. Eine Frau durfte jedoch nicht allein auf den Feldern sein, und es war nicht Sitte, nicht einmal auf dem Land, dass ein Mann sich mit einer fremden Frau unterhielt. Diese Sitte wurde von Jesus oft durchbrochen, zum Erstaunen seiner männlichen Schüler. Er unterhielt sich offen mit Frauen, wo immer er sie fand. Regeln des Anstandes verboten es einem Mann, allein mit einer Frau zu sein, eine verheiratete Frau anzuschauen oder sie sogar zu grüßen. Es war für einen Gelehrten schmachvoll, mit einer Frau auf der Straße zu sprechen.

Dieses Sittenverständnis zeigt auch, dass Frauen Verurteilung und strengen Tadel riskierten, wenn sie es wagten, die Tradition zu missachten, indem sie sogar kamen, um ihm zuzuhören. Dies mag erklären, warum die Frauen sich zu ihm so hingezogen fühlten. Hier war ein Mann, der sie anders behandelte als jemals irgendein Mann zuvor. Kein Wunder, dass sie ihn liebten.

Die Ausbildung der Frauen war begrenzt auf häusliche Fertigkeiten, speziell Kochen, Näharbeiten, Weben und die Versorgung von jüngeren Kindern. Die Frau und die Töchter waren total unter der Kontrolle des Mannes im Haus, ohne jede Rechte. Die Pflicht der Frau war vollständiger Gehorsam ihrem Mann gegenüber, und die Kinder mussten ihrem Vater zuerst Respekt erweisen, vor der Mutter. Bis zum Alter von zwölf Jahren hatte der Vater die volle Macht über ein Mädchen. Sie konnte sogar in die Sklaverei verkauft werden, wenn nötig. Mit zwölf Jahren wurde sie eine reife junge Frau, und der Vater pflegte eine Heirat für sie zu arrangieren. Der Vater, der die Tochter als sein Eigentum betrachtete, übertrug diese Besitzrechte und ihren absoluten Gehorsam ihm gegenüber auf ihren Gatten. So war es üblich.

Diese Sitte erklärt, warum Naomi sich so sehr mit ihrem potentiellen Schicksal beschäftigte, das sie ereilen würde, falls sie im Haus ihres Vaters bleiben würde. Das normale Alter für die Verlobung eines Mädchens war zwischen zwölf und zwölfeinhalb Jahren, und die Heirat fand gewöhnlich ein Jahr später statt. Naomi sagte immer wieder, dass sie noch nicht dreizehn Jahre alt wäre, und dass sie kein Verlangen nach einer Heirat und einem normalen Leben hätte. Sie wusste, das war nicht ihre Zukunft, und sie erwartete etwas anderes. Ihr war klar: Wenn sie nicht ihre Sehnsüchte aussprach – unerhört für ein weibliches Wesen – dass sie dann in die Falle eines Lebens geriet, das sie nicht annehmen konnte. Dies erklärt, warum ihre Bitte, das Haus zu verlassen und ihrem Onkel Jesus zu folgen, so besonders war. Unter normalen Umständen wäre ihr dieser Wunsch nicht gewährt worden.

Nur vor diesem Hintergrund können wir so richtig die Haltung Jesu den Frauen gegenüber würdigen. Die Evangelien sprechen von Frauen, die ihm nachfolgten, und dies war ein noch nie da gewesenes Ereignis in der Geschichte jener Zeit. Jesus setzte sich bewusst über die Sitte hinweg, als er erlaubte, dass so etwas geschah. Er predigte den Frauen und erlaubte ihnen, an seinen Reden offen teilzunehmen und sogar Fragen zu stellen, und Johannes der Täufer taufte sie. Jesus war nicht zufrieden damit, die Frauen auf eine höhere Stufe zu bringen, als es Sitte war; er wollte sie vor Gott auf den gleichen Stand wie die Männer bringen. Alles, was Jesus lehrte, widersprach radikal den Ansichten einer Durchschnittsperson der damaligen Zeit. Es brauchte für Männer wie Frauen viel Mut, um zu seinen Treffen zu kommen und sich für seine neue Art von Religion zu entscheiden und ihr zu folgen.

Kapitel 7:

Das Dorf der Aussätzigen

Der Aussatz ist eine sehr alte Krankheit, die auf biblische und wahrscheinlich noch frühere Zeiten zurückgeht. In seiner schlimmsten Form ist er wahrlich schrecklich, und sogar noch heute werden die Opfer dieser Erkrankung, die später Lepra genannt wurde, in Krankenhäusern, Quarantänesiedlungen und auf Inseln isoliert. Vieles davon stammt von der Furcht, die mit dieser Krankheit verknüpft wird, zumal sie ansteckend ist, und die Symptome können verhängnisvolle körperliche Bedingungen schaffen, die schon einige Jahre vor dem möglichen Tod des Patienten hartnäckig andauern.

Lepra wird heute auch Hansens Krankheit genannt, und es ist immer noch nicht genau geklärt, wie der Krankheitskeim in den Körper gelangt oder wie die Krankheit übertragen wird. Sie ist ansteckend, aber die Inkubationszeit wird auf 2-20 Jahre geschätzt. Sie entwickelt sich sehr langsam. Obwohl Lepra als ansteckend gilt, stecken sich Familienmitglieder oft nicht an. So ist Lepra immer noch eine mysteriöse Krankheit, obwohl sie schon seit Beginn der Geschichtsaufzeichnungen existiert.

Es ist für den heutigen Menschen schwierig, den Terror und die Furcht zu verstehen, die die Krankheit zu Jesu Zeiten unter den Menschen auslöste. Sie war so furchterregend, dass man nur eine Lösung sah: Die Opfer mussten isoliert und vom Rest der Bevölkerung getrennt werden; sie wurden an einem besonderen Platz angesiedelt. Hier konnten sie leben, durften aber von anderen nicht wahrgenommen werden. Wenn die Menschen sie nicht sehen konnten, vergaßen sie sie allmählich. Zu Jesu Zeiten glaubte man, dass das Leiden ein Zeichen von Gottes Missfallen sei. So war es den

Menschen gleichgültig, was mit diesen armen menschlichen Kreaturen geschah, solange sie sich nicht mit ihnen verbinden mussten. Die Bibel nennt sie „unrein", und die Menschen lebten in Furcht, die Krankheit auf sich zu ziehen. Die unglücklichen Opfer konnten mit gewöhnlichen Mitteln nicht geheilt werden und wurden von der Gesellschaft ausgeschlossen; sie waren bürgerlich tot. Ihre Dörfer wurden gemieden wie die Individuen.

Die Bibel beschreibt die Symptome dieser Krankheit und die Vorsichtsmaßregeln, aber die Beschreibungen sind vage. Heute stimmen die meisten Bibelgelehrten darin überein, dass die Leprakrankheit irgendeinen Makel bezeichnete, der das Opfer unter hebräischem Gesetz als „unrein" abstempelte. Medizinische Experten behaupten, dass einige der Symptome nicht nur Lepra beschreiben, sondern eine Unmenge von anderen, mehr gewöhnlichen Hautkrankheiten, die weder ansteckend noch lebensbedrohlich sind. Einige dieser Krankheiten sind Spielarten von Psoriasis, einer alten und sehr häufigen Hautkrankheit. Es ist die am weitesten verbreitete aller Hautkrankheiten; sie taucht in jedem Klima und bei allen Rassen auf. Bei den Armen und denen, die unter unhygienischen Verhältnissen leben, wurde die Psoriasis manchmal in Verbindung gebracht mit anderen ansteckenden Krankheiten, besonders Schorf (Grind) oder Krätze. Sie kann schnell eine pustulöse Form annehmen und zu Geschwüren auswachsen und so ein Symptom von Lepra imitieren.

Es gibt auch einige Arten von Hautkrankheiten, die von Pflanzenparasiten oder Epiphyten gebildet werden. Die gewöhnliche Ringelflechte ist ein gut bekanntes Beispiel für so eine Krankheit. Keine dieser Krankheiten schwächt die allgemeine Gesundheit. Es gibt auch verschiedene Pilze wie zum Beispiel solche, die die übliche Fäulnis und Trockenfäule verursachen, die sich selbst ausbreiten und Häuser und Kleidung befallen. Wahrscheinlich ist es das, was die Bibel als Lepra in Haus und Kleidung bezeichnet. Diese Krankheiten sehen aus wie einige Arten von Psoriasis und sind ansteckend.

In biblischen Zeiten könnte es auch Krankheiten gegeben haben, die wir heute nicht mehr kennen. Viele Menschen mit verschiedenen Hauterkrankungen wurden im Mittelalter und sogar noch später oft irrtümlicherweise als leprakrank betrachtet und als solche in Leprahospitälern behandelt und „inhaftiert". Das geschah in einem solchen Ausmaß, dass zu Beginn des 16. Jahrhunderts eine Inspektion der überfüllten Lepra-Hospitäler in Frankreich und Italien unternommen wurde. Bei der größeren Zahl der Insassen, manchmal auch bei allen, wurde festgestellt, dass sie nur verschiedene Hautkrankheiten hatten, und nur eine Minderheit litt an echter Lepra. So war es möglich, dass Menschen mit nicht-ansteckenden und nicht-lebensbedrohlichen Krankheiten in dieselbe Kategorie wie die Leprakranken eingeteilt und mit ihnen zusammen abgeschoben und isoliert wurden. Die Juden gingen in dieser Richtung keinerlei Risiko ein, und jeder mit einem andauernden Hautproblem wurde für „unrein" erklärt. Furcht herrschte vor, und niemandem fiel es ein, sich einem Leprakranken zu nähern, geschweige denn, einen zu berühren. Die einzige Ausnahme war Jesus, weil er jeden als gleichwertig annahm. Er konnte durch die verunstaltete äußere Erscheinung hindurchsehen und wusste, dass eine unzerstörbare menschliche Seele in diesem deformierten Körper wohnte.

Echte Lepra ist normalerweise eine langsame und schleichende Krankheit. Im Anfangsstadium zeigen sich zwei charakteristische Merkmale: Sensitivitätsverlust der Nervenfasern, die die Haut versorgen, und ein Blutstau der Kapillargefäße unter der Haut, was sich in Form von kreisrunden kleinen Flecken oder unregelmäßigen Hautflecken unterschiedlichen Ausmaßes äußert – auf der Stirn, den Gliedmaßen und dem Rumpf, während sich im Gesicht und im Nacken nur eine diffuse Röte zeigt. Diese Flecken können die Farbe wechseln, und so können gleichzeitig rote, purpurfarbene oder weiße Flecken auftreten. Die frühen Stadien sind meist schmerzlos, und ein gewisses Maß an Taubheit oder Gefühllosigkeit existiert in all den betroffenen Flecken. Vor allem die Finger werden gefühllos, schwach und braun. An einigen wunden Stellen bilden sich Geschwüre und Eiter.

In anderen Fällen verrenken sich Gelenke, und Finger und Zehen fallen ab. Eventuell verliert man Gliedmaßen und es bilden sich ernsthafte Verunstaltungen im Gesicht und am Körper, wenn die Knochen und Knorpel angegriffen und zerstört werden. Bei dieser Krankheit gibt es massive physische Zerstörung, wenn sie langsam und schrittweise jeden Teil des Körpers aufzehrt. In vielen Fällen wird fast jede Spur einer menschlichen Form durch Verstümmelung und Verunstaltung zerstört. Gleichzeitig mit dem Verlust der allgemeinen Empfindungsfähigkeit tauchen oftmals inneres Brennen und neuralgische Schmerzen auf, die großes Leiden verursachen. Die armseligen Opfer können 10-15 Jahre leben, während die Krankheit fortschreitet, und es gibt keine bekannte Heilmethode, die wirklich effektiv ist. Symptome können behandelt werden, aber die Krankheit an sich ist unheilbar. Chaulmoogra-Öl ist die übliche Behandlung über Jahrhunderte gewesen. Heutzutage werden trotz neuer Arznei-Entwicklungen Chaulmoogra-Öl und die von ihm abgeleiteten Ethyl-Ester weiterhin in vielen Teilen der Welt weit und breit genutzt. Dieses Öl kommt aus den Samen der Frucht des großen indischen Baumes Hydnocarpus kurzii. Es ist sehr gut möglich, dass dieses Öl in Palästina bekannt war und benutzt wurde, da Handelsbeziehungen mit den umgebenden Ländern, einschließlich Indien, geführt wurden.

Im Neuen Testament werden zwölf Fälle von Lepra erwähnt, und zehn müssen unter einem Gesichtspunkt betrachtet werden. In Lukas 17, 12-19 heilte Jesus zehn Aussätzige, und einer kehrte zurück, um sich zu bedanken. Nirgendwo im NT wird erwähnt, dass Jesus in abgesonderte Dörfer, die speziell für Aussätzige geschaffen wurden, ging. Es gibt im NT nur diese wenigen Ereignisse, wo er ihnen durch Zufall begegnete. Folgendes erklärt, warum er nicht vor ihnen zurückschreckte oder sich vor ihnen fürchtete: Er hatte, was meine eigenen Forschungen mit Naomi betrifft, viel Zeit in ihrer Mitte in ihren Häusern verbracht.

Ich bin so sehr ins Detail gegangen, weil ich glaube, dass ein Verstehen dieser entstellenden Krankheit die Bedingungen, unter denen Jesus und seine Jünger arbeiteten, noch lebendiger und anschaulicher macht.

Als Naomi sagte, dass der erste Ort, wohin die Gruppe von Jesus gehen würde, das Dorf der Aussätzigen sei, begann ich, die Logik im Denken Jesu zu sehen. Er hatte realisiert, dass es seiner Nichte bestimmt war, mit ihm zu gehen. Er könnte ihr das nicht ausreden. Aber es käme einer „Feuertaufe" gleich, sie zu einem Ort wie der Lepra-Siedlung mitzunehmen. Hier würde sie bemitleidenswerten Menschen mit der schlimmsten Krankheitsform, die es gab, ausgesetzt. Das würde sie entweder „umbringen" oder stärker machen. Sie würde erkennen, dass diese Art von Arbeit nicht erfreulich war, sondern bedeutete, dem Leiden der Menschen und vorsätzlicher Isolation ausgesetzt zu sein. Es war kein Zufall, dass Jesus sich entschied, Naomi in so eine Situation zu bringen und sie dem Schlimmsten zuerst auszusetzen. Er folgerte möglicherweise, dass – wenn sie es nicht packte – sie ihn bitten würde, zurückzukehren in die Sicherheit ihres elterlichen Hauses. Ich glaube, er hätte eine Rückkehr für sie arrangiert, aber in diesem Fall wäre es ihre Entscheidung gewesen, und sie hätte damit leben müssen. Sie hätte niemandem die Schuld geben können, sondern wäre selbst verantwortlich dafür gewesen. Sie war ihrem Herzen gefolgt, und sie würde bald entdecken, ob der Pfad des Nazareners ihr Pfad sein würde oder nicht.

Als wir die Geschichte die Woche darauf in der nächsten Sitzung fortsetzten, nahm ich an, dass nichts Besonderes auf der eineinhalbtägigen Reise passieren konnte. Deshalb führte ich Naomi in der Zeit vorwärts bis an das Ende der Reise.

D: Die erste Reise, nachdem du das Heim deiner Eltern verlassen hast, ist fast vorüber. Was tust du gerade? Was siehst du?

A: *Wir betreten das Dorf der Leprakranken. Und ich sehe einen großen Wasserteich und Hügel. Das Dorf ist durch die Kalksteinhügel geschützt. Wir betreten jetzt das Dorf.*

D: Hattest du eine anstrengende Reise?

A: *Es war lang und sehr warm, aber wir begegneten keinen Unannehmlichkeiten; es war also nicht so schwierig.*

D: Wissen die anderen in der Gruppe, dass du in Wirklichkeit ein Mädchen bist?

A: *Nein, sie denken, ich sei ein Junge. Ich bin gekleidet wie ein Junge. Auch wenn mein Gesicht etwas feminin wirkt, so ist es in diesem Alter schwierig zu sagen, zu welchem Geschlecht ich gehöre. Ich gehöre zu den Dünnen, Drahtigen, das ist eine gute Tarnung für mich.*

D: Läufst du unter einem anderen Namen?

A: *Ich habe noch nicht... lass mich sehen. (Lacht leise) Ich erinnere mich nun. Ich hatte nicht darüber nachgedacht, aber es gingen mir natürlich so viele Dinge durch den Kopf. Ich wurde vorgestellt, und der Nazarener zögerte. Aber dann stellte er mich als Nathaniel vor. Nathan.*

D: Nathan. Sagte er ihnen, dass ihr auf irgendeine Weise miteinander verwandt seid?

A: *Nein. Er nannte mich den Sohn eines guten Freundes, der herausfinden wollte, ob dies der richtige Weg für ihn sei.*

D: Das war sehr diplomatisch. Ich fragte mich, was die anderen in der Gruppe über dich wussten. Dann will er dich also im Moment als

Nathan oder Nathaniel betrachten. Du hast gesagt, dieses Dorf sei durch die Hügel geschützt?

A: Ja. Lass mich sehen, ob ich das erklären kann. Hier gibt es eine kleine Gruppe von Kalksteinhügeln, die nicht sehr hoch sind. Und am Fuß dieser Hügel ist dieses Dorf. Der Teich könnte von einer großen Quelle kommen, die auf der anderen Seite des Dorfes liegt. Dies ist eine kleine Siedlung. Es scheint hier etwas Vegetation zu geben, aber das Gebiet ist hier ziemlich trocken und wüstenartig.

D: Ist es von hier aus weit bis zu anderen Dörfern oder Städten?

A: Ja. Sie wählten diese Örtlichkeit wegen ihrer Entfernung. Diese Leute werden nicht gut behandelt, und sie brauchten einen Platz, wo sie in relativem Frieden leben können.

D: Warum werden sie nicht gut behandelt?

A: Diese Krankheit erzeugt Deformierungen und viel Furcht in anderen Menschen. Deshalb verhält sich ein Durchschnittsmensch nicht freundlich und kann diese Menschen kaum anschauen, besonders, wenn die Krankheit in ein wirklich kritisches Stadium getreten ist. Die Menschen leben in Furcht, diese Krankheit auch zu bekommen.

D: Hast du schon einmal Menschen mit dieser Krankheit gesehen?

A: Nein. Ich empfinde nicht wirklich Furcht, weil ich spüre, dass ich da bin, wo ich hingehöre. Und meine Stimmen und Gebete haben mich in meinem Wissen bestärkt, dass ich mich hier nützlich machen soll. Und zu wissen, dass ich helfen werde zu heilen – ob physisch oder emotional – gibt mir Kraft.

D: Ich nehme an, es würde dir auch Kraft geben, wenn Jesus nicht vorhätte, hierher zu gehen.

A: Ja. Seine Freiheit von Furcht löst jede Furcht, die ich haben könnte, in mir auf.

D: Und du hast gesagt, es seien noch einige andere in der Gruppe, oder?

A: Ja. Lass mich sehen, ob ich sie zählen kann. Es scheinen etwa... zwölf zu sein.

D: Sind es alles Männer?

A: Es gibt zwei ältere Frauen. Ich denke, es sind Frauen, die Erfahrung im Heilen haben. Sie waren schon auf anderen Reisen mit ihm zusammen. Vielleicht kommen sie speziell mit, wenn er in dieses Dorf geht.

D: Glaubst du, dass er früher schon einmal in diesem Dorf war?

A: Ja. Er besucht verschiedene Orte wieder. Sie leben in der Hoffnung auf seine Rückkehr.

D: Hast du eine Idee, wie lange ihr hierbleiben werdet?

A: Ich glaube, etwa sieben Tage werden vergehen.

D: Werdet ihr unter den Leuten leben, während er hier ist, oder was weißt du?

A: Wir errichten unser eigenes Lager, aber es ist im Dorf. Dann ist es meine Aufgabe, ihm zur Seite zu stehen und von den Ärzten zu lernen. Ich will nur beobachten und assistieren.

D: Dann sind einige in der Gruppe Ärzte?

A: Ja. Ich weiß, die Frauen waren bei Geburten anwesend und halfen dabei. Aber sie haben Ärzten assistiert, und so haben sie dieses Wissen im Hintergrund.

D: Glaubst du, dass einige der Männer Ärzte sind?

A: Nicht wirklich ausgebildete, nicht dieses Mal. Er kann nicht immer Ärzte erhalten, die mitkommen wollen, wenn er gerade bereit ist für die Reise. Die Leute in der Gruppe wissen, wie man mit den Leprakranken arbeitet, und waren vielleicht Assistenten bei den Ärzten, so können sie selbst weitermachen.

D: Dann nimmt er normalerweise, wenn er diese Reisen macht, Ärzte mit sich?

A: Ja, wenn sie verfügbar und willens sind.

D: Ja, ich kann verstehen, dass sogar ein Arzt Angst haben könnte. Willst du dich jetzt ein wenig in der Zeit vorwärtsbewegen und mir erzählen, was geschieht?

A: (Seufzt) Ja. Nun, drei von uns gehen in ein kleines Haus. Die Familie in diesem Haus besteht aus einem älteren Mann und seiner Frau, und es scheinen noch zwei weitere Menschen hier zu sein. Der ältere Mann... (sie nahm einen schnellen Atemzug und gab einen Laut des Abscheus von sich). Ohhh, Junge!

Es war offensichtlich, dass Naomi zum ersten Mal mit jemandem konfrontiert war, der von den schlimmeren Stadien der Krankheit heimgesucht war.

A: Ich versuche, sehr stark zu sein, aber... (sanft) es ist schwierig. Er ist in einer sehr kritischen Verfassung. Es scheint, dass alles, was nun getan werden kann, darin liegt, seine Schmerzen zu mildern, und hoffentlich wird er bald aus seinem Körper austreten.

D: Du sagtest, drei von euch gingen hier herein. War Jesus einer von ihnen?

A: Ja, und eine der älteren Frauen. Sie hat ein Bündel mit Binden und verschiedenen Pudern, die sie mischen kann, um einige der Verwundungen mildern zu helfen. Es lindert, aber nichts scheint die Krankheit wirklich zu besiegen. Seit ich hier bin, habe ich sie in so verschiedenen Stadien gesehen. Und ab und zu hofft man, dass sie sich nicht verschlimmert. Aber diese Leute tun das Bestmögliche, um mit Glauben und gegenseitiger Hilfe zu leben.

D: Du hast gesagt, diesem Mann gehe es so schlecht, dass sie nur versuchen, seine Schmerzen zu lindern. Ist die Frau gerade dabei, das zu tun?

A: Ja, aber sie ist hier, um hauptsächlich Wunden zu verbinden und zu versuchen, den schlimmsten Zerfall zu mildern. Jesus betet gerade und legt seine Hände auf den Mann. Und... es ist fast so, als ob ich ein Licht aus dem Gesicht des Mannes ausströmen sehen kann. Der Nazarener legte seine Hände auf den Scheitel, die Krone des Mannes, und ich sehe dieses glühende Licht. Und dann legt er seine Hände auf das Herz des Mannes. – So verweilt er in stillem Gebet über dem Mann. Und ich sehe dieses goldene Leuchten aus seinem Herzzentrum. (Voller Gefühl:) Oooh! Es ist schwer zu beschreiben.

D: Was möchtest du sagen?

A: Es ist schön, aber es ist mehr als das. Es erfüllt dich. Es füllt jede Leere in dir. Und es bewirkt, dass alles sich warm und geliebt fühlt, und es gibt keine Leere mehr im Inneren. Es ist schwer in Worte zu fassen.

D: Du meinst, dass du allein dadurch, dass du ihn beobachtest, auf diese Weise empfindest?

A: Ja, ja. Und man kann sagen, dass dieser Mann... sein Gesicht entspannt ist... der Schmerz scheint stark nachgelassen zu haben. Und der Nazarener... er hob meine Hand am nächsten Tag, und mit einem Finger beschrieb er einen Kreis in meine Handflächen (sie machte diese Bewegungen). Und er sagte: „Auch dies ist das Herz. Das Zentrum in deinen Handflächen. In dem Handzentrum ist ein weiteres Herz-Chakra". Und deshalb liegt so viel Kraft im Heilen mit den Händen, weil diese Energie geradewegs daraus herausströmt.

D: Benützte er das Wort „Chakra"?

A: Herz... -Zentrum. Herz... -Chakra? Ich bin mir nicht sicher.

D: Meinte er deine Hände oder seine eigenen?

A: Ich denke, er meinte jedermanns Hände. Er nahm meine Hand... und die andere, und er sagte: „Auch diese sind Herzzentren". (Sie machte wieder die Kreisbewegung im Zentrum ihrer Handflächen).

D: Er zeichnete einen Kreis in deine Handflächen?

A: Ja. Vielleicht ist das gerade ein Teil meines Lernens. Ich fühlte immer die Energie und die Kraft an der Stelle. Und immer, wenn er mich berührte, war es so kraftvoll. So kann es sein, wenn man die Verbindung kennt; wenn man sich der Verbindung bewusst ist, und wenn es mit dem Herzen und in Reinheit getan wird, dann schafft die Energie eine direkte Herzensverbindung. Und diese Energie aus dem Herzen ist das stärkste Heilmittel überhaupt.

D: Viele Leute würden das nicht verstehen, oder?

A: Ich vermute nicht, aber mir erscheint es so natürlich.

D: Dann meint er, dass es zusätzlich zum Herzen mitten im Körper noch andere Herzzentren gibt?

A: So hat er es mir erklärt. So habe ich es verstanden, und ich hörte nie zuvor jemanden etwas Ähnliches sagen.

D: Vielleicht erklärt das einige der Methoden, wie er fähig ist zu heilen.

A: Als er mir das sagte, erschien es mir einfach so stimmig. Es machte so viel Sinn. Und als ich ihn dann beobachtete, war alles so klar. Wenn man die Leute anschaut, weiß man: Dies ist ein Werkzeug. Der arme Mann hatte so schreckliche Schmerzen, und sein Gesicht zeigt jetzt solchen Frieden.

D: Glaubst du, dass die anderen im Raum dasselbe fühlen können wie du?

A: Ich weiß nicht. Ich weiß nur, dass sie etwas fühlen, weil... die Stille so anders ist. Sie müssen die Energie fühlen oder einfach die Liebe und das Mitgefühl sehen, die aus ihm fließen.

D: Ich denke, es wäre für jeden offensichtlich, der ihn beobachten würde, dass dies kein gewöhnlicher Mann ist.

A: Nein. Er ist so gewahr, so in Übereinstimmung mit seinem... (sie hatte Schwierigkeiten, Worte zu finden) ... seiner Verbindung zu Gott, oder Gott in sich selbst, oder der göttlichen Absicht. Ich weiß nicht die richtigen Worte. Aber ich schätze, die meisten

Menschen würden nicht einmal solcher Dinge gewahr, die so klar und einfach für ihn sind.

D: Denkst du, dass er anders ist als andere Männer?

A: Er ist anders wegen seiner Sensibilität und seinem Verstehen, und dem totalen Fehlen von Furcht. Er ist sich seiner Stellung und Aufgabe so sicher.

D: Hast du schon einmal jemanden sagen gehört: Dieser Mann ist anders als andere Männer?

A: Ja. Es gibt Leute, die aus ihm etwas Gottähnliches machen. Er hat Kräfte und Fähigkeiten, wie ich sie noch nie gesehen habe. Ich weiß, er ist aus Fleisch, und doch weiß ich, dass sein Geist und seine Energie anders sind.

D: Du hast Leute sagen gehört, dass sie ihn mehr für einen Gott halten?

A: Ja. Denn wenn man ihn bei seinem Tun beobachtet, gibt es keine andere Erklärung dafür. Und doch gibt er sich alle Mühe zu lehren, dass wir alle so sein können wie er und das tun können, was er tut. Allerdings glaube ich, dass die meisten von uns nicht die Reinheit des Herzens und des Verlangens finden können – wie er. Es ist sehr mühsam, auf einem Pfad wie diesem zu bleiben und nicht von anderen Dingen, denen die meisten Menschen erliegen, abgezogen zu werden.

D: Ja. Der menschliche Teil des Lebens würde es sehr schwierig machen, rein zu bleiben. Insofern ist er anders.

A: Insofern ist er wie niemand sonst.

D: Ich frage mich, was er denkt, wenn er Leute sagen hört, er sei wie ein Gott?

A: (Lacht) Nun, er akzeptiert das nicht. Oh, ich kann mich erinnern, wie er sagte – so ähnlich – er sagte: „Mein Bruder, ich bin nicht mehr als du. Ich erkenne nur, was ich sein kann und wie ich dienen kann. Und ich habe eine wahre Liebe und ein wahres Vertrauen in meinen Gott." Er versucht zu erklären, was er als seinen Daseinszweck ansieht.

D: Was ist seine Bestimmung, seiner Meinung nach?

A: Er denkt, er wurde hierher gesandt, um ein Lehrer des Lebens zu sein, ein Strahl des Lebens; um ein Beispiel zu sein für das, was die Menschheit sein kann, und für die Gaben, die sie besitzt. Und dass die Menschen all das tun können, was er sie lehren will.

D: Das macht Sinn für mich, aber du weißt, wie die Leute sind. Es ist sehr schwer, wenigstens einige davon zu erreichen.

A: Ja. Und die meisten Menschen leben in so einer Furcht vor etwas oder vor vielen Dingen. Solange sie diese Furcht nicht zerstreuen können und noch Angst haben, sich selbst zu erkennen und auf ihr Herz zu hören, können sie nicht erreicht werden. Sie müssen das selbst herausfinden.

D: Ja, das macht Sinn. (Ich kam zurück zu der Szene, die sie gerade beobachtete:) Aber er arbeitet mit diesem Mann in dem Raum, und dann hat der Mann keine Schmerzen mehr. Tut er noch etwas anderes in dem kleinen Haus?

A: Nein. Er blieb eine Zeitlang bei dem Mann, und dann ging er zu seiner Frau hinüber und hielt einfach ihre Hände. Ich konnte nicht richtig hören, was er ihr sagte, aber er sagte, er würde wiederkommen. Und er machte sich auf den Weg zum nächsten Besuch.

D: Gehst du auch mit ihm zu diesem Besuch?

A: Ja. Wir gingen... Oh, das ist sehr traurig. Das nächste Gebäude, in das wir gingen, beherbergte Kinder, die ohne Familie oder Eltern waren. Verstehe, nicht alle dieser Kinder erscheinen krank. Man kann nicht sagen, dass sie die Krankheit haben. Ich schätze, man kann die Entwicklung der Krankheit in verschiedene Stadien oder Zeitphasen einteilen. So sehen manche von ihnen ganz gesund aus. Und dann sind einige von ihnen so... zerfressen (ein tiefer Seufzer). Also dies ist das Haus der Kinder.

D: Sie leben in diesem Haus zusammen, diejenigen, die keine Eltern haben?

A: Ja. Es gibt eine Krankenschwester oder Hausverwalterin, die mit ihnen zusammenwohnt. Und es gibt andere Helfer oder Diener, die während des Tages hereinkommen.

D: Und was macht Jesus hier?

A: Er geht zu jedem Kind und... spricht entweder mit ihm oder... Er berührt es immer. Ich sehe ihn, wie er das Gesicht der Kinder berührt, liebevoll lächelt und dann seine Hände auflegt. Aber er nimmt sich Zeit, mit jedem von ihnen zu sprechen.

D: Kannst du hören, was er sagt?

A: Oh. Ein kleines Mädchen sitzt in der Ecke und... er fragt sie nach ihrem Namen und... (lächelt strahlend) sie gelangte auf seinen Schoß. Und sie fragt ihn, ob sie gesund werden oder sterben würde. Und er sagt ihr, dass es ihr gut gehen würde, und dass sie heranwachsen und auf die Kinder aufpassen würde. Und dass sie ein reines Herz haben müsste, ein liebendes Herz, und nicht verzweifeln dürfte, da sie an dem Ort ist, wo Gott sie braucht. Und sie würde Liebe und... erfahren. Das sagt er ihr. (Das alles wurde mit warmer Empfindung gesagt).

D: Das ist sehr schön. Was tut das kleine Mädchen nun?

A: Sie sitzt einfach und staunt ihn an. Und er umarmt sie und hebt sie herunter. Und sie lächelt. Und da ist ein Junge, der nur ein Bein hat. Zu dem geht er hinüber. Und oh, er ist in sehr schlechter Verfassung (großer Seufzer). Aber Jesus geht hinüber zu ihm und kniet sich neben ihn und legt ihm seine Hände auf. Und der Junge hebt sein kleines Gesicht, und die Tränen laufen über seine Wangen (sie war selbst den Tränen nahe). Aber das Kind erkennt etwas Besonderes. Ich kann es sagen.

Es war schwierig für mich, objektiv zu bleiben. Die Erzählung war so bewegend; ich fühlte wirklich, dass ich ganz und gar in den Äußerungen dieser tiefempfundenen Gefühle dabei war.

D: Konntest du etwas in dem Augenblick sehen? Ich dachte an dieses Licht.

A: Oh. Ich sah... Ich scheine das Licht immer zu sehen. Vielleicht nicht so stark wie vorher. Es war etwas sehr Kraftvolles bei dem älteren Mann. Aber ich sehe immer ein leichtes Glühen, das aus den Händen des Nazareners kommt – immer, wenn er seine Hände auflegt. Dieses Mal sah ich das Glühen, als er seine Hände auf den Kopf des Jungen legte, und auf sein Herz und sein Bein. Aber ich sehe das Glühen, das goldene Leuchten um den Kopf von Jesus... wie ein kleiner Halbkreis.

D: Ist das immer da?

A: Nein, nicht immer. Es ist manchmal da, wenn er mit jemandem zusammen ist, oder ich sehe es manchmal, wenn er mich anschaut. Aber es ist nicht immer da.

D: Geschah etwas, als er dem kleinen Jungen seine Hände auflegte?

A: Nun, es gab ihm Erleichterung. Es scheint immer die Menschen zu erleichtern. So nahm ich es wahr.

D: Dann geschieht nicht immer ein Wunder, wenn er dies tut, oder wie würdest du ein Wunder definieren?

A: Ich denke, die Tatsache, dass der Schmerz gelindert wird und die Menschen friedlich werden, würde ich ein „Wunder" nennen. Aber man sieht diese schwerkranken Leute nicht aufstehen und umhergehen, und ihre Körperteile wachsen nicht nach. Das Wunder ist die Liebe und wie sie die Menschen erleichtert. Und wenn eine Besserung für sie vorgesehen ist, dann wird es auch so sein. Ich habe Geschichten gehört, dass einige dieser Leute niemals die Krankheit bekommen. Und manchmal kommt sie zum Stillstand, und sie wissen nicht warum. Aber gewöhnlich schreitet sie fort, und alles, was man tun kann, ist, die Schmerzen zu lindern.

D: Dann nimmt sie bei verschiedenen Menschen verschiedene Formen an.

A: Ja. Und manchmal, wenn seine Energie angenommen wird... kann es sein, dass die Leute, welche mehr glauben oder mehr Kraft in dem verspüren, was von ihm kommt, eine Erleichterung verspüren. Dennoch sagte er mir, dass jeder zu seiner bestimmten Zeit zurück zur Quelle geholt wird. Sie sind vielleicht noch eine Zeitlang in diesem physischen Körper, und so ist es schwierig zu wissen, wann es Zeit ist.

D: Das macht Sinn. Hat er irgendeine Erklärung dafür, warum Menschen in so einer Weise leiden müssen?

A: Er glaubt, es ist Teil der Entwicklung des Individuums. Es ist sehr schwer zu erklären, wenn man Menschen in so einem Schmerz sieht, wie sie zerfressen werden. Aber er weiß, dass Gründe existieren für alles, und Lektionen müssen gelernt werden aus allem, so geschieht also nichts aus Zufall. Vielleicht verursachten sie dieses Lernen in einer früheren Zeit, als sie hier in einer anderen Gestalt wandelten. So dürfen Menschen mit Schmerzen oder mit Krankheiten manchmal früher gehen als andere, weil sie die Lektion gelernt haben.

D: Denkt er, dass menschliche Wesen in anderen Formen gelebt haben?

A: Er sagt es nicht genau so, aber er sagt: „Wenn sie schon früher einmal dagewesen waren. Wenn sie frühere Lektionen gelernt haben." Er drückt es auf verschiedene Arten aus. Aber man versteht, dass er glaubt, wir besuchen dieses Land mehr als einmal, zum Lernen und um zu dienen. Und dass wir im Auftrag Gottes hier sind – jedes Mal, wenn wir kommen. Es dient dazu, *dass wir lernen und dem näher kommen, was unsere Bestimmung ist, auch als ganzes Volk gesehen. So kann nichts getrennt betrachtet werden.*

D: Lehrt eure Religion euch dasselbe?

A: Nein. In meinem Milieu habe ich die Dinge nie gehört, die ich von ihm gehört habe. Wenn ich sie jedoch von ihm höre, klingen sie so klar, so stimmig, so vertraut. Ich weiß, er studierte an vielen Orten mit vielen weisen Lehrern. So sind ihm viel mehr Dinge bewusst geworden.

D: Ja, so viel mehr als dem durchschnittlichen Rabbi.

A: Ja. Sie wollen nichts Neues hören. So geht er seinen eigenen Pfad und lehrt seine eigenen Glaubensüberzeugungen.

D: Vielleicht ist dies einer der Gründe, warum er nicht immer mit dem Tempel übereinstimmt.

A: Ja. Und es erfüllt die Rabbis mit Sorge und Furcht, dass ihre Glaubenssätze erschüttert werden könnten. Dass ihre Macht und Autorität in Frage gestellt werden könnten. Und er ist imstande, dies in einer Art zu tun, wo er nicht mit Macht und Gewalt auftreten muss. So habe ich gelernt, dass es viele Arten von Furcht gibt, und man kann in diesem Zustand nicht klar sehen oder die Wahrheit und das Licht fühlen. Man muss alle Schichten von Furcht ablegen. Und ich schätze, das könnte viele Leben in Anspruch nehmen.

D: Dann kann ich verstehen, dass die Rabbis Angst vor ihm haben. Der Durchschnittsmensch würde ihre Autorität nicht herausfordern, oder?

A: Nein, weil man mit der Lehre aufgewachsen ist, die besagt: „Dies ist die Wahrheit. Dies ist das Gesetz, und du darfst sie nicht in Frage stellen oder anzweifeln."

D: Sie müssen denken, dass er eine sehr ungewöhnliche Person ist, wenn er es wagt, sie herauszufordern.

A: Ja. Die meisten, nicht alle. Es gibt welche, die weiser und freundlicher sind. Sie würden nicht für ihn eintreten, aber sie würden auch nicht gegen ihn vorgehen.

Ich kam auf die Szene zurück, die sie beobachtete.

D: Tut er noch etwas anderes in dem Haus mit den Kindern?

A: Oh, er besucht sie einfach, und später werden sie hinausgehen und mit ihm an der Quelle sitzen. Oder diejenigen, die es können, gehen mit ihm spazieren.

D: Das ist sehr gut. Habt ihr an diesem Tag noch etwas anderes getan?

A: Oh, ich ging mit der älteren Frau zu einigen ihrer (unsicher über das Wort) schwierigen Arbeiten und assistierte beim Herrichten der Bandagen und dem Mischen der Puder. Ich half einfach beim Aufräumen und sorgte dafür, dass sich die Leute behaglich fühlten.

D: Dann bliebst du nicht die ganze Zeit bei Jesus. – Es gibt auch viele andere Dinge zu tun. Nun, es klingt so, als ob du das tust, was du wolltest. Bist du froh, dass du mitgekommen bist – oder bereust du deinen Entschluss?

A: Oh! Ich bin sehr froh. Das ist meine Bestimmung. Ich bin mir darüber sehr sicher. Ich habe kein Verlangen, etwas anderes zu tun. Wie ich gesagt habe, ich hätte viele Leute enttäuscht, wenn ich im Haus meiner Eltern geblieben wäre und geheiratet hätte und versucht hätte, eine Familie zu haben. Denn wenn du dich gegen dein Herz und deine Intuition richtest, hängt es dir schließlich zum Hals heraus. Dann musst du dich damit abfinden, und gewöhnlich leidet jeder. Deshalb ist es besser, ehrlich zu sein und vielleicht am Anfang etwas Schmerz zu verursachen. Aber zu wissen, was deine Wahrheit ist und wo du sein solltest, ist immer das Beste.

D: Ich dachte, dass es für ein junges Mädchen, das noch nicht viel von der Welt gesehen hat, schwierig wäre, Leute zu sehen, die so schrecklich krank sind.

A: Es ist hart, weil es meine Vorstellungen um einiges übertraf. Aber da ist dieses übermächtige Gefühl, gebraucht zu werden und nützlich zu sein. Und im Geben und Nehmen erfüllt es mich ganz. Ich brauche nichts anderes.

D: Das ist gut. Denn viele junge Mädchen würden gern wieder heimgehen, nachdem sie so etwas gesehen haben.

A: Nein. Ich möchte mehr erreichen. Ich möchte ihnen auf jede Weise, wie ich kann, das Leben erleichtern.

D: Das ist sehr bewundernswert.

A: Nein. Ich weiß nicht, wie ich es erklären soll. Ich könnte nichts anderes in meinem Leben tun. Ich brauche genau das. Ich brauche das so sehr wie jemand, dem ich helfen könnte; denn es gibt nichts anderes, das mich erfüllt.

D: Gut. Nun, lass uns ein paar Tage weiter in der Zeit gehen, um zu sehen, ob sich noch etwas ereignet, während du in dem Dorf bist, worüber du mir erzählen willst. Ein Ereignis oder etwas, was Jesus tut, worüber du mit mir sprechen möchtest. Kannst du ein Ereignis finden?

A: *Ich sehe eine erfreulichere Zeit, wo wir um die Quelle herum versammelt sind. Es ist ein sehr angenehmer Tag, und viele Leute vom Dorf sind mit ihm draußen. Ich sehe ihn dort stehen, seine Hände erhoben, und er redet gerade. Und er geht hinüber und füllt einen kleinen Becher mit Wasser... und er gibt ihn einer der Frauen, die hier sitzen. Sie trinkt das Wasser. Und er legt seine Hände auf ihren Kopf. Er sagt ihr: „Meine Schwester, das Licht Gottes ruht auf dir. Diese Energie fließt durch dich. Du wirst stark werden und diese Krankheit überwinden. Denn du wirst für eine andere Aufgabe gebraucht." Und ich sehe die Frau in einer Art Trance dasitzen... Ich spüre einen kühlen Hauch... Und ich erinnere mich, dass die Zeit vergeht. Er setzt sich ihr gegenüber. Und ich sehe, wie er seine Hände in der Art hebt (sie erhob ihre Hände, sodass die Handflächen nach außen zeigten). Ich sehe dieses Leuchten aus seinem Herzen, um seinen Kopf und in seinen Händen, in der Mitte seiner Handflächen. Die Frau öffnet ihre Augen. Und sie hat einen anderen, ruhigeren Gesichtsausdruck... Und sie weint. Sie nimmt eine Hand von ihm und küsst sie, und dankt ihm, denn sie weiß, dass eine Veränderung mit ihr geschehen ist. Sie sagt, sie hörte eine Stimme zu ihr sprechen. Und sie weiß, dass ihr Platz hier in dem Dorf ist, und dass sie als Ärztin ausgebildet werden soll, sodass sie helfen kann, zu heilen und die Bedürftigen zu trösten.*

D: Denkst du, dass sie von der Krankheit geheilt ist?

A: *Ich kann nur sagen, dass sie mir anders erscheint. Ihr Blick hat sich sichtbar verändert. Sie schaut so ruhig. Ihre Ausstrahlung ist anders. Es hat eine Wandlung stattgefunden, aber ich kann es eigentlich nicht ausdrücken. Ich weiß, dass ihre Beine angegriffen waren, aber ich weiß nicht, wie stark sie innen befallen ist. So warten wir ab. Aber dies ist nicht mehr die gleiche Person.*

D: Ich fragte mich, ob sie einige sichtbare Anzeichen der Krankheit hatte, die sich veränderten?

A: Es war an ihren Beinen, erinnere ich mich, und sie hatte Mühe zu gehen. Aber ich habe sie nicht aufstehen und umhergehen sehen. Sie sitzt einfach nur am gleichen Platz, nachdem sie seine Hand geküsst hat, und ich sehe die Tränen fließen. Tränen der Liebe und Freude. Aber das Gesicht, der Blick sind anders. Etwas hat zweifellos die Person verändert. Ich denke, körperliche Veränderungen geschehen langsamer; sie geschehen nicht immer sofort. Das Unmittelbare daran war der ganz andere Blick. Der friedliche Blick, die Ausstrahlung.

D: Vielleicht geschieht die physische Veränderung langsam über einen längeren Zeitabschnitt.

A: Das geschieht, wie ich gehört habe. Und ich hoffe, dass das auch bei ihr geschieht.

D: Dann nimmt er manchmal nicht nur den Schmerz weg. Er arbeitet auf unterschiedliche Art und Weise.

A: Ja. Er sagt: Jeder hat seinen eigenen Daseinszweck, seinen eigenen Plan. Und diese Leute brauchen die ganze gegenseitige Kraft, um weiterzumachen. Wenn sie erleben können, dass innerhalb ihres eigenen Dorfes Leidensgenossen wieder auf die Beine kommen und helfen können, ist das auch Heilung pur für die anderen.

D: Ja, das ist es. Dann glaubst du, dass er den Weg eines jeden sehen kann?

A: Ich denke, dass er es manchmal kann, oder er erhält mitunter, wenn er Menschen berührt, klare Bilder oder klare Gedanken. Und er weiß unmittelbar, was ihre Bestimmung ist. Die Klarheit kommt.

D: Offensichtlich konnte er sagen, dass es für diese Frau vorgesehen war, noch etwas anderes zu tun.

A: Ich kann nicht sehen, dass es immer so geschieht. Manchmal geschehen Dinge, die wir nicht einmal mitbekommen. Es gibt kein festes Schema. Es geschieht zu unterschiedlichen Zeiten; es lässt sich kein regelmäßiges Muster erkennen.

D: Nachdem ihr den Ort verlassen habt, könnte auch etwas geschehen, und ihr würdet gar nichts davon erfahren. Das meinst du. – Gut. Lass uns vorwärts gehen zu einem weiteren Ereignis, das geschah, während ihr hier wart. Geschah noch etwas anderes Interessantes?

A: (Pause) Nun, das war etwas Besonderes. Aber ich... Oh, ja! Ich sah, wie er den Verband und den Puder nahm und auf das Gesicht eines Mannes aufbrachte, dessen Wangen weggefressen waren. Er tat dies, und dann hielt er seine Hände darüber und betete.

Und als er am nächsten Tag zurückkam und den Mann kontrollierte, war die Veränderung... (atmet tief auf). Es ist schwer, darüber zu reden, weil es einfach nicht real erscheint. (In Ehrfurcht:) Es war... wie wenn die Backen nachgewachsen wären. Die Krankheit war immer noch da, aber ich hatte nie gesehen, dass die Puder so wirkten, als die Frauen sie verwendeten. Es hilft immer. Es lindert immer den Schmerz – und besonders, wenn es sich um eine schlimme Infektion handelt, kann er einen großen Unterschied bewirken. Aber dieser Mann bewegte seinen Mund und trank ohne jeden Schmerz, und... sein Blick war verändert, ähnlich wie bei der Frau. Ich vermute, dass der Nazarener vielleicht manchmal weiß, dass... mag sein, er erhält einen klaren Gedanken oder ein Bild. Vermutlich wusste er, dass – obwohl diese Krankheit der Weg des Mannes ist – er spirituell gesehen einen großen Fortschritt gemacht hatte. Vielleicht war er mit seiner Herzensenergie so stark mit dem Nazarener verbunden, dass es sich auf das Physische auswirkte. Und das Gesicht dieses Mannes war wieder neu zusammengewachsen, obwohl die Krankheit immer noch da war. Aber er wirkte wie eine andere Person, mit einem anderen Blick. Er war fähig, seinen Mund zu bewegen und zu benützen, und er konnte das ohne Schmerzen tun. Das war also ein großes Wunder. – Es sind immer Wunder. Ich ahne, dass alles ein Wunder sein könnte.

D: Es geschieht nur nicht immer auf die gleiche Weise.

A: Nein. Und man ist erschreckt – nicht wirklich – das ist vielleicht nicht das richtige Wort. Aber wenn man über so etwas spricht, was man gesehen hat, verliert es an Realität. Manchmal, wenn man es für sich selbst behält, weiß man, es ist sicher, und es wird so bleiben, wie man es gesehen hat.

D: Weil es so schwer zu glauben ist.

A: Aber das war... etwas ganz Besonderes.

D: Wird jedem, mit dem er in Kontakt kommt, geholfen, oder gibt es einige Leute, denen überhaupt nicht zu helfen ist?

A: Ich denke, alle empfinden Erleichterung. Oh, es dauert nicht immer an. Aber man kann sehen, dass der Schmerz nachlässt, wenn er sie besucht und berührt. Nur selten verändert sich die Krankheit, aber sie sind immer erleichtert, auch wenn es nur für kurze Zeit so ist.

D: Ich fragte mich, ob es Leute gab, denen überhaupt nicht zu helfen war.

A: *Oh. Ich denke, das könnte sein, aber ich habe es nicht erlebt. Ich habe ihn gesehen, wie er diesen Leuten die Hände auflegte und mit ihnen sprach. Es scheint geholfen zu haben – wenn auch nur für ein Weilchen.*

D: Dann wurde ihnen allen in unterschiedlichem Maß geholfen. – Wart ihr hier in dem Dorf sieben Tage lang, wie erwartet?

A: *Ja. Wir waren sieben Tage hier.*

D: Was habt ihr danach gemacht?

A: *Wir sind auf einer Reise zu einem anderen Dorf.*

D: Ich wollte wissen, ob ihr nach Hause zurückgekehrt seid.

A: *Nein. Ich denke, diesmal geht die Reise nochmals drei weitere Siebentagesperioden. Er hat bestimmte Bezirke, die er besuchen will.*

D: Weißt du etwas darüber, was ihr am nächsten Platz vorfinden werdet?

A: *Es ist ein Dorf, wo er viele Anhänger hat. Wo sie ihn bitten, zu kommen, Vorträge zu halten und sein Wort zu verkünden.*

D: Ist es sehr weit?

A: *Lass mich sehen… es wird zwei Tage dauern.*

D: Hast du von den Männern der Gruppe, mit denen du die ganze Zeit zusammen warst, einen Namen gehört?

A: *Ja. Da ist Johannes; Ezekiel und Jeremias… David (Denkpause). Ich bin nicht sicher.*

D: Nun, da du schon ein paar Tage unter ihnen bist, dachte ich, du würdest einige ihrer Namen kennen. Du hast mir erzählt, was die Frauen taten. Was taten die anderen Männer während dieser Zeit?

A: *Nun… verstehe, ich kam nur mit wenigen dieser Leute in Kontakt. Ich vermute, einige von ihnen halfen beim Reparieren und Bauen, und einige sind Schreiber und Lehrer. Mit manchen habe ich überhaupt noch keine Zeit verbracht oder habe sie noch gar nicht gesehen. Ich denke also… sie haben spezifische Aufgaben und helfen auf unterschiedliche Art. Einige von ihnen gehen von sich aus weg und beten oder lernen, so sehe ich sie nicht die ganze Zeit.*

D: Das macht Sinn, weil es viele Arten der Hilfe in einem Dorf geben muss, wo jeder so krank ist. Reparaturarbeiten bleiben liegen, deshalb können die Männer in dieser Richtung helfen. Und wenn sie Lehrer sind, arbeiten sie wahrscheinlich in anderen Teilen des Dorfs.

Dies erschien mir sehr praktisch. Die Interpretation der biblischen Geschichten von Jesus und seinen Jüngern erweckt den Eindruck, dass sie ihm von Ort zu Ort folgten und dabei zuhörten und versuchten, von ihm zu lernen. Mir erscheint diese Version wahrscheinlicher, so könnte es sich wirklich zugetragen haben. Es zeugte vom gesundem Menschenverstand Jesu, sich mit Leuten zu umgeben, die viele verschiedene Begabungen hatten, sodass sie mit den Leuten, mit denen sie in Kontakt kamen, auf praktische Art und Weise arbeiten konnten. Schließlich lebten sie alle in der realen Welt, die voller Nöte war. Es zeigt auch, dass Jesus nicht vorhatte, laufend Wunder zu vollbringen. Er nahm Ärzte (Männer und Frauen) mit, damit sie ihre heilenden Puder und Salben anwenden konnten. Er verließ sich nicht allein auf seine Kräfte. Unsere Bibelversion hat ihn immer als allmächtig und unabhängig dargestellt. Ich glaube, er war viel menschlicher, als wir ihm das zugetraut hätten. Wenn er niemanden gebraucht hätte, dann hätte er die Gebäude auch durch Wunder reparieren können. Die Schüler und Jünger taten alles, was sie konnten, um zu helfen, und saßen nicht müßig herum, indem sie den Meister beobachteten, wie er seine Arbeit durchführte.

D: Es klingt so, als ob Jesus sich auf seinen Reisen mit vielen verschiedenen Menschen umgebe.

A: *Ja. Auch sie suchen sich ihn aus. Viele von ihnen spüren ein Bedürfnis, zu dienen und zu geben, mit den Fähigkeiten, die ihnen am meisten liegen. So scheinen sie immer zur rechten Zeit da zu sein, und er landet schließlich immer bei den Leuten, die er braucht.*

D: Hat Johannes irgendwelche besonderen Aufgaben?

A: *Er scheint Jesus sehr nahe zu stehen, und er scheint sich zu bemühen, seine rechte Hand zu sein. Er schafft Verbindungen und hält sie aufrecht, sodass Leute, die Jesus brauchen, ihn auch wirklich zu Gesicht bekommen und sicher sein können, dass er zu den Versammlungen kommt. Johannes organisiert viele der Aktivitäten und Treffen.*

D: Meinst du, er geht der Gruppe voraus und bringt diese Dinge in Gang?

132

A: Manchmal tut er das, was von der Art der Reise abhängt. Aber wenn wir eine Örtlichkeit erreicht haben, scheint er dafür zu sorgen, dass unser Arbeitsplan immer gut organisiert ist, indem er sicherstellt, dass die Dinge getan werden und indem er den Nazarener auf alles aufmerksam macht, was er wissen muss.

D: Dann erfährt er, wenn jemand ein Treffen oder eine Versammlung haben will.

Das war eine andere praktische Idee, die nicht in der Bibel dargestellt wird. Johannes war so etwas wie der Mann für öffentliche Beziehungen. Jesus konnte nicht einfach von Dorf zu Dorf ziehen; er brauchte jemanden, der vorausging und sicherstellte, dass alles vorbereitet war und der dafür sorgte, dass alles sicher ablief.

D: Das Dorf, wohin ihr geht, wo du sagtest, dass hier Gruppen seiner Anhänger sind... hat dieses Dorf einen Namen, oder hast du ihn schon einmal gehört?

A: Es klingt wie... Bar-el (oder Bar-al, beides ist von der englischen Aussprache her möglich). *(Sie wiederholte es, und ich sprach es nach).*

D: Und ihr werdet in zwei Tagen dort sein. Dieses Dorf wird anders sein. Es wird dort nicht so viele kranke Menschen geben. Nun, er fing damit an, dir gleich das Schlimmste zu zeigen, nichtwahr?

A: Ja. Was ganz in Ordnung ist, weißt du.

D: Die Weisheit dahinter war vielleicht: Wenn du es nicht packen könntest, würde er es gleich vorneweg wissen. (Wir lachten beide). – Ist es in Ordnung, wenn ich wiederkomme und mit dir sprechen möchte? Denn ich freue mich darauf, dir beim Erzählen deiner Reise und deiner Geschichten zuzuhören. Ich möchte auch lernen.

A: So wie ich.

D: Und ich will so viel wie möglich über diesen Mann in Erfahrung bringen, so hilfst du mir auch.

Dann brachte ich Anna zurück zu vollem Bewusstsein. Ich ließ das Tonband weiterlaufen, als sie mir einiges aus der Sitzung, woran sie sich erinnern konnte, erzählte.

A: Ich erinnere mich daran, dass die Menschen, denen es nicht gut geht oder die überhaupt keine Besserung verspüren, den anderen gegenüber, denen es gut oder besser geht, keinen Ärger entwickeln. Gerade jetzt, wo die Erinnerung noch so klar ist, empfinde ich ein sehr starkes Gefühl deswegen.

D: Gab es keinen Groll?

A: Nein. Und aus einem bestimmten Grund kam mir gerade dieser Gedanke. Denn gerade jetzt finde ich es ungewöhnlich.

D: Ja, das Ganze ist ungewöhnlich! (Lacht).

A: Vielleicht reichte es aus, dass jeder, der mit ihm in Berührung kam, diese Erleichterung erfuhr, das Gefühl, erfüllt zu werden... auch wenn es nur für ein Weilchen war. Und vielleicht hat die Berührung mit diesem Gefühl so viel Freude, auch mit den Leidensgenossen, aufkommen lassen, dass es jede Art von eventuellem Groll beseitigte.

D: Dies zeigt, dass alles, was er tat, die menschliche Natur überstieg.

A: Ich versuche gerade, dies mit irgendeiner anderen Regression, die wir gemacht haben, zu vergleichen. Es ist im Prinzip das Gleiche, aber es ist so viel mehr... man ist gefühlsmäßig so tief betroffen, ja ergriffen, würde ich schätzungsweise sagen. Vielleicht bleibt einiges davon in mir. Ich glaube, jede Regression hat mich etwas gelehrt. Diese Rückführung gibt mir wirklich ein gutes Gefühl, ich spüre große Klarheit darüber. Ich meine, der Mann war für mich real. Und ich sage dir, wenn ich in diese Augen schaute... ich kann das immer noch fühlen... war ich so erfüllt. Nie zuvor habe ich so ein Gefühl erfahren, so gänzlich voller Zufriedenheit und Liebe zu sein. Da war immer dieses kleine, leere Loch in mir – und das verschwand.

D: Ist es auch jetzt weg?

A: Nun, es ist weg, wenn wir arbeiten. Es ist nicht weg in diesem Leben. Es gab immer dieses kleine, leere, nagende Loch.... Als ich bei ihm war und in seine Augen schaute, war es ein gänzlich erfüllendes, ergreifendes Gefühl, wie ich es noch nie vorher hatte.

Obwohl es Anna anders ausdrückte, beschrieb sie im Wesentlichen dasselbe Gefühl, das auch Maria empfand. Offensichtlich war das die wunderbare Wirkung, die Jesus auf die Menschen ausübte.

A: Wenn ich zurückgeführt bin, ist es so natürlich, dort zu sein; aber dann, wenn ich aus der Trance erwacht bin, wäre es das Letzte, woran ich denken würde. Ich fühle mich wirklich sehr tief berührt, aber es ist sehr reinigend. Ich meine, ich fühle mich so gelöst.

D: Nun, du könntest dir kein besseres Gefühl wünschen.

Ein weiterer interessanter Punkt kam in dieser Sitzung zum Vorschein: Tatsächlich heilte Jesus nicht jede Person, die er traf. Dieser Gedanke wurde auch in JESUS UND DIE ESSENER dargestellt. Er war fähig, bei der Mehrzahl der Menschen, mit denen er in Kontakt kam, Schmerzen und Leiden zu lindern, aber die totale Erleichterung der Symptome und die vollständige Wandlung von der Krankheit oder Unfähigkeit zur Gesundheit, also die totale Wiederherstellung, waren selten. Oftmals wurde keine Heilung empfangen, und Naomi stellte klar, dass das nicht in den Händen Jesu lag. Es hing ab vom Karma der Person und ihrer Bestimmung im Leben. Auch er konnte sich nicht gegen die höheren Kräfte richten, die solche Dinge lenken.

Kapitel 8:

Das Dorf am „Meer" von Galiläa

In der folgenden Woche, als wir die Sitzung begannen, brachte ich Anna (als Naomi) in die Zeit zurück, als sie mit Jesus Reisen machte.

D: Lass uns zu der Zeit zurückgehen, als du das Dorf der Aussätzigen mit dem Nazarener und dem Rest der Gruppe verließest, der ersten Reise, die du mit ihm gemacht hast. Ihr wart unterwegs zu einem anderen Dorf, wo er – wie du sagtest – einige seiner anderen Jünger treffen wollte. Ich werde auf drei zählen, und wir werden dort sein. Eins… zwei… drei… wir kommen gerade in das zweite Dorf auf deinen Reisen mit dem Nazarener. Was tust du gerade?

A: *Wir betreten ein Dorf an einem See. Der See von Kennaret (oder Kenneret), und wir veranstalten ein Treffen der Jünger, der Anhänger dieser Lebensart, dieser Lehren. Unser Aufenthalt hier dient – nach meinem Verständnis – dem Zweck, die Lehre auszubreiten und unsere Anzahl zu verstärken.*

Ich schrieb den Namen des Sees nach dem Gehör. Später, als ich die Möglichkeit hatte, eine Karte im Anhang meiner Bibel anzuschauen, fand ich den See von Kinneret oder Kinnereth (Chinnereth), zur Zeit Jesu auch „Meer" von Gennesaret genannt, was der Lautschrift nahekommt. Das war meines Erachtens bemerkenswert. Es ist ein jüdischer Name für den See von Galiläa. Mir war dieser See nie unter einem anderen Namen bekannt. Bei meinen Nachforschungen fand ich, dass im Hebräischen und Aramäischen „yam" sowohl Meer als auch See bedeuten kann, und dass die griechische Übersetzung der Bibel das übernimmt.

136

Anna hatte in Bezug auf die Gültigkeit des fremdartigen Materials, das während dieser Sitzungen aus ihrem Unterbewusstsein auftauchte, Zweifel gehabt. Nachdem ich diese Entdeckung gemacht hatte, erzählte ich ihr davon, und sie erkannte den Namen Kinnereth gar nicht mehr. Ich sagte ihr, dass es der alte Name für das Galiläische Meer war. Ohne die Miene zu verziehen, fragte sie: „Was ist das Galiläische Meer?" Das kam total unerwartet. Im Moment war ich wie betäubt, und ich erkannte die Wichtigkeit ihrer Frage. Jeder Christ kennt den Namen dieser biblischen Örtlichkeit, weil sie mit dem Leben Jesu so sehr verbunden ist. Dies zeigte ohne jeden Zweifel, dass Anna nicht einmal ein bruchstückhaftes Wissen seines Lebens oder des Neuen Testaments hatte. Als ich ihr das erklärte, fühlte sie sich besser, weil es den Beweis zu erhärten schien, den sie brauchte, um sich zu überzeugen, dass diese Information ganz bestimmt nicht aus ihren eigenen Gedanken kam.

D: Sind die Leute in der Stadt hauptsächlich Anhänger, oder müsst ihr hier auch eure Anwesenheit geheim halten?

A: Es ist eine ganz ansehnliche Gruppe hier. Wir müssen uns ziemlich ruhig verhalten, aber wir können uns sicher fühlen. Das hier ist eine kleinere Stadt, und es scheint, dass die Leute, die hier wohnen, untereinander von ähnlicher Denkart sind. So können wir uns hier leidlich sicher fühlen.

D: Ist es nicht so gefährlich, sich öffentlich zu treffen?

A: Nein, denn wir scheinen hier auf Verständnis zu stoßen, aber der Lehre gegenüber verhalten sie sich reserviert.

D: Sagte dir jemand den Namen dieser Stadt?

A: Dies ist das Dorf am See Kinnereth.

D: Ist das alles, was du davon weißt? Gibt es einen bestimmten Platz im Dorf, wohin ihr geht?

A: Ja. Es gibt einen Bereich am See. Zuerst werden wir gehen und uns im See reinigen. Diese Reinigung ist für den Körper und den Geist notwendig. An einem Teil des Strands befinden sich einige kleine, steil abfallende Felsen. Und in diesen Felsen sind Versammlungsräume. Nicht jeder weiß darüber, denn ihre Vorderseiten sind getarnt. Hier werden wir uns treffen, aber es scheint, dass wir uns an den Ufern des Sees niederlassen.

Später forschte ich nach über dieses Gebiet am See von Galiläa. Es gibt viele Stellen, wo Berge und Felsen bis an den Rand des Sees stoßen. Das galt besonders für Magdala (die Heimat von Maria Magdalena), wo sich die Küstenstraße an einem steilen Berghang entlang windet. Im Gebiet von Arbeel befinden sich Höhlen, die dafür bekannt sind, dass sie als Versteck für Kriminelle oder politische Flüchtlinge während der Zeit Christi dienten. Einige dieser Höhlen waren natürlich und wurden vergrößert und als Fluchtplätze verwendet. Einige befanden sich so hoch und unzugänglich in den Klippen, dass sie praktisch von den Soldaten nicht entdeckt werden konnten.

Während der Zeit Christi war Galiläa eine der fruchtbarsten Ackerbaugegenden der Welt. Noch bis 680 v. Chr. war die Gegend um den See Genezareth ziemlich bewaldet. Aber die Obstbäume, die der Historiker Josephus so gepriesen hatte, sind nun zu kläglichen Überresten ihrer selbst zusammengeschrumpft. Die Wälder sind zum größten Teil verschwunden und haben an vielen Stellen einem spärlichen Wüstenklima Platz gemacht. Zur Zeit Jesu herrschte in der Talsenke um den See ein heißes, drückendes Klima, weil Meeresbrisen durch die Berge abgeschnitten wurden. Im Winter waren die Hügel und Ufer grün, aber im langen Sommer breitete sich eine bedrückende Trockenheit über alles aus.

Es ist erwiesen, dass man die Reise zu Fuß von Jerusalem zum See Genezareth in drei Tagen machen kann. Während des Sommers vermied man die Wanderung durch das Jordantal wegen der übermäßigen Hitze. Man reiste normalerweise nur im Winter oder im zeitigen Frühjahr, wenn das Klima warm und das Schlafen im Freien möglich war. Zu allen Jahreszeiten konnte das Jordantal für Personen, die in den Städten – aus Furcht vor der Regierung oder anderen Gründen – nicht gesehen werden wollten, eine wünschenswerte Route sein.

Die Bibel erwähnt, dass Kana in Galiläa einer der Lieblingsplätze Jesu war. Historiker meinen, dass Kana für jeden, der eine Rebellion organisieren wollte, aber mächtige Feinde in größeren Städten hatte und sich deshalb nicht ständig an einem Ort aufhalten konnte, als Zentrum geeignet war. Das war wohl ein weiterer Grund für die Wanderungen Jesu. Es war gefährlich, an einem Ort länger zu bleiben, außer man wusste ganz bestimmt, dass man hier sicher war.

Geschichten von Jesu Fähigkeiten breiteten sich schnell von Galiläa über ganz Palästina aus. Es wurde als erwiesen angenommen, dass Galiläa enge Verbindungen mit allen Teilen von Palästina hatte, sodass Nachrichten über Jesus schnell alle Ecken des Landes erreichten. So wurden die Mächtigen in Jerusalem über die Aktivitäten dieses Umstürzlers auf dem Laufenden gehalten; aber sie empfanden keine Notwendigkeit, ihm Einhalt zu gebieten, solange er den größeren Städten fernblieb, oder solange es nicht offensichtlich wurde, dass er eine Rebellion anstiftete.

Forschungen enthüllten, dass es buchstäblich Hunderte von kleinen Städten und Dörfern in diesem Gebiet gab, die geschichtlich nicht aufgezeichnet wurden – oder deren Erwähnung zumindest nicht bis heute überliefert ist. Zur Zeit Christi existierten viele große Städte, die in der Bibel nie erwähnt wurden; deshalb sollte es nicht überraschen, dass die kleineren aus dem Blick und aus den Aufzeichnungen verschwunden sind. Ich glaube, dass diese historische Beschreibung des Jordantals und des Sees Genezareth genau zu den Örtlichkeiten passt, die Naomi beschreibt.

D: Ich dachte, ihr würdet in ein Haus von jemand gehen.

A: *Ich glaube, aus Sicherheitsgründen fanden sie es am besten, es auf diese Weise zu tun. Verstehe, wenn es nur eine kleine Gruppe von Leuten ist, kann man das so machen. Aber hier ist eine große Gruppe.*

D: Ich denke, du sagtest mir, dass Johannes vorausgeht und das alles arrangiert?

A: *Ja. Ich vermute, dass sie, wenn sie ihre Reisen beginnen, eine ziemlich gute Vorstellung davon haben, wo jemand bereit ist, sie aufzunehmen. Ab und zu weichen sie vielleicht von ihrem Weg ab, je nach Wichtigkeit. Aber Johannes hat normalerweise alles vorbereitet, sodass es so glatt und sicher wie möglich abläuft.*

D: Dann trefft ihr euch in einem der Räume in diesen Felsen? Wann findet das Treffen statt?

A: *Vermutlich morgen früh. Wir werden uns heute Abend erholen, und in der frühen Dämmerung werden wir zusammenkommen.*

D: Habt ihr irgendwelche Schwierigkeiten, etwas zu essen zu bekommen?

A: *Nein. Wir sind versorgt mit Nahrung, und wir tragen einen Teil des Proviants mit uns. Wir bemühen uns, anderen nicht zur Last zu fallen. Wir nehmen alle Geschenke an, die andere uns geben wollen, in Form von Nahrung oder Obdach, aber wir können uns selbst versorgen.*

D: Lass uns vorwärtsgehen zum Morgen, als das Treffen stattfinden soll, und erzähle mir, was geschieht…

A: Wir werden in diesen Raum geführt. Sie haben die Vorderseite eines dieser Felsen mit einigen Steinen und Bäumen abgedeckt; sie haben sehr gute Arbeit geleistet. Und so sehe ich diesen Felsen geöffnet. Auf dem Boden liegen ein paar Strohmatten, und einige Kerzen brennen. Und… da stehen einige hölzerne Bänke und Tische. Die Gruppe scheint ziemlich groß zu sein. Ich kann annähernd vierzig Leute zählen. Und es ist gut so: Ich sehe eine Mischung von Männern und Frauen.

D: Kann der Raum sie alle fassen, ohne überfüllt zu sein?

A: Es ist ein großer Raum. Die Öffnung täuscht… Aber man tritt ein, und es ist ein großer Raum. Sie haben ihn abgesichert, mit verschiedenen Materialien abgestützt, um sicherzugehen, dass keine Gefahr droht. Es scheint eine kleine Eingangshalle zu geben und vielleicht noch weitere Räume seitlich.

D: Ist es eine Art natürliche Höhle, oder…?

A: Ja. Anscheinend haben sie einfach einiges an angesammelter Erde abgeräumt. Und es entstand ein natürlicher… ein Raum hier drin. Und dann ein natürlicher Durchschlupf, und es schaut so aus, als ob es noch ein paar kleinere Räume dort hinten gäbe.

D: Es gibt wahrscheinlich überhaupt keine Fenster, aber dafür werden Kerzen aufgestellt.

A: Richtig.

D: Und dies sind alles Menschen, die gekommen sind, um ihn sprechen zu hören. Kannst du mir sagen, was geschieht? Haben sie irgendeine Art von Zeremonie oder Handlungsweise, die sie vollziehen?

A: Die Person, die dieses Treffen leitet, sorgt sich sehr um das Wohlergehen des Nazareners. Denn die Mächtigen von Jerusalem erhalten Nachrichten von Boten, dass seine Lehren weit und breit ausgestreut werden. Und die Regierung wird…. unruhig.

D: Sie haben seine Beliebtheit nicht gern?

A: Ja. Oder die Idee, dass die Menschen selbständig denken und ihren eigenen Weg wählen können. Es gibt Leute, die nicht sehr angetan von ihm sind, sowohl im Tempel als auch in der Regierung. So redet diese Gruppe soeben über ihre Angelegenheiten und wie sie sein Werk weitertragen können. Aber er erhebt sich und spricht, und er sagt, sie sollten sich nicht fürchten, denn er gehe seinen Pfad des Herzens. Und er fürchte nichts. Die einzige Furcht, die er haben könnte, sei die, nicht lehren zu können und all die Leute nicht erreichen und berühren zu können, wie er es sich für seine Lebenszeit vorgenommen habe.

Dies wurde langsam und mit Unterbrechungen gesprochen, so, wie wenn sie seine Worte hören würde und sie dann für mich in unterbrochenem Sprechtakt wiederholen würde.

D: Dann hat er keine Furcht vor diesen Gerüchten oder Leuten, die gegen ihn sind?

A: Nein. Es wird an dem, was er mit seinem Leben tut, nichts ändern; denn er weiß, er geht mit Gott. Und Gott erwächst aus dem Inneren. Dieses ewige Licht ist nicht nur im Tempel, sondern im Herzen. Und diese ewige Flamme stirbt nie, auch wenn man das physische Sein verlässt. So wird er weiterhin wandern und lehren, was er für richtig hält. Er wird das lehren, wovon er glaubt, dass es der Grund seines Lebens ist.

Das ewige Licht, worauf sie Bezug nahm, war ein Licht, das nie ausgelöscht wurde; es befand sich im inneren Hof des Tempels.

D: Aber sie wollten ihn irgendwie warnen.

A: Es scheint, dass sich Spannungen aufbauen, und wir hören diese Art von Gerücht immer wieder. Dann beruhigt sich alles wieder für eine Zeitlang. Und weißt du, die Regierung ist sehr wankelmütig. Wenn sie allzu sehr beunruhigt werden, warten sie einfach mit einer neuen Steuer auf.

D: (Lacht) Das ist ihre Antwort.

A: Ja, es ist ihre Methode, zu verletzen und zu manipulieren. Wenn etwas Besonderes vorfällt, oder wenn eine Schlacht gewonnen wurde, sind sie damit völlig in Anspruch genommen. Dinge schlafen ein, weil die Aufmerksamkeit auf etwas anderes gerichtet wird.

D: Und die Priester schließen sich einfach dem an, was die Regierung sagt?

A: *Die Priester? Die Priester und die Rabbis unterscheiden sich. Die römischen Priester, ja. Die Rabbis tun, was sie zum Überleben tun müssen, aber sie sind weder für die Regierung noch für den Nazarener. So...*

D: (Lacht) Sie stehen quasi in der Mitte. Vielleicht denken sie, dass das der sicherste Ort für sie ist. Nun, gibt es noch andere Vorbereitungen, oder ist er einfach gerade dabei zu sprechen?

A: *Er spricht nun. Und... er lässt nur sein Herz sprechen. Er wird sich hier nur ein Weilchen aufhalten, und dieses Dorf scheint eine Kontaktstelle zu sein. Es scheint, als ob es hier viele wahre Anhänger gibt, die ihre Anweisungen erhalten und zu ihrem eigenen Weg aufbrechen werden. Das hier ist also ein sicherer Hafen, wo man sich etwas entspannen und sich austauschen kann und dann wieder hinausgeht. Diese Gruppe scheint imstande zu sein, seine Lehren zu verbreiten, sie können jedoch auch in andere Bereiche eindringen und als Römer akzeptiert werden, oder welche Rolle sie auch immer brauchen, um ihren Lehrer zu schützen.*

D: Dann sind das Leute, die seine Lehren kennen, und so muss er ihnen nicht so viel erklären.

A: *Richtig. Dies sind Jünger, engagierte Jünger.*

D: Dann gibt er ihnen vor allem Anweisungen für ihr Tun?

A: *Ja. Aber sie haben auch Zeit für das Gebet und für Gespräche, und das Lernen hört nie auf. Sie tauschen sich auf diese Weise aus.*

D: Ich frage mich, ob er ihnen noch etwas Wichtiges sagte, worüber du noch nichts wusstest?

A: *Oh, nein. Ich schätze, er versichert ihnen hauptsächlich wieder, dass sie sich nicht fürchten sollten. Was auch immer geschieht, es ist Teil seines Daseinsgrundes. Und was auch immer in seinem Leben oder ihm geschieht – es gibt da eine Lektion zu lernen, die das oberflächliche Verstehen übersteigt. Er erinnert sie auch daran, in Gott in ihrem eigenen Inneren Kraft zu schöpfen und mit dem Herzen zu schauen und den Brüdern und Schwestern zu dienen.*

D: Wie ist er gekleidet während dieser Reise?

A: *Die gewöhnliche Kleidung.*

D: Irgendwelche bestimmten Farben?

A: *Oh, die Farben sind einfach. Überwiegend das lehmfarbene Material (gelb-braun). Ab und zu sieht man diesen Streifen, der den Kanten eines Kleidungsstücks entlang verläuft: an der Kapuze, den Ärmeln und dem unteren Saum. Aber sonst ist es sehr einfach.*

D: Dann ist er also mehr oder weniger wie alle anderen gekleidet?

A: Oh, ja.

D: Aber sie treffen sich heute alle an diesem Ort, um zu entscheiden, was sie tun werden und sozusagen ihre Anweisungen zu erhalten.

A: Ja. Und ihn bezüglich des Fortschritts auf dem Laufenden zu halten; so ist es nur das.

D: Welche Art von Fortschritt haben sie gemacht? Gibt es da etwas Besonderes?

A: Es scheint, dass sie in ihren eigenen kleinen Gruppen reisen. Und wenn sie von einem Ort hören, wo man Interesse an den Lehren haben könnte, suchen sie dieses Gebiet auf. Oder wenn jemand Hilfe braucht oder große Ungerechtigkeit erfährt, werden sie dort hingehen. Sie finden Mittel und Wege, im Untergrund zu arbeiten oder Menschen auf jede mögliche Weise zu helfen.

D: Dann tun sie mehr, als nur die Lehren zu verbreiten.

A: Ja. Denn eine der hauptsächlichen Lehren besagt, seine Mitmenschen zu lieben und sie so zu behandeln, wie man selbst gerne behandelt werden möchte. Hier handelt man oft falsch.

Es wurde langsam offensichtlich, dass Jesus seine Jünger lehrte, sowohl einen praktischen Dienst an den Menschen auszuüben als auch seine Lehren zu verbreiten. Dieser Punkt wurde auch in JESUS UND DIE ESSENER herausgearbeitet – dass er im Gegensatz zur biblischen Version seine Jünger ermutigte, ihn zu verlassen und eigenständig loszugehen. Sie warteten nicht bis nach seinem Tod. Er tat dies, damit sie nicht von ihm abhängig werden würden.

D: Bleibt er eine Zeitlang hier in diesem Dorf?

A: Ich denke, er würde gern noch eine weitere Nacht hier verweilen, aber er empfindet, dass wir weitergehen sollten, so werden wir bald aufbrechen.

D: Dann geschah weiter nichts Wichtiges in diesem Dorf?

A: Nein, man sollte nur verstehen, dass sie wirklich die Lehren ausbreiten. Sie scheinen das immer zu tun, wenn sie hinausgehen, aber es gibt auch andere Dinge, die sie tun. Sie können diese oder andere Tätigkeiten als Tarnung benützen für das, was auch immer getan werden muss, aber sie leben immer für die Lehren.

D: Weißt du, wohin er als nächstes geht?

A: Es scheint eine weitere Stadt zu sein. Sie sagten mir... Giberon?

Das Bibel-Wörterbuch gibt zwei Orte an, die ähnlich wie dieses Wort klingen: Gibeah, eine Stadt im Hügelland von Juda, und Gibeon, eine königliche Stadt der Kanaaniter. Wahrscheinlich passt Gibeah besser zu der Beschreibung des Gebiets, das sie durchquerten.

Gibeah und Gibeon liegen 4-9 km weg von Jerusalem, von hier aus sind es 3 Tagesreisen weit zum See Genezareth. Aber nur 1 Tagesreise weit weg vom See lag das alttestamentliche Gibbeton (erwähnt im 1. Buch Könige 16, 15). Könnte es gemeint sein? Oder hat sich die Route geändert?

A: Es scheint dort mehr Anhänger zu geben, sie beginnen jedoch erst auf ihrem Weg. Man bekommt den Eindruck: Wo auch immer er hingeht, versucht er das zu tun, was diese Leute brauchen, seien es Heilungen oder Belehrungen.

D: Und diejenigen im Dorf am See sind die weiter fortgeschrittenen Jünger. Ist das korrekt?

A: Ja. Aber sogar hier ist er dazu da, um zu dienen und den Individuen, die ihn aufsuchen, zu helfen. Aber es kommt offensichtlich bei diesem Treffen nichts Derartiges vor. Ich glaube, sie machen ihre Sache ganz gut im Moment. Ich denke nicht, dass hier irgendein Aufruhr oder Leidensfall auftritt.

D: Dann geht in diesem Dorf alles seinen Gang, wie es sollte. Und im nächsten Dorf werden Anhänger erwartet, die mehr oder weniger am Anfang stehen, und sie sind sich ihrer selbst noch nicht so sicher. Ist das korrekt?

A: Ja. Und das nächste Dorf scheint etwas größer zu sein. Ich schätze, man könnte das Dorf am See Genezareth als kleine Siedlung bezeichnen. Und da, wo wir jetzt hingehen, ist ein größerer Ort.

D: Wird es lange brauchen, bis ihr dort seid?

A: Wir könnten das bis zum Abend schaffen, sagte er. Wenn nicht, dann früh am nächsten Tag.

D: Dann ist es nicht sehr weit. Hat Johannes auch in diesem Dorf alles arrangiert?

A: Ich schätze, ja.

D: Geht Johannes euch voraus, und ihr seht ihn erst dort, oder wie läuft das?

A: *So geschieht es manchmal, oder gewöhnlicherweise – würde ich sagen. Aber es gibt Fälle, wo er wieder zurückkommt und uns woanders hinlenkt oder uns sagt, wenn sich etwas ändert.*

D: Dann geht er wirklich voraus und leitet alles in die Wege.

A: *Ja, und wir sehen ihn dann wieder, wenn wir angekommen sind.*

D: Lass uns in der Zeit weitergehen, wenn ihr in das nächste Dorf kommt, und erzähle mir, was geschieht. Du sagtest, es sei ein größeres Dorf?

A: *Ich sehe einen Brunnen im Zentrum eines großen Platzes. Und dort kommen und gehen Menschen und holen Wasser. So ist dieses Dorf mehr wie eine kleine Stadt, nach dem öffentlichen Platz und kleinen Gebäuden um ihn herum zu schließen. (Pause) Mir wurde gesagt, dass ich hier einige Zeit verbringen soll, so kann ich dienen und lernen. Es scheint, dass ich mit jemandem arbeiten werde, der schon mit dem Nazarener auf Reisen war, nun aber in diesem Dorf stationiert ist – ich denke, man kann das so sagen. Von mir wird also erwartet, dass ich hier etwas lerne und helfe, die Lehren weiterzugeben, und für die Bedürftigen sorge. Ich soll einfach assistieren.*

D: Und er wird woanders hingehen, während du hier bist?

A: *Er wird zu mir zurückkehren. Dann muss er vielleicht zurück nach Jerusalem gehen.*

D: Wird jemand anderes aus der Gruppe hier mit dir bleiben?

A: *Nicht da, wo ich wohnen werde. Ich glaube, er verlässt immer wieder einige seiner Jünger, damit sie bestimmte Rollen übernehmen, was davon abhängt, was eine Stadt oder ein Dorf braucht. Manchmal bleiben sie eine kurze Zeit da, und manchmal bleiben sie endgültig. So sind nach meinem Gefühl einige der früheren Jünger in diesem Dorf. Vielleicht arbeiten sie in verschiedenen Bereichen, ob lehrend oder heilend oder einfach für Bedürftige bereitstehend.*

D: Wie fühlt sich das für dich an, wenn er dich hier zurücklässt?

A: *Ich fühle mich dazu bereit, eine Zeitlang an einem Platz zu bleiben. Wenn er sagt, dass ich dazu bestimmt bin, hier zu sein, um zu lernen und zu dienen, dann scheint der Aufenthalt hier ganz richtig für mich zu sein. Ich bin so lebendig und so erfüllt damit,*

das zu tun, was er mir erlaubt hat, und von ihm zu lernen, aber es
erscheint mir sehr natürlich, dass dies jetzt geschieht.

D: Geschah noch etwas anderes, bevor er ging?

A: Er spricht mit einigen Männern aus dem Dorf. Sie planen mit ihm
zusammen den Aufenthalt an verschiedenen Orten und helfen ihm,
diejenigen zu besuchen, die ihn am meisten brauchen. Dann
werden sie am Abend eine Versammlung abhalten. Siehst du, viele
von den Schülern und Jüngern haben es geschafft, große
Versammlungsräume unter ihren Häusern zu bauen, und so
können sie nicht entdeckt werden.

D: Dann wird er zu den Anhängern sprechen, die noch nicht so
erfahren sind.

A: Ja. Er wird Fragen beantworten, und normalerweise kommen so
seine Belehrungen in Gang. Oder wenn er sich veranlasst fühlt,
wird er über ein bedeutsames Thema sprechen.

D: Möchtest du dich also weiterbewegen zu der Nacht der
Versammlung und mir erzählen, was vor sich geht?

A: Ich werde der Person vorgestellt, bei der ich arbeiten werde. Sein
Name ist Abram (Aussprache mit einem starken Ah-Klang bei der
ersten Silbe). Ich werde in seinem Haus wohnen und weitere
Lehren aufnehmen, aber auch bei allem assistieren, wo er meint,
dass ich es tun soll: Eine Reihe von Dingen, ob es Arbeit bei den
Kranken oder Älteren oder den Waisen oder einfach das Lehren
ist.

D: Hat er dich als Naomi oder als Nathaniel vorgestellt?

A: (Ein verlegenes Lächeln) Abram... oh, ich weiß, das ist schwierig.
Siehst du, ich bin nun an dem Punkt, wo ich mir fast töricht dabei
vorkomme. Zu meinem Schutz nennt er mich Nathaniel. Aber ich
weiß, dass er Abram gesagt hat, dass ich in Wirklichkeit Naomi
bin. So glaube ich, dass sich bald etwas ändert und ich nicht mehr
länger diese Art von Verkleidung brauche. Ich fühlte mich sehr
gut, als ich in der anderen kleinen Siedlung mehr Frauen zu
Gesicht bekam. Ich kann also in diesem Dorf bestimmt so sein,
wie ich bin. Und ich wachse, verstehst du, und werde älter und
schaue nicht mehr so jungenhaft aus. So denke ich, dass ich mich
verändern werde.

Es war offensichtlich, dass mehr Zeit vergangen war, als ich
dachte. Sie könnte Wochen und Monate in der Erzählung

zusammengefasst haben, besonders, wenn sie alle gleichförmig waren. Naomi wurde reifer und nahm die körperlichen Merkmale einer jungen Frau an.

D: Dann hat diese Reise länger als ein paar Tage gedauert, ist das richtig?

A: *Ich vermute, es könnten einige Wochen gewesen sein. Es änderte sich. Unsere Reisen ändern sich je nach Bedarf und den Informationen, die Johannes erhält. Es ist also eine Weile vergangen, und ich schätze, deshalb bin ich bereit, an einem Ort zu bleiben und eine Zeitlang eine Verantwortung zu übernehmen. Ich bin zwischen meinem 13. und 14. Lebensjahr, und ich fühle, dass mein Körper sich verändert. Ich werde nicht mehr länger wie ein Junge aussehen können.*

D: Du wirst es nicht mehr verstecken können.

A: *Nein. Er wusste wahrscheinlich, dass ich mich wieder als die zeigen musste, die ich wirklich bin, folglich ist dies hier nicht nur ein Platz zum Lernen, sondern ein sicherer Platz, wo meine Verwandlung stattfinden kann.*

D: Ja. Wann auch immer er zurückkommt und ihr wieder reist, wirst du es als Mädchen tun.

A: *Und es wird in Sicherheit sein, und ich werde mich gut dabei fühlen. Es wird wahrscheinlich mehr Frauen geben, so wird es mehr akzeptiert.*

D: War das eine Überraschung, am anderen Ort mehr Frauen zu sehen?

A: *Ja. Ich denke, jeder, der offen und aufrichtig ist, wird akzeptiert, aber traditionellerweise werden die meisten Frauen wie meine Mutter erzogen. Anscheinend gibt es hier einige Frauen, die so von ihrem Lebensweg überzeugt sind wie ich.*

D: Ja. Die Mehrzahl der Frauen erhält überhaupt keine Lehren, oder?

A: *Nein, es ist sehr selten, wirklich sehr selten.*

D: Deshalb ist es eine Überraschung, so viele Frauen hier zu finden. Ich nehme an, das macht dem Nazarener nichts aus, oder?

A: *Oh, er umarmt jeden, denn er sieht alles anders. Er betrachtet die Leute als Menschen. Wenn du aus dem Herzen lebst, erweiterst du dein Gewahrsein so sehr, dass du dich als Mann nicht wichtiger fühlst. Du bist so wichtig wie jeder andere. Es kommt nicht darauf an, in welchem Körper man ist. Wichtig ist die Essenz, die durch diesen Körper strahlt.*

D: Das leuchtet mir ein. Nun, versammeln sie sich gerade in einem der unterirdischen Räume?

A: *Er begrüßt jeden. Ich denke, am heutigen Abend möchte er vermitteln, dass er auf dieser Erde wandelt, genau wie wir, in einem Körper aus Fleisch. Und was er jetzt schon ist oder tun kann, sind wir alle oder können wir alle tun. Es kommt nur darauf an, dass wir unser inneres Selbst dafür öffnen, dies bewusst anzuerkennen. Und er glaubt: Wenn man aus dem Herzen lebt und das Bewusstsein hat, dass Gott im eigenen Inneren zu finden ist, der wiederum mit diesem allumfassenden Gott verbunden ist, dann erhebt man sich und gewinnt dadurch ein tieferes Verstehen. Und man wird erkennen, dass man sich selbst und andere heilen kann, sei es im Emotionalbereich oder sonst wo. Er sagt, man wird erkennen, dass diese Möglichkeiten für uns alle bestehen.*

D: Ich nehme an, viele Menschen glauben, dass er der einzige ist, der diese Dinge tun kann.

A: *Immer, wenn er darüber befragt wird, tut er sein Bestes, die Leute verstehen zu lassen, dass er nicht anders als aus dem Gleichen gemacht ist wie sie. Der einzige Unterschied besteht darin, dass er ein Gewahrsein seiner menschlichen Fähigkeiten entwickelt hat – es gibt keine anderen Unterschiede. Er kleidet sich wie der durchschnittliche Mann. Er möchte nichts Besonderes sein. Er möchte, dass die Menschen wissen, dass es wirklich keinen Unterschied gibt, und dass die Gesetze Gottes jeden auf die gleiche Stufe stellen. Das einzig Wichtige ist, aus dem Herzen zu leben und zu dienen und füreinander zu sorgen.*

D: Aber er hatte natürlich eine entsprechende Schulung, wo ihm gelehrt wurde, bewusster zu sein, oder?

A: *Ja, aber durch diese Ausbildung erkannte er, dass alles nicht so geheim gehalten werden sollte, so unverfügbar für einen Durchschnittsmenschen. Er glaubt, dass das nicht richtig ist. Er glaubt, dass die Liebe Gottes und seine Gesetze für jeden da sind, und das genau versucht er zu verbreiten. Ich schätze, er legt einfach aus, was er gelernt hat, so kann er es der durchschnittlichen Person lehren.*

D: Ja, denn viele von ihnen denken, diese Lehren seien nur für wenige Menschen und nicht für jedermann.

A: *Und das hat große Konflikte in anderen Gesellschaftsschichten verursacht. Sie empfinden, dass ihre Macht, ihr Halt ihnen weggenommen wird. Denn wenn der Durchschnittsbürger entdeckt, dass er selbständig denken und seinen eigenen Weg gehen kann in Güte und Rechtschaffenheit, werden die Gelehrten und Politiker den Halt verlieren.*

D: Dann glaubst du, dass manche Priester einige dieser Dinge wissen, sie aber als Geheimwissen behandeln?

A: *Ich denke, das ist möglicherweise der Fall. Ich weiß jedoch nicht, wie sie es interpretieren. Jeder sollte Zugang zu diesem Wissen haben, aber die richtige Interpretation ist wichtig.*

D: Deswegen anerkennen sie das nicht, was er tut. Es ist, wie wenn ihre Geheimnisse jedem offenbart würden. Wahrscheinlich halten sie die durchschnittliche Person für unwürdig, vieles davon zu wissen.

A: *Er erfüllt dich mit solcher Liebe und Zufriedenheit, denn er ist intensiv bestrebt, seine Botschaft herüberzubringen, dass wir alle gleich sind. Wir sind alle hier, um uns gegenseitig zu dienen. Wir sollten einander behandeln, wie wir selbst behandelt werden möchten, und für die da sein, die in wirklicher Not sind.*

D: Stellt einer der Zuhörer Fragen?

A: *Jemand fragte, wenn sie seine Lehren verbreiten und fühlen, dass dies für jedermann und die Durchschnittsperson sein soll, wie können sie sich dann schützen? Wie können sie dies wirklich tun? Es ist schwer, an den Punkt zu kommen, wo man die Furcht überwindet.*

D: Ja, ein sehr menschliches Gefühl. Was sagte er?

A: *Er sprach über Geduld und das Wissen, dass – sofern man nicht in Furcht wandelt – das ewige Licht im Inneren immer heller wird und man von den Fesseln der Furcht vollends freiwerden wird. Aber wir alle müssen diese Entdeckung für uns selbst machen. Und der Weise wird behutsam voranschreiten und vor der Wahrheit und dem Hinausgehen in die Welt keine Angst haben.*

D: Aber das ist eine sehr reale Furcht, denn in dem, was sie versuchen zu tun, liegt Gefahr.

A: *Ja. Aber wenn man achtsam vorgeht und erkennt, dass man um diese Information gebeten wird, dann dringen die Worte langsam ein. Wenn man einmal dieses kleine Leuchten sieht, braucht man nicht einmal Worte, um zu wissen, dass sich etwas verändert. Es scheint, dass die Leute zu einem kommen und fragen. Und durch die Art der Frage wird man erkennen, ob man jemandem nützlich sein kann. Das, an sich betrachtet, ist Teil der nonverbalen Kommunikation, indem man den Leuten zeigt, dass man sich einfühlen kann. Mitgefühl und Hilfe und nichts dafür verlangen – das ist hier gefragt.*

D: Aber ich kann verstehen, warum sie dieses Gefühl von Furcht haben. Fragte noch jemand etwas?

A: Ein Mann sagte, es sei schwer für ihn zu verstehen, wie er ihm gleich sein könne. Und Jesus geht zu ihm hinüber und lässt ihn seine Hände und seinen Körper fühlen, damit er erfährt, dass er aus Fleisch ist. Und zu wissen, dass – wenn das Verlangen und die Absicht da sind (breites Lächeln) ... Oh, es ist schön zu beobachten, denn man kann die Liebe aus seinem Gesicht zu der anderen Person ausströmen sehen. Es ist, als ob das Gegenüber mesmerisiert wäre (nach dem Arzt F. A. Mesmer, man kann auch sagen: magnetisiert wäre), *und dazu braucht es nicht einmal Worte. Der Nazarener gibt zu verstehen: Wenn du diese Gefühle und Offenbarungen an irgendeinem Punkt in deinem Leben erfährst – mag deine Vergangenheit ausgesehen haben, wie sie will – ist es gut so! Es ist gut, denn der Augenblick ist von größter Bedeutung.*

D: Der Mann meinte wahrscheinlich: Wie konnte er Jesus gleich sein, wenn dieser alle die wundersamen Dinge tun konnte?

A: Und er lässt ihn wissen, dass das, was der Nazarener tun kann, auch er tun kann.

D: Das ist schwer zu glauben. Hat er diesen Menschen oder den Leuten in deiner Gruppe gelehrt, wie man diese Heilungen vollbringt?

A: Es gab ein paar Menschen. Aber es ist auch ein sehr langsamer und behutsamer Prozess, denn man muss sich zuerst selbst heilen. Und wenn jemand zu viel Information bekommt, dann funktioniert das nicht so, wie man es sich erhofft hat; in dem Fall wird die Fülle des Gelernten durcheinandergebracht. Es folgt dann ein Rückschritt oder ein Stillstand. Deshalb muss man sehr achtsam sein und die Menschen nur das tun lassen, wofür sie bereit sind.

D: Ja. Wenn man ihnen zu viel gibt, würden sie es ohnehin nicht verstehen.

A: *Und sie könnten sehr frustriert sein. Man muss auch lernen, dass man keine Erwartungen haben darf. Man muss lernen, Vertrauen zu haben. Und es kann auch nicht alles in Worte übersetzt werden.*

D: Ja, das ist wahr. Wenn er sagt, dass man sich zuerst selbst heilen soll, frage ich mich: Was meint er damit?

A: *Er meint: Man muss das Gewahrsein erreichen, dass man dieses Wesen der Vollkommenheit ist. Du bist diese liebende göttliche Essenz. Das ist schwer zu erklären, aber es ist ein allumfassendes Gefühl von Wärme und Liebe und der Erkenntnis, dass es ganz richtig ist, dass du es bist. Du bist vollkommen – so, wie du bist. Hat man diese Art von Verständnis und Liebe aufgenommen (und angenommen), dann kann man sie an andere weitergeben.*

D: Dann ist man also ohne diese Art von Selbstliebe sozusagen nicht fähig, die anderen Lehren oder die Heilungen weiterzugeben.

A: *Ja, denn die Türen öffnen sich erst, wenn man seine eigene innere Heilung gewinnt. Es ist also kein schneller Prozess... üblicherweise.*

D: Hast du schon einmal von etwas gehört, das „Parabel" genannt wird? Hast du gehört, dass er das Wort benützt?

A: *(Lächelt) Diese werden im geschriebenen Wort ziemlich oft gefunden, habe ich mir sagen lassen. Es sind Geschichten, die zwei Bedeutungen haben. Ist es das, wovon du sprichst?*

D: Ich denke schon.

A: *Sie sind so geschrieben, dass man sie wörtlich auffassen kann; daneben gibt es aber auch eine tiefere Bedeutung, wenn man erkenntnismäßig fähig ist, sie zu sehen. Und diese anderen Bedeutungen enthalten eine Wahrheit, eine göttliche Wahrheit.*

D: Du sagtest, sie befinden sich im geschriebenen Wort. Du meinst, in den religiösen Büchern?

A: *Das ist es, was ich von den Lehren meines Vaters im Gedächtnis behalten habe, und von den Texten der Heiligen Bücher, die im Tempel vorgelesen werden. Das ist mir zuerst eingefallen, als du das Wort „Parabel" erwähnt hast.*

D: Hast du es schon einmal im Zusammenhang mit dem Nazarener gehört?

A: *Ich denke... Ich glaube, er hat Parabeln gebraucht, besonders wenn er mit den Priestern, Rabbis oder Regierungsbeamten redete, oder wenn er zu großen Gruppen sprach. Bei solchen Gelegenheiten mag er in diesen „Parabeln" gesprochen haben, einfach, um vorsichtig zu sein oder den Frieden zu bewahren. In kleineren Gruppen aber verwendet er diese Art zu reden nicht, denn er spürt, wenn er aufrichtig gewünscht wird und Menschen wirklich lernen wollen; dann geht er so nah und so einfach wie möglich an das wirklich Gemeinte heran.*

D: Er versucht nicht, ein Geheimnis daraus zu machen?

A: Nein. Nur... oh, es ist schwierig auszudrücken. Wenn er eine Lektion erteilen muss und jemand seinen eigenen Weg gehen muss... Ich schätze, es hängt von der Situation ab. Siehst du, nun denke ich gerade an andere Zeiten, wo ich mich an seine Rede erinnere. Wenn er in einer größeren Gruppe ist, oder wenn die Gruppe ziemlich neu ist, spricht er manchmal in dieser Art; er tut das jedoch nur, damit andere lernen können. Und beim nächsten Besuch oder dem nächsten Mal, wo er ihnen begegnet, diskutieren sie gewöhnlicherweise darüber. Und bis dahin haben sie vielleicht auch ihre eigene Antwort gefunden. So ist es manchmal – schätze ich – ein Mittel, um zu lehren.

D: In dem Fall sagt er ihnen also nicht, was es bedeutet. Er lässt es sie selbst herausfinden.

A: Ja. Ich vermute, das ist manchmal der Fall.

D: Ich dachte, er könnte das in manchen Fällen als Beispiel benützen für jemanden, der es auf keine andere Weise verstehen kann.

A: Ja. Das versuchte ich auch zu sagen. Denn oftmals hören sie seine Worte, und im Lauf der Zeit denken sie darüber nach; und manchmal öffnen sich die Türen, und die volle Bedeutung des Gesagten beginnt allmählich bewusst zu werden. Zunächst sehen sie es nur auf eine Art, und plötzlich wächst dieses Licht, und sie finden Klarheit im Verstehen. – So ist es also ein Werkzeug, um zu lernen.

D: Ich fragte mich, ob er manchmal Geschichten erzählt, um einen gewissen Punkt zu illustrieren, oder um den gewöhnlichen Menschen das Verständnis zu vereinfachen.

A: Manchmal, ja.

D: Spricht er zum gewöhnlichen Volk auf der Straße, oder ist es meistens in diesen Gruppen?

A: Er weist niemanden ab. Er grüßt gewöhnliche Leute auf der Straße. Wenn er angesprochen wird, antwortet er. Aber er hat ein untrügliches Empfinden; er weiß, wann es gut ist zu lehren und wann er sich dabei sicher fühlen kann.

D: Das ist es, was ich gern wissen wollte – ob er jemals Fremde auf sich zukommen sah, die wissen wollten, was das alles bedeuten soll.

A: *Er beantwortet ihre Fragen und stößt niemanden weg.*

D: Aber die Mehrzahl der Menschen, mit denen er spricht, sind solche, die wissen, was er tut.

A: *Ja. Denn er spürt: Wenn er mit diesen Leuten arbeitet, werden sie die Lehren auf dem direktesten Weg lernen und sie weitergeben. Man kann dieses Wissen jedoch niemandem aufzwingen. Deshalb macht er die Reisen. Aber wie ich sagte, er lehrt ständig, denn er weist niemanden ab. Er spricht mit solchen Menschen auf der Straße. Aber es ist anders, als wenn er mit jenen zusammen ist, von denen er weiß, dass sie wirklich hungrig und bereit für seine Lehren sind und fühlen, dass das auch ihr Weg ist. Die Menschen gelangen darüber zu ihrer eigenen Gewissheit.*

D: Nun, die Leute, die er aussendet – wie in dem ersten Dorf am See – um die Botschaft zu verkünden, gehen sie einfach zu den gewöhnlichen Menschen, oder? …

A: *Diese Leute… er schickt sie in die Richtung, wo sie gebraucht werden. Es ist nicht so, wie wenn er ein Befehlshaber oder General wäre. Diese Leute treffen auch ihre eigenen Entscheidungen. Sie spüren klar ein Bedürfnis in sich, anderen zu helfen. So begeben sie sich auf ihre eigenen Reisen und setzen sein Werk fort, weil er ja nicht überall sein kann. Sie finden also selbst heraus, wo sie gebraucht werden. Menschen schließen sich zusammen. Und durch Boten machen diese Menschen ihre eigenen Reisen dahin, wo sie am meisten von Nutzen sein können oder gebraucht werden.*

D: Gerade das versuchte ich zu verstehen. Sie gehen nicht hinaus und werben Leute an oder suchen neue Leute?

A: *Nein, so geschieht das nicht. Er arbeitet nicht mit Druck (lächelt). Er hebt keine Rekruten aus. So geht die Botschaft hinaus in die Welt, ohne irgendwelche Probleme. Es scheint, dass die Menschen einfach Verbindung miteinander aufnehmen, und so verbreitet sich das Wort.*

D: So funktioniert das. Sie erzählen es ihren Freunden weiter oder jedem, von dem sie glauben, dass er interessiert ist.

A: *In anderen Fällen hören sie von einer Notlage. Sie gehen dahin, wo niemand sonst hingehen würde. Das gehört auch dazu.*

D: Gut. Ich versuchte nur zu verstehen, wie das alles funktioniert. – Geschieht noch etwas anderes bei der Versammlung an diesem Abend?

A: Nein. Er beantwortet hauptsächlich Fragen und spricht, und er findet heraus, wo er im Dorf gebraucht wird. Morgen – wie es scheint – wird er mit verschiedenen Menschen Kontakt aufnehmen. Ich denke, wenn er seine Arbeit in dem Dorf getan hat, wird er weiterziehen. Er wird so lange da sein, wir es eben dauert, diejenigen im Dorf zu besuchen, die er sehen will. Das braucht wahrscheinlich nicht mehr als den Rest des Tages.

D: Dann wirst du im Haus von Abram bleiben. Weißt du, wie lange es dauern wird, bis er wieder zurückkommt?

A: Ich bin mir über die genaue Zeitdauer nicht sicher, aber es könnte einige Monate sein. Ich spüre, dass ich an einem Ort sein muss, um hier nützlich zu sein und mich einzubringen.

D: Lass uns weiter in der Zeit gehen, bis er dich hier verlässt. Geschah etwas Außergewöhnliches, während er hier in diesem Dorf war?

A: Er vollbrachte Heilungen, aber nichts Außergewöhnliches (lacht). Es waren nur die alltäglichen Wunder.

D: Waren es Leute in der Gruppe, die krank waren, oder brachten sie Leute zu ihm, oder was?

A: Oh, sie arrangierten verschiedene Hausbesuche für ihn, wo seine Anwesenheit erwünscht ist. Es waren ja auch nicht alle bei dem Treffen dabei.

D: Gab es eine spezielle Form von Krankheit, die er heilte?

A: Es gab eine Krankheit des... ich weiß nicht, wie ich es sagen soll... des Kopfbereichs. Eine Frau hatte schreckliche Schmerzen, wie wenn sie in einem Schraubstock stecken würde. Und man sah eine Schwellung, eine Beule auf ihrem Kopf. Und er befreite sie davon. Und sie... es war das Gleiche. Das gleiche goldene Leuchten um seinen Kopf und sein Herz und seine Hände. Und in seinem Gesicht war so eine Sanftheit. Sie konnte es sofort spüren. Und es waren Leute da, die das Ereignis sahen. Es ist schwierig zu glauben, aber es ist ein Geschenk Gottes.

D: Und die Schwellung ging zurück, und der Schmerz hörte auf?

A: Ja. Sie hatte nur sterben wollen. Sie hatte darum gebeten, sterben zu dürfen. Aber ihre Zeit war noch nicht gekommen. Und er konnte ihr helfen.

D: Ja, das ist ein Wunder. Aber – wie du sagtest – du siehst so viele davon.

A: *(Lächelt) Aber diese anderen Dinge… er begegnete jedem, der ihn brauchte, und er hatte noch eine weitere Versammlung, bevor er gehen wollte. Und er (lächelt) kam herüber, um einen Besuch in Abrams Haus zu machen. Und ich empfinde einfach… (tiefer Seufzer) so viel Liebe zu ihm. Er legte seine Hände auf meinen Kopf und mein Gesicht und sagte mir, dass ich Naomi sein sollte und dass ich nichts zu fürchten brauchte. Dass ich immer mit ihm gehen würde. Und ich würde viele wertvolle Lektionen lernen und hier einen liebevollen Dienst tun. Er gab mir eine wundervolle Umarmung, und er küsste mich auf die Stirn. (Traurig, fast weinend:) Es ist schwer, ihn weggehen zu sehen, aber ich weiß, hier ist der Platz, wo man mich erwartet.*

D: Aber er wird zurückkommen. Das ist wichtig. Er wird zurückkommen und dich holen. Vielleicht geht er auch in eine Gegend, die rau und schwierig zu durchqueren ist. Er denkt an dein eigenes Wohlergehen.

A: *(Schnieft) Ja, kann sein.*

D: Zumindest weißt du, dass es ganz richtig ist, hier zu sein, und du wirst das tun, was er möchte. Und er wird zurückkehren. Du sagtest, dass er dann vermutlich zurück nach Jerusalem gehen würde?

A: *Es scheint, dass er am Ende jeder Reise diesen Weg zurückgehen muss. Und so geht er schließlich zurück nach Jerusalem und zu den Menschen, die er dort sehen muss. Er wird auch seine Familie besuchen.*

D: In Nazareth? Kannst du mit ihm dorthin gehen?

A: *Ich weiß nicht, ob es klappt, aber vielleicht.*

D: Hast du einmal jemanden von einem Mann namens „Johannes der Täufer" sprechen gehört?

A: *Johannes…? (Pause)*

D: Das ist ein anderer Johannes. Er ist vielleicht unter einem anderen Namen bekannt.

A: *Ich denke… dieser Mann war am See. Mir ist nicht bekannt, dass er immer mit ihm ist, aber der Name klingt mir vertraut. Es war ein Mann namens Johannes, als wir am See Genezareth und in dem kleinen Dorf dort waren. Und als wir uns im Wasser reinigten... sagte er, das sei für den Körper und den Geist. Das könnte der Mann sein, von dem du sprichst.*

D: Dies war der Mann, der das tat?

A: Ja. Er hatte ein Ritual... ein symbolisches Reinigungsritual. Aber es war nicht für uns alle. Es waren ein paar Leute. Aber ich denke, er wurde... ich weiß nicht... „Johannes des Wassers" genannt. Und es war das Ritual der geistigen Reinigung.

D: Was für eine Art von Ritual war es?

A: Ich denke, es war ein Ritual für jene, die die Lehren Jesu eine Zeitlang befolgt hatten. Es bestand darin, im Wasser unterzutauchen, und wenn man wiederauftauchte, sprach er eine Art von Segen. Und durch die symbolische Reinigung mit den Wassern des Geistes brachte das Ritual zum Ausdruck, dass man sich Gott weihen und den Weg der Lehren gehen wollte.

D: Und dieses Ritual wird normalerweise nicht durchgeführt?

A: Ich hatte davon gehört. Dies war das erste Mal, dass ich es gesehen hatte.

D: Gibt es weitere Rituale, die der Nazarener mit der Gruppe durchführt?

A: (Pause) Nicht mit der großen Gruppe, nicht mit der neuen Gruppe. Aber er hat eine Art, zu sprechen und seine Hände zu benutzen... Wenn wir in stillem Gebet saßen, um uns auf etwas zu konzentrieren, konnte man einen Unterschied sehen und fühlen. Ich weiß nicht, ob es das ist, was du meinst. Ich kann mir nichts anderes denken.

D: Ich dachte daran, dass sie manchmal im Tempel Rituale und Zeremonien durchführen.

A: Oh, wie die mit den Kerzen und den Heiligen Büchern und den Feiertagen? Nein. Ich schätze, das symbolische Wasserritual war eines der ersten. Aber wenn ich den Nazarener sprechen sehe, versucht er es gewöhnlich auf einer Ebene zu halten, wo es keine Trennung gibt. Wenn er also etwas tut, versucht er, alle anwesenden Menschen mit einzuschließen. So hat er kein Ritual, nur stilles Gebet und... die Art, wie er um die Führung Gottes bittet.

D: Ich vermute, Zeremonien und Rituale würden ihn von der normalen Person trennen. Ich war neugierig, ob er etwas tat in der Art, wie es die Tempel-Priester tun würden. Aber da gibt es nichts Derartiges.

A: Nein. Er bemüht sich, seine Versammlungen mehr wie eine Bruderschaft, eine Gemeinschaft zu gestalten, wo niemand höher steht als der andere. Er sitzt auf der gleichen Ebene und versucht, die Menschen auf einer gleichen Ebene zu halten.

D: Gut. – Ist es in Ordnung, wenn ich wiederkomme und mit dir spreche und diese Geschichte weiterverfolge? Ich bin sehr interessiert daran, was sich ereignet.

Naomi gab mir die Erlaubnis, wiederzukommen und die Geschichte ihrer Verbindung mit Jesus weiterzuverfolgen; dann brachte ich Anna zurück in ihr normales Wachbewusstsein. Sie nahm ihr normales Leben wieder auf und passte sich an ihre weltlichen Angelegenheiten an, während ihr bewusster Verstand die andere Geschichte, die sich vor so vielen Jahren entfaltet hatte, nicht für möglich hielt.

Während dieser Sitzung fühlte ich, dass mir durch diese einzigartige Methode der Geschichtsforschung ein seltenes Privileg gestattet war, an einer der Versammlungen Jesu teilzunehmen. Ich fühlte mich gegenwärtig unter denen, die vom Meister lernten, und ich konnte sehen, wie diese Lehren radikal anders als die orthodoxen Lehren seiner Zeit waren. Es war offensichtlich, dass es für diese frühen Anhänger großen Mutes bedurfte, ihm zu folgen; denn damit war erhebliche reale Gefahr verbunden. Aber ich konnte auch die charismatische Fähigkeit sehen, die er ausstrahlte, um ihre Ängste zu beruhigen. Ich konnte die Qualitäten fühlen, die er besaß und die so viele Menschen inspirierten, ihm zu folgen, sodass sie mehr von seinen ungewöhnlichen Lehren aufnehmen konnten. Sie waren ungewöhnlich, ja, aber sie schienen eine Leere in ihrem Leben zu füllen, die durch die traditionellen Lehren der Rabbis ihrer Tage nicht gefüllt wurde.

Ich begann, den wirklichen Jesus kennenzulernen.

Kapitel 9:

Eine Vision vom Tod Jesu

Einige Monate vergingen (von März bis Ende November), bis wir wieder die Geschichte von Naomis Verbindung mit Jesus weiterverfolgen konnten. Anna betreibt ein Frühstückshotel in ihrem Haus, und während der Touristensaison war sie überschwemmt mit Gästen. So mussten wir die Sitzungen bis nach dieser Geschäftsphase verschieben, weil es keinen privaten Raum gegeben hatte. Als wir schließlich eine Sitzung arrangieren konnten, benützte ich ihr Schlüsselwort, und wir kehrten zu jener Zeitperiode zurück, wie wenn es keine Unterbrechung gegeben hätte.

Als wir das letzte Mal mit Naomi gesprochen hatten, blieb sie in einer kleinen Stadt zurück, um Jesu Rückkehr zu erwarten. Ich wollte diese Geschichte von diesem Zeitpunkt ab fortsetzen. Dabei entdeckte ich, dass auch für Naomi die Zeit vergangen war.

D: Du kehrst gerade zu der Zeit zurück, als du bei einem Freund zurückgelassen wurdest, während der Rest der Gruppe seine Reisen fortsetzte. Ich werde auf drei zählen, und wir werden dort sein. Eins… zwei… drei… wir sind zurückgegangen in die Zeit von Naomi. Was tust du? Was siehst du?

A: Ich sehe, dass der Nazarener in das Dorf zurückkehrt. Und ich bin von großer Freude erfüllt. Ich hoffe, dass er sich über meine Weiterentwicklung freut.

D: Bist du schon lange hier?

A: Etwa drei Monate.

D: Du wohnst bei einem Freund von ihm, stimmt das?

A: Ich bin bei der Familie untergebracht, die mir in meiner Ausbildung helfen und mich die Wege lehren sollte, nach denen ich suchte. Dies ist das Haus von Bendavid. Und oh, es ist so viel geschehen… (sie wurde emotional, fast weinte sie) und… oh, ich habe mich so sehr verändert.

D: In welcher Richtung? Kannst du es mir mitteilen?

A: (Traurig) Ich… ich bin überwältigt von so vielen Gefühlen, aber… ich habe viel Praktisches über das Heilen gelernt, und darüber, wie ich meinen Mitmenschen dienen kann. Ich wurde in den Methoden des Nazareners ausgebildet. Und ich bin auch aufgewacht und sehr nah an die Erfahrung von Liebe gekommen, von der ich dachte, dass sie nicht für mich sein sollte. Das fand sich überhaupt nicht in meinen Plänen.

D: Damit hast du nicht gerechnet.

A: (Schniefend) Nein. (Sie wurde so emotional, dass sie kaum noch sprechen konnte). Ich sehe jetzt auch so vieles klar. Die Gefühle kommen teils von der Klarheit, teils vom Schmerz (weint). Denn wenn ich den Nazarener anschaue, sehe ich dieselbe Ausstrahlung des goldenen Lichts aus seinem Herzzentrum und um seinen Kopf. Aber ich weiß… Ich kann sehr klar in die Zukunft sehen. Und… (ihre Stimme brach) es ist sehr schwer, darüber zu reden.

D: Meinst du deine Zukunft?

A: Ich sehe mehr von seiner Zukunft.

D: Du meinst, es verursacht dir Schmerz, ihn anzuschauen?

A: Ja, ja.

D: Lehrten sie dich diese Fähigkeit, die Zukunft zu sehen, während du hier warst?

A: Nein. Das habe ich von Leuten gehört, die darüber gesprochen haben (über diese Fähigkeit); aber ich spürte nicht das Bedürfnis, jemandem zu erzählen, dass ich diese Visionen habe. Ich habe sie nicht sehr oft, aber ich habe sie. Ich denke, wenn ich richtig sehe, wie er das Dorf betritt und das Licht um sich hat, kann ich auch zukünftige Ereignisse als Bild vor mir sehen. Und das geschieht nicht sehr oft, und ich habe davon noch nicht gesprochen. Ich muss mit dem Nazarener sprechen, denn ich weiß, dass ich sein volles Vertrauen genießen kann, und er wird mir zuhören und glauben. Im Haus von Bendavid werde ich zwar wie ein Familienmitglied behandelt, aber es ist alles noch zu neu. Ich bin nicht schneidig genug, überhaupt über diese Dinge zu reden (schnieft).

D: Ja, ich verstehe. Planst du, dem Nazarener zu erzählen, was du siehst?

A: *Ja, wenn es angebracht ist.*

D: Möchtest du es zuerst mit mir teilen?

A: *Nein. Ich warte am besten. Es ist einfach so, dass so vieles gelaufen ist, und solange ich ihn nicht sah, erkannte ich nicht, wie stark ich mich verändert hatte, auch die Gefühle nahm ich nicht so wahr, mit denen ich während dieser vergangenen Monate erfüllt war. Solange ich in der täglichen Routine steckte und lernte und wuchs und all das tat, was von mir verlangt wurde, schien die Zeit schnell zu vergehen. Ich hatte nicht wirklich Zeit, mich zurückzulehnen und das alles zu betrachten. Aber es kam alles an die Oberfläche, als ich ihn sah, denn ich wusste, er würde hinsitzen, und ich würde ihm alles erzählen müssen.*

D: Vielleicht war das einer der Gründe, warum er wollte, dass du hier wohnst.

A: *Ja. Er musste wissen, ob ich mir meines Engagements sicher war. Ich glaube, er wollte mir eine Chance geben zu wechseln, wenn ich es so wählen würde, was er mit viel Liebe und Verständnis akzeptieren würde.*

D: Du sagtest, dass die Leute, bei denen du wohnst, Freunde des Nazareners sind?

A: *Ja. Dieses Dorf besteht aus Leuten, die an seine Lehren glauben. Sie wollen ihren Glauben in die Tat umsetzen, indem sie wirklich dienen und andere behandeln, wie sie selbst behandelt werden wollen, und im Licht Gottes wandeln.*

D: Und sie sollten dich einiges lehren, während du hier warst?

A: *Ich sollte die Philosophie lernen. Ich sollte lernen, wie man für Menschen und ihre Bedürfnisse sorgt, und auf jede mir mögliche Weise zu Diensten zu sein. Ich habe Zeit verbracht mit den Älteren in diesem Dorf, ich habe den Waisenkindern geholfen und ihnen meine Zeit gewidmet. So wurde ich ausgebildet darin, der Menschheit in allen Bereichen durch wahre Liebe und Brüderlichkeit zu dienen.*

D: Wo erhielten diese Leute ihr Wissen? Wurden sie von jemand belehrt?

A: Sie wurden von dem Nazarener belehrt. Diese Menschen sind von verschiedenen Dörfern und Städten gekommen und schufen ihre eigene Gemeinschaft. Es waren diejenigen, die sich in geheimen Schutzräumen unter ihren Häusern treffen mussten, denn es wurde nicht akzeptiert, dass sie ihren Glauben lebten.

D: Dann hast du also gern hier gelebt?

A: Ja. Ich fühlte mich erfüllt. Ich finde nur schwer Worte dafür, denn die Emotionen werden so übermächtig. Ich wurde auf vielerlei Arten geprüft. Aber ich weiß, dass mein wahrer Dienst, mein Lebensgrund hier und jetzt darin besteht, so viel wie möglich zu lernen und dieses Wissen über die anderen, denen ich diene, weiterzugeben. Und dass die Liebe, die ich entdeckt habe, darin besteht, gegenseitig zu lernen und aneinander zu wachsen. Das alles kann meiner Erfahrung nach möglich sein.

D: Du erwähntest, dass du Liebe gefunden hast, und das hattest du nicht erwartet?

A: Nein. Ich verließ das Haus meiner Eltern, um mit dem Nazarener zu gehen. Erinnere dich, als ich jünger war, war es mir erlaubt, das zu tun, denn ich konnte mich als Junge verkleiden. An der traditionellen Heirat war ich nicht interessiert. Ich fand so viel Leere in den normalen, gesellschaftlich akzeptierten Lebensweisen, dass meine Eltern und der Nazarener meine Entscheidung annahmen. Sie waren möglicherweise sehr überrascht, als ich weitermachte. Und als ich mich nicht mehr länger als Knabe verkleiden konnte, wurde ich in diesem Dorf zurückgelassen, wo ich sicher sein würde. Hier konnte ich wachsen und lernen und hatte eine sichere, verbindliche Aufgabe.

D: Aber du sagtest, dass er auch andere Frauen um sich hatte.

A: Ja. Und es gab auch Familien, die dieses Leben des Dienens und der Wahrheit mitmachten. Es gab verschiedene Frauen, die freiwillig mitarbeiteten und halfen, die Schmerzen der Kranken zu lindern, als niemand sonst mit ihm gehen wollte. Frauen wurden auch deshalb akzeptiert, weil sie Kenntnisse im Heilen hatten, oder sie kannten sich aus in Bereichen, wo sie sich nützlich machen konnten.

D: Ich fragte mich, warum er dich nicht mitnehmen wollte, nachdem es offenbar wurde, dass du eine Frau bist.

A: Ich denke, es war die Verbindung zu meiner Familie ... und ich war so jung. Ich war ... noch nicht dreizehn Jahre alt. Ich war mir so sicher über den Weg, den ich gehen sollte, dass ich glaube, es überraschte sie alle. Ich war so stark darin, dass ich auf jeden Fall abreisen und weggehen wollte, weil es sich so richtig anfühlte. Meine enge Verbindung mit der göttlichen Quelle brachte in mir immer dieselben Antworten hervor, und deshalb machte ich mich auf den Weg. Eine so ernsthafte Haltung in so einem jungen Ding zu finden, war für sie sehr ungewöhnlich, besonders auch, weil es nach jüdischer Tradition nicht der weiblichen Rolle entspricht. Deshalb – glaube ich – war er einfach sehr vorsichtig.

D: Er ist sehr weise in diesen Dingen. Aber du sprachst über Liebe. Meinst du damit, dass du dich zu einem Mann hingezogen fühlst?

A: Ja (tiefer Seufzer). Es ist... es ist sehr schwer, Worte dafür zu finden. (Wieder traurig:) Ich war mir so sicher, dass ich diesen Pfad gehen sollte, und dass ich nie Liebe dieser Art kennenlernen sollte, denn ich war so fest überzeugt über meinen Lebenszweck. Ich konnte mir nie vorstellen, dass ein Mann mich jemals berühren würde und dabei noch gleichzeitig spirituell und liebevoll sein könnte, der mich als eine Ebenbürtige behandeln und mich wirklich mögen würde. Ich denke, er wurde mir so teuer, weil er Teil des Haushalts ist, in dem ich gearbeitet habe. Er half bei meiner Ausbildung, und er achtete mich als Gleichwertige. In mir wuchs die Liebe zu ihm... stärker als eine Liebe, die man einem Bruder gegenüber fühlen würde. Ich wusste nicht einmal, dass ich diese Gefühle haben könnte. Und er glaubt weitgehend so wie ich (wieder war sie kurz vor dem Weinen). Aber ich kann mir nicht vorstellen, wie das jemals sein könnte.

D: Wie heißt dieser junge Mann?

A: Er heißt Abram (mit einer Betonung auf der ersten Silbe).

D: Ist Bendavid sein Vater?

Ich hatte entdeckt, während ich für das Buch JESUS UND DIE ESSENER nachforschte, dass „Ben" vor einem Namen „Sohn von" bedeutete.

A: Dies ist also Abram Bendavid.

D: Und er lebt im gleichen Haus. Was für ein Leben führt er?

A: Er hilft bei allem, was im Dorf getan werden muss, beim Reparieren der Gebäude. Und er kennt sich in der Landwirtschaft und bei Bewässerungssystemen sehr gut aus.

D: Das klingt so, als sei er sehr intelligent.

A: Ja. Jeder hat praktische Verpflichtungen, und es geschieht großes intellektuelles und spirituelles Wachstum. Jeder wird ermutigt, so viel wie möglich zu lernen; so kann man materiell unabhängig sein, und jeder kann einem Zweck dienen und den anderen helfen.

D: Fühlt Abram auch so wie du?

A: (Sanft) Ja. Aber er ist bereit zu geduldigem Abwarten. Er wird meine Entscheidungen akzeptieren, denn er weiß, wie engagiert ich bin. Und wie im Lauf der Zeit Klarheit kommen wird und ich wirklich meine Bestimmung kennenlernen werde.

D: Hat er erwähnt, dass er dich heiraten möchte?

A: Er hat von Heirat gesprochen, aber ... (sie wurde sehr emotional, und Tränen flossen über ihre Wangen) ich fühle einfach, es ist unmöglich. Denn ich kann nicht ... ich kann mich nicht für beides verpflichten, und es zerreißt mich.

D: Das mag der Grund gewesen sein, warum der Nazarener wollte, dass du hier eine Zeitlang wohnst. Er wollte, dass du dir ganz sicher bist. Aber es mag einen Weg geben, beides miteinander zu vereinbaren. Man kann nie wissen. (Ich versuchte, ihre Gefühle in eine positive Richtung zu lenken).

A: (Tiefer Seufzer) Ich weiß nicht.

Ich wollte das Thema wechseln, da es sie so sehr aufwühlte.

D: Du sagtest, dass der Nazarener ins Dorf zurückgekommen sei. Sind andere bei ihm?

A: Ja, eine kleine Gruppe ist bei ihm.

D: Was sind deine Pläne?

A: Ich werde tun, was auch immer er von mir wünscht. Ich bin mir nicht sicher, ob die Zeitphase meiner Ausbildung in diesem Dorf vorüber ist oder ob ich noch weiter bleiben soll. Ich weiß, dass ich hier weiterhin nützlich sein könnte, und dass ich gebraucht werde. Aber in meinem Inneren spüre ich, dass ich eher für eine Pilgerschaft bestimmt bin, was bedeutet: von Ort zu Ort zu reisen, anderen zu helfen und das Wissen weiterzugeben. Aber es liegt am Nazarener, mir das zu sagen.

163

D: Er hat ohnehin mehr Einsicht in die übergeordneten Zusammenhänge. Hast du vor, dir etwas Zeit mit ihm allein zu nehmen?

A: *Ja, das wird nötig sein. (Sie begann wieder zu weinen).*

D: Du sagtest, dass du mit ihm über deine Vision sprechen wolltest. Hast du das vor, wenn du allein mit ihm bist? (Sie schniefte und schluchzte wieder und antwortete nicht). Gut. Lass uns weitergehen zu dem Zeitpunkt, wo du die Gelegenheit hast, mit ihm privat zu sprechen, und erzähle mir, was geschieht. Hattest du Zeit mit ihm allein?

A: *Ja. (Sie weinte wieder. Es war schwierig für sie zu sprechen).*

D: Was ist?

A: *Es sind verschiedene Gefühle. Ich fühle große Freude, wieder bei ihm zu sein. Und dieses Gefühl ist so total überwältigend, dass keine körperliche Art von Liebe mich je in der Weise erfüllen könnte. (Traurig). Ich weiß jetzt also, dass diese Liebe des Geistes und des Dienens die einzige Wahrheit ist, die es für mich gibt.*

D: Dies sind wirklich zwei gegensätzliche Dinge… auf jeden Fall sind sie verschiedenartig.

A: *(Sie sprach mit traurigem Gefühl:) Nicht für mich. Nicht für das, was ich für mich erkenne. Aber ich sage ihm, dass ich, wie schon zuvor, das ausstrahlende Licht um ihn gesehen hätte, als ich ihn in das Dorf gehen sah. Das goldene Glühen um das Herzzentrum und um seinen Kopf. Und ich sagte ihm, dass… (sehr bewegt) ich wusste… den Schmerz. Ich fühle den Schmerz. Denn ich weiß, dass er seinen Weg in Wahrheit und Liebe gegangen ist, im Bemühen, das Licht zu verbreiten und ein Beispiel zu sein für das, was Mitmenschlichkeit sein kann. Und ich weiß, dass er… verletzt worden ist. Ich sehe, dass sein Herz sehr zerrissen ist. Denn ich sehe… (ihre Stimme brach) seinen physischen Weggang. Ich weiß, dass er hierhergekommen ist, um zu dienen. (Sie weinte, und es war schwierig für sie, Worte zu bilden) … Aber ich sehe auch, dass es so viele gibt, die nicht glauben können. Sie sind so sehr mit Furcht erfüllt, dass… sie sicher gehen wollen, dass er nicht sehr lange lebt.*

D: War die Art seines Todes ein Teil der Vision, die du sahst? Ist es das, was du meinst?

A: *(Traurig) Ich sah einfach, dass es geschah. Ich weiß nicht, was genau geschieht, aber ich sah, wie er seinen physischen Körper verließ. Und ich weiß, das bedeutet, ... dass es seine Zeit ist weiterzugehen.*

D: Du meinst, du sahst nicht, wie es geschah? Du sahst nur, dass er sterben wird?

A: Ja, denn er kam und diente seinem Ziel. Er durchwanderte das Land und verbreitete die wahre Philosophie der Menschheit, dadurch, dass er Gott und Liebe und Licht sprechen ließ. Er hat zu lehren versucht, dass wir alle Brüder und Schwestern sind. Wir sind alle eine Familie. Und er hat so viel getan, wie er konnte. Er weiß, dass es eine Minderheit gibt, die die Lehre weitertragen wird. Aber seine Zeit aufzusteigen ist nahe, da hier taube Ohren und dunkle Herzen sind. („Aufsteigen" ist hier wörtlich übersetzt und meint: in die geistige Welt hinübergehen oder sterben. In einem weiteren Sinne kann es sich hier aber tatsächlich um den Aufstieg handeln). *Seine weitere physische Gegenwart ist bedeutungslos.*

D: Was sagte er, als du ihm erzähltest, was du gesehen hattest? Glaubte er dir?

A: Als ich ihm erzählte... (ihre Stimme brach wieder), kam es nicht sehr leicht aus mir heraus. (Schluchzt). Ich fühlte mich sehr verwirrt, weil niemand mir gesagt hatte, dass mir solche Dinge einmal passieren würden (in die Zukunft sehen). *(Weint). Und ich kannte mich nicht aus. Ich hatte keine Kontrolle. Es bereitete mir Sorge, so zu fühlen. Und ich hatte das Bedürfnis, es ihm zu erzählen, weil ich wusste, dass dieser liebe, reizende Nazarener mich verstehen und lieben und wissen würde, dass ich aus dem Herzen und in der Wahrheit spreche. (Sanft) Und er berührte mein Gesicht und sagte mir, dass ich mich nicht ängstigen müsste, denn durch seine Liebe würden wir immer verbunden bleiben. Er sagte, dass meine Vision klar sei und ich sie nicht fürchten solle. Aber ich solle sie achten und die Bilder sehr klar und deutlich anschauen und mir dabei Zeit lassen, damit ich sie nicht verzerren würde, denn sie seien wirklich Gotte Worte, die sich über meine Augen offenbaren würden. Er sagte, ich würde sehen, was wahrhaftig sein Aufstieg sei, und das sei sein nächster Schritt. Und wie es auch nach außen hin erscheinen möge – er habe seinen Dienst auf dieser materiellen Ebene vollbracht. Er könne hier nicht weitergehen, und die Handvoll Leute, die die Wahrheit des Lebens aufnahmen, würden durchhalten. Aber es gäbe so viel*

165

*Dunkelheit, dass er auf anderen Ebenen gebraucht würde, um
sein Werk fortzusetzen.*

D: Dann waren deine Visionen für ihn keine Überraschung.

*A: Nein. Er hörte zu und verstand mich und nahm an, was aus meinem
Herzen kam. Er sagte mir, ich solle in Liebe weitergehen und dem
Pfad des Lichts folgen und gegen die Furcht ankämpfen. Es sollte
keine Furcht geben, denn Furcht (Angst) schafft die Dunkelheit
im Menschen. Die einzige Wahrheit ist die Liebe und das Licht.*

D: (Diese ganzen Gefühlserregungen waren auch für mich schwierig).
Ich bin wirklich froh, dass du es ihm gesagt hast, so kennt er deine
Gefühle. Hast du ihm auch über deine Liebe zu Abram erzählt?

*A: Ja. Aber als ich ihn wiedersah, wurde ich mit so viel Klarheit und
Sinn erfüllt, dass ich wusste, was meine Bestimmung ist, sogar
bevor ich überhaupt etwas sagte. Aber er verstand und ließ es zu,
dass ich solche Gefühle erfuhr. Mein Teil war ein Engagement,
das weiterwachsen würde, solange ich meine Prüfungen
annehmen und rechtschaffen bleiben würde. Er sagte, es sei in
Ordnung, wenn ich meinen Pfad wechseln wollte, solange ich ihn
in Liebe und Wahrheit gehen würde. So nötigte er mich, jede
Emotion zu erfahren, und wenn ich mich für jenen anderen Weg
nicht entscheiden würde, wäre auch dies ein Teil meiner
Initiation.*

D: So überlässt er es immer noch dir zu entscheiden, oder?

*A: Ich habe die Entscheidung getroffen. Sie wurde in meinem eigenen
Herzen und Geist getroffen, bevor sie je in Worte gefasst war – in
dem Augenblick, als wir uns hier zum ersten Mal trafen und
miteinander sprachen. So habe ich mich also entschieden, und ich
werde mit ihm wandern oder bleiben. Mein einziges Bestreben ist
zu dienen, sodass auch ich aufsteigen möge und meine
Verbindung und mein Wachstum auf dieser nächsten Ebene
wieder neu beleben möge.*

D: Sagt er dir, was seine Pläne für dich sind?

*A: Ich erhielt die Antwort, dass ich in dem Dorf bleiben solle, und
wenn ich Vertrauen und echte Sensibilität haben würde, dann
würde es sehr klar werden, wo ich als nächstes gebraucht würde.*

D: Dann möchte er im Augenblick nicht, dass du mit ihm gehst?

*A: Nein. Ich fühle mich sehr stark. Ich fühle mich sehr gut, was meine
Entscheidung betrifft. Ich brauchte seine Beratung, denn ich
musste Klarheit gewinnen. Und ich musste wissen, dass meine*

Visionen und meine Gefühle aus dem Licht und der Liebe kamen und nicht aus der Dunkelheit. Er gab mir die Versicherung, dass – solange ich die Wahrheit und Rechtschaffenheit suchen würde – die Angst und Dunkelheit niemals die Kontrolle gewinnen würden.

D: Dies sind sehr wichtige Emotionen, sehr wichtige Gefühle. Ich denke, es ist gut, dass du alle diese Dinge bewältigst. Aber das bedeutet auch, dass du weiterhin Kontakt mit Abram haben wirst.

A: *Ja, aber es wird nun viel einfacher sein, denn ich kenne meine Mission. Ich weiß, dass ein Großteil meines Lebenssinns darin besteht, zu lernen, zu heilen und die Schmerzen der Leidenden zu lindern. Ich werde wieder zum Dorf der Aussätzigen gehen, zu den Kranken, und ich werde stark und gesund sein. Denn man erwartet von mir, dass ich die Last und den Schmerz der Kranken und vor Schmerz Wahnsinnigen erleichtere. Und ich muss mit den Waisen arbeiten, die dringend meine Liebe brauchen. Dies sind Ziele der Wahrheit, der Liebe und des Lichts. Und es sind die meinen.*

D: Können die Jünger des Nazareners ihre eigenen Reisen fortsetzen?

A: *Wir gehen gewöhnlich in Gruppen. Es wäre ungewöhnlich für jemanden, eine Strecke ganz allein zu reisen.*

D: Dann meinst du, dass du und ein paar andere zu dem besagten Dorf der Aussätzigen zurückkehren werden… ohne den Nazarener?

A: *Ich habe das Gefühl, dass ich nur sehr wenige… (ihre Stimme brach, und sie begann zu weinen) Kontakte mit dem Nazarener haben werde… auf der physischen Ebene. Aber er versprach, dass der Kontakt immer da sein werde.*

D: Ist das eines der Dinge, die er von dir will? Zu diesen Plätzen zurückzukehren und dort zu bleiben, sogar ohne ihn, und das Werk fortzusetzen, das er begonnen hatte?

A: *Das sagte er nicht. Dies entspringt meinem Gefühl; es wird durchwegs meine Lebensaufgabe sein. Ich empfinde, das ist eines der Dinge, die klar werden. Und – wie er sagte – ich werde meinen Weg und meinen Daseinszweck erkennen, so wie sie sich entfalten. Ich spüre deutlich, dass das auf mich zukommen wird.*

D: Hast du irgendeine Furcht, dass sich die Krankheit von diesen Leuten auf dich übertragen könnte?

A: *Nein. Ich war ja schon dort. Ich habe das Gefühl, dass – wenn man nicht in Furcht lebt – man gesund an Geist, Seele und Körper bleiben wird. Furcht erschafft alle Krankheiten und Nöte, ob man sich dessen bewusst ist oder nicht.*

D: Das ist eine interessante Idee. Hat er dich das gelehrt, dass Furcht Krankheiten erzeugt?

A: *Ja, es gab oft Gelegenheit, in meinen jüngeren Jahren, im Dorf meines Vaters, als ich mich hinausschlich, um den geschlossenen Treffen beizuwohnen. Und ich gewann dieses Wissen. Das lehrte er.*

D: Wir denken natürlich immer, dass einige Krankheiten nicht vermieden werden können. Glaubt er nicht so?

A: *Nein. Ich sage allerdings, dass man an die Quelle in sich selbst glauben muss. Das ist das Gott-Zentrum, das Herzzentrum in einem selbst. Wenn man ohne Furcht lebt, hat man sich einen großen, heilenden Schutz ganz um sein physisches Sein gelegt, und man hat noch andere Schutzschichten um die menschliche Person errichtet. Wenn du Angst oder Dunkelheit in dein Sein eindringen lässt, öffnest du einen Raum, der zulässt, dass sich Unpässlichkeiten ausbreiten können. Man kann allen Krankheiten des Geistes und des Körpers Einhalt gebieten.*

D: Glaubst du, dass das eine der Methoden ist, wie er imstande ist, die Leute zu heilen?

A: *Ja, denn die Leute, die zu ihm gekommen sind und um Heilung gebeten haben, haben einen heilenden Pfad in ihrem eigenen Herzen und in ihrem Geist geschaffen. Weil sie schon ihren Glauben und ihre zuversichtliche Einstellung aufgebaut haben, verbindet sich ihr Herzenspfad mit seiner Energie. Auch haben sie Furcht und Dunkelheit entfernt, was es ihnen ermöglicht, die Heilung anzunehmen. Obwohl der Nazarener die Macht hat zu heilen, muss auch die Person, die leidet, in sich selbst ihre eigene Kraft entwickeln, um Ängste und die Krankheit ihres Körpers loszulassen. Wenn es andererseits für manche nicht vorgesehen ist, geheilt zu werden oder dieses Leben fortzusetzen, werden sie einen sehr leichten Übergang finden, um in wahrem Frieden und in Liebe in die geistige Welt zu gehen, und sie werden zur nächsten Existenz fortschreiten.*

D: Kann er jemanden heilen, der nicht geheilt werden will oder der nicht davon weiß?

A: *Ich durchsuche meine Vergangenheit und (gluckst) ich sehe, dass er den leidenden Vogel heilt, das leidende Tier. Er ist sich der*

Leute sehr bewusst, die nicht von der Wahrheit sind und ihn auf die Probe stellen, denn er entlarvt sie. Aber die Menschen, die in Wahrheit kommen, kann und will er heilen – wenn es nicht einen Grund gibt, von der Heilung abzusehen. Er wird es die betreffende Person wissen lassen.

D: Ist es schon geschehen, dass Menschen versucht haben, ihn auf die Probe zu stellen?

A: Oh, ja, er wurde schon oft auf die Probe gestellt, bei vielen Gelegenheiten. Sogar wenn er in den Untergrund ging, gab es ab und zu Unterwanderer; aber er ist von solcher Reinheit und Sensitivität, dass die Tests sehr offensichtlich für ihn sind.

D: Könntest du mir ein Beispiel davon geben, wo du Zeugin warst?

A: Es war ein Soldat – erinnere ich mich – in Jerusalem; und er bezahlte einen Bettler, der eine Heilung vortäuschen sollte. Ich sah, wie der Nazarener diesen Schauspieler aufgriff, und er stellte sogar den Soldaten bloß.

D: Was hätte der Soldat durch so etwas gewonnen?

A: Der Soldat wollte die Menge gegen ihn aufhetzen. Die Leute, die gerade begannen, auf ihn zu hören. Denn die Römer fühlten sich sehr bedroht durch seine…. (sie konnte das Wort nicht finden).

D: Fähigkeiten?

A: Fähigkeiten, denn das Volk begann gerade zuzuhören.

D: Dann bezahlte der Soldat den Bettler… Dieser sollte vortäuschen, dass er geheilt worden war, oder was?

A: Er sollte sagen, dass er geheilt worden sei, aber eine Infektion sei zurückgekommen. Er hatte eine eiternde Wunde. Daran erinnere ich mich. Er stand vor der Menge auf und zeigte seine schwärende Wunde, die – wie er ihnen sagte – von dem Mann, den sie „Jesus" nannten, geheilt worden war. Und nun sei das mit der Wunde geschehen. Aber der Nazarener erzählte der Menge die ganze Geschichte, und er stellte sogar den Soldaten bloß. Die Menge wandte sich gegen den Soldaten und begann, Steine zu werfen, aber das brachte den Nazarener sehr auf. Und es gab einen anderen Vorfall, wo ein blinder Mann zu ihm gebracht wurde, und Jesus konnte ihn nicht heilen. Er konnte dem Mann, der Menschenmenge und den Leuten, die versuchten, Probleme zu erzeugen, die Gründe aufzeigen, warum dieser Mann seine Sicht nicht wiedererlangen würde.

D: Was waren die Gründe?

A: Es gab Dinge, die er in seinem Leben getan hatte, aber er bekam die Blindheit auch, um zu lernen. Ihm wurde die Blindheit gegeben, um sich nach innen zu wenden und die Dunkelheit und Angst im Inneren zu heilen und das Licht durchzulassen, sodass er in Wahrheit leben konnte. Denn das Augenlicht gibt einem nicht automatisch eine klare Sichtweise. In seinen früheren Leben hatte jener Mann einige schreckliche Dinge getan, und die Blindheit wurde durch einen Unfall verursacht, er blieb jedoch am Leben. Aber genau dieser Blinde, der gerade vorhatte, den Nazarener als Betrüger hinzustellen, wurde mit so viel Liebe und Verständnis erfüllt, dass er seine Blindheit annehmen konnte. Etwas in ihm wurde geheilt, das ihn veranlasste, sein Leben anzunehmen und sich für den Dienst zur Verfügung zu stellen.

D: Wie reagiert die Menge bei solchen Situationen, wenn er jemanden nicht heilen kann? Werden sie ärgerlich, wenn er nicht immer diese Dinge tun kann?

A: Wenn eine Heilung nicht stattfinden kann, gibt es einen Grund dafür. Ich würde sagen: Weil es einer inneren Wahrheit entspricht, ist es so auch annehmbar und muss nicht wirklich in Frage gestellt werden. Aber seit die Römer und die Autoritäten des jüdischen Tempels in solcher Furcht vor ihm leben, hat er es vorgezogen, in den verschiedenen Dörfern zu dienen, wo er akzeptiert und gebraucht wird, wo er also erwünscht ist.

D: Dann versucht er, von Jerusalem fern zu bleiben? Meinst du das?

A: Ja, denn es behindert seinen Fortschritt.

D: Hast du einmal gesehen, wie er etwas anderes außer den Heilungen tat, das außergewöhnlich war?

Ich dachte an andere Wunder, die in der Bibel erwähnt wurden. Sie hielt inne, als ob sie nachdenken würde.

D: Oder, wenn du es nicht persönlich gesehen hast, hast du dann Geschichten von Dingen gehört, die er getan hat, die eine gewöhnliche Person nicht tun könnte?

A: Ich habe das Licht aus seinen Händen strahlen sehen. Ich habe ihn wahrhaftig die Seele der Menschen, ihr Herz heilen sehen. Ich habe… ich habe ihn Situationen überleben sehen, die Menschen normalerweise nicht überleben.

D: Kannst du mir ein Beispiel dieser Art anführen?

170

A: (Tiefer Seufzer) Ich weiß, dass er von den römischen Soldaten gefasst und unterhalb der Höfe des Tempels gefoltert wurde. Ich weiß, dass er in einen Karren gesteckt wurde, der nicht groß genug für einen Mann zum Überleben war. Und er wurde den Steilhang hinuntergeworfen... und er überlebte. Ich zögere, darüber zu sprechen, denn seit jenen Zeiten ist er in verschiedenen Dörfern geschützt worden. Ich habe gesehen, wie er physische Dinge überlebte, aber die Wunder bestanden in Heilungen und darin, genügend Nahrung zu finden, um die Bedürfnisse der Leute zu befriedigen.

D: Warum taten ihm die Soldaten das an?

A: Sie versuchten, verschiedene Wege zu finden, um ihn zu vernichten, denn er gewann allmählich zu viel Macht. Er gewann immer mehr Anhänger, die die römischen Gesetze und die behauptete Gleichheit und Lebenschance unter ihrer Herrschaft in Frage stellten. Sie gewannen allmählich an Stärke und sprachen über Rebellion, denn so geht man nicht mit Brüdern und Schwestern um. So versuchten die Soldaten, den Nazarener zu vernichten und es nach außen so erscheinen zu lassen, als ob andere es getan hätten.

D: Taten sie das ohne höhere Anordnung?

A: Sie hatten die Autorität ihres Königs. (Traurig:) Und sie werden Erfolg haben. Sie werden genügend Dunkelmänner finden, und sie werden ihr Ziel erreichen.

D: Aber bei jener Gelegenheit – sperrten sie ihn ein? Du sagtest, dass sie ihn folterten. Ich möchte wissen, was geschah.

A: (Ich lenkte ihre Aufmerksamkeit zurück zur anderen Geschichte – sie hatte gerade an das zukünftige Ereignis gedacht). Oh, ja. Sie fassten ihn ohne viel Aufhebens. Zunächst schien es ein freundliches Spiel zu sein, aber es war ein Akt der Entführung. Unter den Höfen befinden sich labyrinthartige Kellerräume. Und sie führten ihn da hin und bedrohten und folterten ihn. Sie dachten, das wäre genug. Als sie herausfanden, dass er nicht unterlag, begannen sie, die Straßen zu durchkämmen und jeden zu schnappen, den sie für ihr Vorhaben finden konnten. Es gibt viele, die bestochen werden können. Viele arme römische Mitläufer waren sehr scharf darauf zu tun, was die Römer wollten.

D: Dann sagtest du: Nachdem sie ihn gefoltert hatten, steckten sie ihn in einen kleinen Karren.

A: Ja, in eine Lattenkiste, einen Kasten. *Und sie rollten ihn eine Schlucht hinunter, in der sicheren Annahme, dass ihn das umbringen würde.* Aber es gelang nicht. *Deshalb durchkämmen sie weiter die Straßen und bezahlen Leute, um seinen Ruf zu ruinieren, um ihn als etwas erscheinen zu lassen, was er nicht ist. Es gibt viele, die sich bestechen lassen und auch ihre eigenen Ideen einbringen. Und sie werden es natürlich den Leuten vom Tempel in die Schuhe schieben. Der Nazarener entschied sich, seinen eigenen Weg zu gehen, denn er fand die Leute im Tempel genauso grausam und manipulativ wie die am römischen Hof. So...*

D: Ich könnte mir denken, dass – nachdem er den Sturz in die Bergschlucht überlebt hatte – die Römer anders reagiert haben.

A: *Die Römer bekommen noch mehr Angst, weil sie wissen, dass sich allmählich private Gemeinschaften bilden. Seine Anhängerschaft wird immer größer. Immer, wenn er eine Heilung vollbringt, immer, wenn etwas geschieht oder eine Person, die einen dunklen Charakter hatte, sich wandelt – wie der blinde Mann –, kommen neue Anhänger dazu. Wenn er erfährt, dass ihn jemand von den Römern misshandeln will, konfrontiert er ihn damit. Ihm ist bewusst, wer sich gegen ihn gewendet hat. Er ging zu den römischen Soldaten – obwohl er sich der nachfolgenden Entführung bewusst war – weil er dachte, dass er innerhalb der Hierarchie der Regierung heilen könnte. So hat er sich entschieden, mit seinem körperlichen Sein durch das hindurchzugehen, was für seine eigenen Lektionen auf dieser Erde notwendig war.*

D: Er tat es also aus einem bestimmten Grund; denn er wusste, dass es geschehen würde. Ich könnte mir denken: Nachdem die Römer gesehen hatten, wie er überlebte, erkannten sie, dass er kein gewöhnliches menschliches Wesen war.

A: *Das wurde ihnen allmählich offenbar, und so trieben sie ihre Intervention in den Straßen voran. Sie wussten: Wenn sie die Massen nicht gegen ihn aufbrächten, würden sie nicht überleben – sie könnten ihre Macht nicht behalten. So lebten sie in größerer Furcht, nachdem er überlebt hatte.*

D: Deshalb will er nicht so bald nach Jerusalem zurückkehren.

A: Ja. Aber er wird zurückkehren, weil es dort Leute gibt, die ihn brauchen. Er weiß, dass er seine Pläne und seine Mission ausführen muss, deshalb wird er zurückgehen.

D: Vielleicht war das der Grund, warum er dich nicht mit zurück nach Jerusalem nehmen wollte.

A: Nachdem ich ihm von meiner Vision erzählt hatte und er mir ihre Wahrheit und Klarheit bestätigte, sagte er mir auch, dass es nicht nötig wäre, mit ihm zu gehen. Meine Aufgabe wäre es, im Dorf zu bleiben, wo ich gebraucht wurde und helfen konnte. Ich könnte hier wachsen, und dann würde mir mein nächster Weg klar werden. Aber ich weiß, warum er nicht will, dass ich mitkomme. Er will nicht, dass ich dort bin. Es gibt keinen Grund zu gehen, denn wir beide wissen, was geschehen wird.

D: Ich dachte, dass er vielleicht Angst hatte, dich in die Stadt mitzunehmen, weil sie nach ihm suchen würden.

A: Ja, aber es gibt keine Notwendigkeit für mich zu gehen.

Erstaunlicherweise ergänzte Anna in dieser Sitzung fehlende Teile einer Geschichte, die sie bewusst nicht einmal wissen konnte. Als Jesus beschloss, einige Tage vor dem Passahfest nach Jerusalem zurückzukehren, bangten seine Schüler um seine Sicherheit, aber die Bibel erklärt nie, warum. Nun war es offensichtlich, warum sie nicht wollten, dass er zurückkehre. Er war schon mehrmals der Folter und Nahtoderfahrung ausgesetzt gewesen.

Er konnte sich sicher fühlen, wenn er sich in der Gegend um Nazareth aufhielt, weil das der Herrschaftsbereich des Philippus (Bruder des Herodes Antipas) war, und er bewegte sich außerhalb des Machteinflusses der Autoritäten von Jerusalem. Auch von Kapernaum aus konnte er leicht Herodes Antipas aus dem Weg gehen. Die Römer sandten normalerweise ihre Truppen nicht so weit weg von ihrer Festung in Jerusalem. Er konnte auch eine private Sphäre in diesen kleinen Städten finden, wenn er es für sich und seine Schüler ersehnte. Er konnte in diesen Gemeinden in seinen Lehren offener sein – abseits von den größeren Städten. Aber in manchen Gebieten, wie zum Beispiel in den Höhlen um den See Genezareth, musste er vorsichtiger sein; das wusste er, wegen der möglichen Präsenz von Spionen.

Es muss die Aufgabe des Johannes gewesen sein, mit den Veranstaltern der Treffen zu sprechen, um zu erfahren, welche Gebiete eine Gefahr darstellten. In diesem Fall müssten versteckte

Versammlungsorte arrangiert werden. Jesus ging nicht blindlings in diese Gebiete. Er hatte Informationen, die Sicherheit der Gruppe betreffend, bevor Johannes ihm den Zutritt freigeben würde. Er war sicher im Dorf der Aussätzigen; von diesem Platz hielt man sich ganz bestimmt fern; und nur selbstlos engagierte Leute wie diese Gruppe würden den Mut und das Mitgefühl haben, dorthin zu gehen. An solchen Plätzen hatte er keine Sorge, von Spionen, die von Rom eingeschleust wurden, belauscht zu werden. Er konnte entspannen und ein weitgehend normales Leben führen. Deshalb suchte er sich vermutlich diese isolierten Siedlungen aus.

In Jerusalem gab es viele verschiedene Nationalitäten und Religionen, und viele hatten Schwierigkeiten, die Lehren Jesu zu verstehen. Sogar unter den Juden gab es eine Vielfalt von spirituellen und geistigen Auffassungen, sogar Heiden. Unter all diesen gab es Nationalisten, oft Landsleute von Galiläa, für die Gott und das Volk, Gott und Jerusalem, Gott und der Tempel untrennbar miteinander verbunden waren. Sie brannten vor Entrüstung über alles, was nicht in Übereinstimmung mit dieser Einheit war. Vor diesem Hintergrund wurde Jesus den Nationalisten gegenüber als nicht national genug empfunden, für die Sadduzäer war er zu altmodisch, zu modern und liberal für die Pharisäer und zu streng für die gewöhnlichen Leute auf der Straße. Es war für ihn schwierig zu versuchen, allen Menschen alles zu sein.

Zur Zeit Jesu gab es nur eine Ausbildung, die „Ausbildung in Religion". Man lehrte, dass das Gesetz des Moses die wichtigste Lehre und das Einzige sei, wovon man erwartete, danach sein Leben und Denken auszurichten. Den Juden wurde nicht gelehrt, selbständig zu denken oder die Rabbis oder Priester zu hinterfragen. In Jerusalem wurde Jesus argwöhnisch betrachtet, denn er forderte die Leute auf, sich gegen die einzige Lehre, der sie jemals unterzogen wurden, zu stellen. Er forderte sie auf, einem total anderen Weg des Denkens zu folgen, und viele waren unfähig dazu. Es war für ihn viel leichter, in den abseits gelegenen Städten denen, die ein offenes Ohr für Ideen entgegen ihrer Herkunft hatten, seine neuen und radikalen Gedanken zu unterbreiten.

Es war für die Menschen nicht einfach, auf Konzepte zu hören, die allem, was ihnen ihr ganzes Leben lang gelehrt wurde, gänzlich entgegengesetzt waren – und sie dann auch noch anzunehmen. Viele betrachteten ihn als gefährlichen Radikalen und Verrückten mit weitschweifigen Lehren. Historiker behaupten, dass die berühmte Bergpredigt Jesu niemals im Bereich von Jerusalem gehalten werden konnte, denn diese Stadt war eine Hochburg der Tradition. Die Predigt bot dem Hörer die Gelegenheit, über die Tradition und den genauen Gesetzesbuchstaben hinauszuschauen, zu einer neuen und erweiterten Anwendung alter Sprüche und Wahrheiten. So eine Geisteshaltung pflegte man zu jener Zeit in Judäa im Allgemeinen nicht zu finden, aber in der Region um Kapernaum konnte man genau das erwarten.

Jesus hatte die Rabbis, Priester und traditionsbewussten Juden gegen sich aufgebracht, weil sich, seiner Meinung nach, die Priester im Tempel zu stark auf Rituale und die Ausübung von Zeremonien konzentrierten. Sie schauten nicht auf die Probleme und Sorgen der Menschen.

Jesus sah, dass es einen größeren Konflikt als den zwischen der römischen Tyrannei und dem Glauben an das auserwählte Volk Gottes gab: Die Menschen in Palästina hatten einen realen Grund, sich vor den Römern zu fürchten. Während der Zeit Jesu, zu Beginn der Regierungszeit von Herodes Antipas, versuchten einige Juden eine Rebellion zu entfachen. Sie wurde von der überlegenen Stärke der Römer niedergeschlagen, und zweitausend Juden wurden zur Strafe gekreuzigt. Das Volk lebte unter dem Druck eines harten Herrschers, aber ihre Hoffnung auf einen Erlöser, einen Messias, einen Retter, der sie aus all dem herausführen sollte, zeigte an, dass sie einen Umsturz der bestehenden Regierung und die Wiederkehr ihrer verlorenen Freiheiten ersehnten.

Die Zeloten benützten diese Emotionen, um ihre Sache anzuheizen. Sie dachten, dass Jesus der neue König im wörtlichen Sinn sein würde und dass er mit ihnen in einen wirklichen Krieg ziehen würde, um das Land zu befreien. Seine milden Methoden und das Reden über Liebe ärgerte sie, weil sie Gewalt als Antwort erwarteten. Judas Iskariot wird neuerdings als wahrscheinlicher Anhänger der Zeloten betrachtet. Das war einer der Gründe für seinen Verrat an Christus: er dachte, er könne Jesus in eine Situation zwingen, wo er kämpfen müsste, und der Rest des Volkes würde sich ihm anschließen. Die Römer waren sich der labilen Lage in Jerusalem und der möglichen Gefahr, die jemand darstellte, der als Anführer erscheinen könnte, sehr bewusst.

Als Jesus einige Tage vor dem Passahfest die Stadt betrat, gepriesen von der ihm zujubelnden Menschenmenge, wussten die

Römer, dass sie ihn unter allen Umständen loswerden mussten. Seine Beliebtheit war zu einer Bedrohung angewachsen, die sie gefährdete. Die Menschen waren gerade dabei, ihn als den lang ersehnten Messias anzuerkennen, der sie aus den Banden und der Sklaverei durch die Römer herausführen würde. Er war der Mann, der das Joch abstreifen würde. Die Autoritäten sahen, dass dieser Mann Jesus die Menschen in die Rebellion treiben konnte. Dieser freundliche Mann konnte nicht länger geduldet werden. Er musste beseitigt werden.

Meine Nachforschungen enthüllten, dass der unterirdische Bereich von Jerusalem von alten Gängen und geheimen Kammern durchlöchert ist. Diese Bereiche und Abschnitte von zwei Mauern sind als Einzige von der ursprünglichen biblischen Stadt noch übrig. (Erhalten sind das westliche Doppeltor in der Südmauer, der Unterbau des Goldenen Tores auf der Ostseite, das Barclay-Tor auf der Westseite und der Unterbau des Davidsturms, und unterirdische Räume unter der Stadt; durch den Sechs-Tage-Krieg 1967, bei dem das Jüdische Viertel der Altstadt völlig zerstört wurde, bot sich die seltene Möglichkeit, archäologische Grabungen durchzuführen. Dabei wurden einige luxuriöse Häuser aus der Zeit des Herodes ans Licht gebracht, die man heute in einem riesigen Archäologie-Park unter der modernen Bebauung des Jüdischen Viertels besichtigen kann...). Es gab viele Kammern unter dem Gelände des Tempelplatzes. Einige von ihnen wurden von römischen Soldaten benutzt, um einen geheimen Zugang von ihrer Festung am nordwestlichen Eck des Tempelplatzes zu anderen Bereichen zu schaffen – für Verteidigungszwecke. Es ist logisch anzunehmen, dass dies der Bereich war, auf den sich Naomi bezieht, wo Jesus gefasst wurde, um ihn auszufragen und zu foltern, in der Hoffnung, ihn soweit einzuschüchtern, dass er seine radikalen Lehren aufgeben würde.

Die Schlucht, von der Naomi sprach, in die er geworfen wurde, war eine der Schluchten, die von den Historikern beschrieben wurden. Während der Zeit Jesu war die Stadt durch einen Hohlweg, genannt das Tyropöontal, getrennt, darüber spannte sich eine Brücke. Auf der Ostseite der enorm hohen Tempelmauer lag die Kidronschlucht oder das Kidrontal, über das eine Brücke zum Ölberg führte. Josephus sagte, dass dieses Tal so tief war, dass man den Talgrund von der Mauer aus nicht sehen konnte. Gemäß der historischen Forschung wurde der Bruder von Jesus, Jakobus, hier ermordet, als er von der Mauer in die Schlucht geworfen wurde. Dies geschah in der turbulenten Zeit, die dem Tod Jesu am Kreuz folgte, im Jahr 62 n. Chr. Diese Täler existieren nicht mehr (bzw. nur sehr abgeflacht).

Wenn Jesus fähig war, die Folterung und Tötungsversuche der Römer zu überleben, dann sollte es offensichtlich sein, dass er der Gefangennahme und Kreuzigung hätte entkommen können. Er starb nur, weil er es so wählte. Und Jesus sagt in der Bibel (Joh. 10; 17-18): „Deshalb liebt mich der Vater, weil ich mein Leben hingebe – um es wieder an mich zu nehmen. Niemand nimmt es mir, sondern ich gebe es von mir aus hin. Ich habe die Macht, es hinzugeben, und ich habe die Macht, es wieder an mich zu nehmen." Wenn er sich nicht entschieden hätte, dass es seine Zeit war aufzusteigen, und es nicht in das Muster seines Lebens gepasst hätte, dann hätte er es nicht zugelassen, dass die Römer ihn töteten. Von dieser Geschichte her erscheint es so, als ob er große Kontrolle über seinen Körper gehabt hätte, sogar bis zu dem Ausmaß, dass er Dinge überleben konnte, die andere, die nicht so weit entwickelt waren, umgebracht hätte. Er kannte und verstand seine Mission bis zu dem Punkt, dass er die Zeit und die Art seines Todes kontrollieren konnte.

Kapitel 10:

Naomis Geschichte der Kreuzigung

Ein weiterer Monat verging, und es war fast Weihnachten im Jahr 1987, als wir eine weitere Sitzung durchführen konnten. Während der Wintermonate habe ich kaum Sitzungen, wegen der Wahrscheinlichkeit schlechten Wetters und heftiger Schneefälle, die sich im Winter in Arkansas ereignen können. Ich kann der Idee, auf unseren Bergstraßen im Dunkeln festzustecken, nichts abgewinnen. Dies sind die Zeiten des Winterschlafs in unserer Ozark-Berg-Gegend, aber ich sehnte mich sehr danach, Annas Geschichte ihrer Verbindung mit Jesus zum Abschluss zu bringen. Zu der Zeit schrieb ich gerade die zwei ersten Nostradamus-Bücher, und meine Aufmerksamkeit war vollständig von dieser intensiven und komplizierten Thematik absorbiert.

Es wurde bald offensichtlich, dass es nichts ausmachte, wie viel Zeit zwischen den Sitzungen verstrich. Anna war fähig, die Geschichte jedes Mal genau am richtigen Punkt aufzugreifen, so wie wenn es keine Unterbrechung gegeben hätte. In der Zwischenzeit setzte sie ihr eigenes Leben fort und sagte, dass sie nicht einmal an die Rückführungsgeschichte dachte. Das war ein weiterer Beweis für mich, dass sie nicht phantasiert war, denn es gab keinen überwältigenden Zwang, mit den Sitzungen fortzufahren. Sie erfolgten fast beiläufig neben ihrem geschäftlichen Leben. Ihre Aufmerksamkeit war darauf nur gerichtet, wenn wir eine Sitzung hatten. Wenn Anna aus der Trance erwachte, zeigte sie normalerweise Verwirrung und Ungläubigkeit, aber nachdem ich heimgegangen war, konzentrierte sich ihre Aufmerksamkeit wieder auf ihre tägliche

Routine. Naomi würde ohne Schwierigkeiten in die Tiefen ihres Unterbewusstseins und der Zeit zurückgehen.

Als sich die Geschichte weiterentwickelte, sah es so aus, als ob Naomi nicht in Jerusalem anwesend sein würde, als Jesus gekreuzigt wurde, da er ihr aufgetragen hatte, in dem Dorf zu bleiben. Ich glaube tatsächlich, dass sie ohnehin nicht anwesend sein wollte. Für jemand, der eng mit ihm verbunden war, wäre es äußerst schwierig und herzzerreißend gewesen, so ein schreckliches Schauspiel zu beobachten. Sie schien so sensibel und mitfühlend zu sein, wie Anna in ihrem jetzigen Leben ist, und sie hätte so eine Szene nicht miterleben können. Aber ich dachte, dass sie sicherlich die Nachrichten und verschiedenen Geschichten und Versionen von dem, was geschah, hören würde. Wir konnten viel von diesen Berichten lernen. Ich benützte Annas Schlüsselwort und zählte sie zurück durch die Zeit.

D: Lass uns zurückgehen zu der Zeit, als Naomi im Haus von Bendavid lebte und Jesus gerade mit ihr gesprochen hatte. Lass uns zu dem Zeitpunkt zurückgehen. Was tust du im Moment? Was siehst du?

A: *Ich lehne mich gerade gegen einen Baum. Ich bin soeben draußen etwas spazieren gegangen. Und ich habe nachgedacht. Ich scheine nun ein klareres Bild von meiner Zukunft zu haben.*

D: Kannst du es mit mir teilen?

A: *(Traurig, aber nicht emotional wie zuvor, mit ruhiger Entschlossenheit:) Ich weiß, dass ich dazu bestimmt bin, die Wanderungen des Nazareners mitzugehen und mich in den Dörfern und Gebieten, wo Menschen Hilfe brauchen, nützlich zu machen. Und ich weiß, dass ich zu den Lepra-Siedlungen zurückgehen und helfen muss. Ich weiß, dass meine Visionen wahr sind. Und es ist mir bewusst, dass meine Zeit mit dem Nazarener dem Ende zugeht.*

D: Was meinst du damit?

A: *Ich weiß, dass er nicht mehr lange physisch unter uns weilt.*

D: Geht das aus deiner Vision hervor?

A: *Ja. Als wir miteinander sprachen, sagte er mir, dass ich die Wahrheit sehen würde. Er sagte, dass seine Mission und sein Daseinszweck unter den Menschen sich bald erfüllt haben würden, denn seine Aufgabe in seinem physischen Körper sei fast beendet.*

D: Hast du dich schon entschieden, was du tun wirst?

A: Ich werde in diesem Dorf bleiben, solange ich gebraucht werde. Und dann werde ich mit den kleineren Gruppen reisen, die ihre Dienste den Menschen in den Gebieten anbieten, wohin die meisten nicht gehen wollen. Ich möchte da meinen Dienst tun, wo Hilfe am meisten gebraucht wird; und es gibt eine Gruppe, die das ganze Jahr über auf Wanderschaft ist. Ich glaube, dass das meine Bestimmung ist.

D: Ist der Nazarener schon abgereist?

A: Er wird am Morgen weggehen.

D: Weißt du, wohin er geht?

A: Ich glaube, er wird auf eine weitere Wanderschaft gehen. Und dann wird er nach Jerusalem gehen. Er muss sich mit Leuten treffen.

D: Welche Art von Leuten? Weißt du etwas darüber?

A: Ich weiß, dass er einige seiner Jünger sehen muss. Denn er weiß auch, dass jene, die ihm Leid antun wollen, ihn bald angreifen werden. Und er muss sich vorbereiten.

D: Teilte er dir etwas von dem mit, was er weiß?

A: Nein, nicht eindeutig. Er sagte mir nur, dass das, was ich sah, wahr sei, und dass wir in Kontakt bleiben würden, aber nicht mehr in unseren physischen Körpern.

D: Ich fragte mich, ob du geplant hast, am Morgen mit ihm zu gehen.

A: Nein, er wünscht nicht, dass ich mitgehe. Er wünscht, dass ich gerade jetzt in diesem Dorf bleibe. Denn er spürt, dass mein Dienst hier und auf einer Wanderschaft sehr wichtig ist. Er spürt, dass ich der guten Sache und dem Geist besser dienen werde, indem ich sicher und gesund da bleibe, wo ich sein kann.

D: Du willst immer das tun, was er von dir will.

A: Ja, manchmal ist es schwierig. Ich weiß, dass ich wirklich hier gebraucht werde. Manchmal fühle ich mich sehr alt. Ich fühle mich im Frieden mit meiner Entscheidung. Aber ich sehe meine Visionen so klar, dass ich weiß, was geschehen wird. Und dies ist der Plan Gottes, deshalb nehme ich ihn mutig an.

D: Ja, denn auch wenn er weiß, was geschehen wird, könnte er es vermeiden, wenn er wollte.

A: Aber er wurde hierher gesandt mit einem Ziel, so wie wir alle. Und er hat seinen Daseinszweck erfüllt. So wird er durch sein

180

Aufsteigen weiterwachsen und weit mehr Gutes bewirken, als wenn er in seinem physischen Körper weiter zugegen bleiben würde. Er tut dies also für sein eigenes geistiges Wachstum.

D: Hast du irgendein Verlangen, nach Jerusalem zurückzukehren, um deine Eltern zu sehen?

A: Ja, aber das wird später erfolgen.

D: Gut. Lass uns jetzt vorwärts gehen zu dem Morgen, wenn er sich zum Aufbruch rüstet. Sahst du ihn, bevor er wegging?

A: (Traurig, fast weinend) Ja. Ein paar Leute gehen mit ihm. (Sanft, fast unhörbar:) Und... ich... ich habe wirklich einige Mühe (sie begann zu weinen), weil ich weiß... ich weiß, dass sein Pfad mit Schmerz und Anklagen erfüllt sein wird. Und doch schaue ich ihn an, und seine Augen sind so freundlich und liebevoll. Ich sehe das goldene Leuchten aus seinem Herzzentrum und um seinen Kopf. (Ihre Stimme brach). Und ich kann keine Worte finden. Es ist schwer, ihn diesmal weggehen zu sehen.

Dieses Gefühl war ansteckend. Es war schwierig, sie zu unterbrechen, jedoch war es wichtig, um die Geschichte voranzubringen.

D: Aber sie gehen auf ihre Wanderschaft, sagtest du?

A: Ja... und diese wird seine letzte sein.

D: Verabschiedete er sich von dir?

A: (Sanft) Ja. Er umschloss mein Gesicht mit seinen Händen, schaute mich an und... wünschte mir, weiter zu machen und mich von meinem Herzen und meinem Geist führen zu lassen. Und das ist die Wahrheit (weint).

D: Ich weiß, dass du große Nähe zu ihm gespürt hast, deshalb erschüttert es dich so. Aber es ist wunderbar, mit einer solchen Person Kontakt gehabt zu haben. Gut. Lass uns diese Szene verlassen und uns vorwärtsbewegen. Ich möchte, dass du dich zu dem Zeitpunkt weiterbewegst, wo du ihn siehst und Kontakt mit ihm hast, falls es einen solchen Zeitpunkt gibt.

Ich glaubte nicht, dass es ein nächstes Mal geben würde, zumal sie so sicher war, dass sie ihn nicht wiedersehen würde, bevor er starb, aber ich dachte, wir sollten mal sehen... Ich schätze, ich hoffte immer noch, dass es für sie einen Weg geben würde, rechtzeitig nach

Jerusalem zu kommen, um Zeugin der Kreuzigung zu werden und einen Augenzeugenbericht zu geben.

D: Lass uns in der Zeit weitergehen bis zum nächsten Mal, wo du mit ihm zusammentriffst.

Als ich den Satz beendet hatte, brachen die Gefühle und Tränen aus ihr heraus. Ich dachte: Möglicherweise sieht sie seinen Tod.

D: Es ist gut. Wenn es dich zu sehr belastet, kannst du es wie ein Beobachter anschauen. Was geschieht gerade?
A: *(Voller Tränen) Ich bin... es ist... oooh!*
D: Was ist?
A: *Ich bin auf der Straße, und ich gehe gerade in das Dorf der Aussätzigen. Und er ist gegangen. Ich meine, er hatte seinen körperlichen Tod. Aber er ist trotzdem da..., ich sehe ihn! Ich sehe ihn auf der Straße!*
D: Kannst du mir sagen, wie er aussieht?
A: *(Weinend) Er sieht genauso aus wie früher. Nur hat er eine frische Kleidung, aber er sieht genauso aus.*
D: So, wie wenn er körperlich wäre, meinst du? Ist er schon lange gegangen?
A: *Oh, es fühlt sich an wie eine Reihe von Monaten.*
D: Was ereignet sich?
A: *(Sie war von Gefühlen fast überwältigt). Er... er spricht nicht mit seinem Mund, aber mit seinem Geist. Er wollte mir versichern, dass er immer bei mir sein würde und dass er mich lieben würde. Und dass er stolz darauf sei, dass ich die Stärke besaß, meinen Dienst fortzusetzen. Und keine Angst um mich zu haben, sondern denen zu helfen, die sich selbst nicht helfen können. Deshalb wählte er diesen Zeitpunkt, um sich für mich sichtbar zu machen.*
D: Bist du allein auf dieser Straße, als du ihn siehst?
A: *Ja. Ich gönnte mir eine Pause, weg vom Dorf. Ich tue das öfters, ich gehe spazieren. Und es ist sicher, das zu tun. Ich mache kurze Spaziergänge, wenn ich es nötig habe nachzudenken oder einfach für eine Weile Abstand brauche.*
D: Dann sah ihn niemand sonst? Tauscht er sich mit dir sehr lang aus?
A: *Nein, aber er lässt mich wissen, dass er mit mir sei, und er würde bei mir bleiben und mir erscheinen. Und dass er an einem*

besseren Platz sei, wo er Dinge zu tun habe, wo er gebraucht würde (lächelt).

D: Dann ging er einfach weg, oder was?

A: *(Sanft) Er scheint verschwunden zu sein. Ich bin wieder allein auf der Straße.*

D: Du musst die Geschichten gehört haben von dem, was ihm passiert ist. Kannst du mir davon erzählen? (Pause) Du warst nicht dort, oder?

A: *(Immer noch sehr aufgewühlt) Nein. Aber es waren die römischen Soldaten da – so viel ich verstehe – und er wurde inhaftiert. Und sie befanden ihn für schuldig (fast unhörbar) und töteten ihn.*

Ich musste Fragen stellen, wie wenn ich die biblische Geschichte nicht kennen würde, um sie nicht zu beeinflussen und ihre unbefangene Version aufrecht zu erhalten.

D: Gab es nicht etwas, was seine Freunde tun konnten?

A: *Sie waren nicht stark genug. Man kann nicht gegen die römischen Soldaten kämpfen, wenn man nicht stärker ist, nicht mehr Macht hat als sie.*

D: Ich hielt es nicht für möglich, dass sie jemanden einfach töten konnten – ohne Grund.

A: *Sie sagten, dass er gegen die Römer lästern würde... gegen die Regierung. Auch empfanden einige der religiösen Führer, dass er Gotteslästerung begehen und gegen ihre Lehren lästern würde. Sie empfanden, dass sie diesen Mann, der solcherlei Dinge gegen die Regierung und den Tempel verbreitete, nicht leben lassen konnten. Und sie empfanden, dass er... sie empfanden... (Ihre Stimme brach).*

D: Was?

A: *(Sie fasste sich wieder) Sie empfanden, dass das, was er sagte, nicht mit Wahrheit erfüllt wäre, und dass er jeden angelogen hätte. Sie sagten, dass er keine Wunder bewirken könne. Sie versuchten, ihn zu zwingen, Wunder zu wirken. Und er konnte nicht. Und dann gab es Aufruhr. Seine Jünger, seine Handvoll Jünger, kämpften auf der Straße gegen die Soldaten. Und Menschen wurden niedergetrampelt und starben.*

D: Meinst du, seine Jünger kämpften mit den Römern wegen dem, was diese gesagt hatten?

A: Seine Jünger versuchten, ihn zu schützen.

D: Um ihn vor der Inhaftierung zu bewahren – meinst du?

A: Ja, und es waren nicht genug an der Zahl.

D: Dann starben also einige auf den Straßen?

A: Ja. Die Soldaten begannen mit dem Kampf, und dann geriet die Stadt in Aufruhr. Menschen wurden niedergetrampelt, und die Soldaten gingen einfach auf jeden los.

D: Du sagtest: Sie versuchten, ihn zu zwingen, Wunder zu vollbringen, und er konnte nicht. Glaubst du, dass er nicht konnte oder dass er nicht wollte?

A: Ich glaube.... (bestimmt) ich glaube, sie hätten auf jeden Fall einen Weg gefunden, ihn umzubringen, wie auch immer. Ich denke, er wusste, dass sich Wunder bei jedem ereignen konnten. Aber wenn man nicht glaubt, dass man geheilt werden kann oder dass Dinge sich ändern können, wird es auch nicht geschehen. Er konnte nicht einen Blinden sehend machen, wenn der Blinde nicht sehen wollte. Oder wenn der Blinde für etwas anderes bestimmt war.

D: Ich schätze, sie wollten ihn auf die Probe stellen.

A: Ein Test mit dem Ziel, ihn scheitern zu lassen, und er wusste es. Er machte diesen Trip mit im Bewusstsein des Resultats. Er wusste, was kommen würde. Sie hätten keinen Test gemacht, den er überlebt hätte. Sie fühlten sich zu sehr bedroht.

D: Es wäre sowieso schwierig, in so einer Atmosphäre Wunder zu wirken.

A: Ja. Und er wandelte nicht zu diesem Zweck unter den Menschen. So stellten sie ihn auf die... es war eine Probe, aber in Wirklichkeit wollten sie ihn zum Gespött machen. Und dann planten sie seinen... Tod.

D: Weißt du, wie er getötet wurde? (Naomi äußerte einen tiefen Seufzer). Ich weiß, dass es dich belastet, diese Fragen zu beantworten, aber ich möchte einfach wissen, was man dir erzählt hat.

A: Nun, sie töten Leute... sie machen hölzerne Kreuze. („Kreuze" schien ein unvertrautes Wort für Naomi zu sein). So bringen sie Leute zu Tode... in diesen Zeiten auf die schlimmste Weise. Sie stellen diese hölzernen Kreuze auf, und sie nageln die Leute daran fest. Und sie lassen sie sterben. Sie töten Menschen, viele Menschen, auf diese Weise. Besonders solche, die sie als abschreckendes Beispiel für andere hinstellen wollen. Sie wollen sichergehen, die Menschen durch Angst zu kontrollieren.

D: Dies hört sich wirklich furchtbar an. Es scheint eine schreckliche Methode zu sein, das zu tun. Hast du irgendwelche anderen Geschichten gehört von dem, was zu jener Zeit geschah?

A: Ich habe viele Geschichten gehört. Ich weiß nicht, was wirklich wahr ist. Aber manche Leute sagen, dass sie ihn an einem solchen Kreuz sterben sahen, und doch sahen sie, wie er ihnen am folgenden Abend oder am nächsten Tag erschien. Und dann habe ich auch gehört, dass sie seinen Körper nicht finden konnten. Ich habe vieles gehört.

D: Sprachst du mit jemand, der tatsächlich dort war, als er starb?

A: Ja. Ich sprach mit Leuten, die ihn am Kreuz hängen sahen.

D: Erzählten sie dir, was geschah, während er starb?

A: Sie sagten, dass er irgendwie in der Lage war, den Schmerz zu kontrollieren.

D: Das ist wunderbar. Dann weißt du, dass er nicht litt.

A: Ich hörte jemanden sagen, dass sie die gleiche Art von Leuchten gesehen hätten, die ich von seinem Herzzentrum und seinem Kopf ausstrahlen sah. Sie sahen die gleichen goldenen Lichter. Sie sahen auch – als er von dem hölzernen Gehänge heruntergenommen wurde –, dass sein Gesicht Ruhe ausstrahlte (Denkpause). Aber ich habe gehört, dass ihn Menschen danach erscheinen sahen.

D: Hing er lange da? Ich habe gehört, dass es lange dauert, auf diese Weise zu sterben.

A: Ich erinnere mich nicht an die Zeitdauer. Ich erinnere mich nicht...

D: Aber er war fähig, den Schmerz zu kontrollieren.

A: Ja. Ich hörte das von einer Reihe von Leuten. Sie waren überrascht, wie ruhig er war. Es war, wie wenn er nicht dagewesen wäre. (Pause). Gegen Morgen wurde er... ich weiß, dass sie ihn in der frühen Morgendämmerung herunternahmen.

Aus Joh. 19, 31 – 42 (übersetzt und erklärt von Otto Karrer) kann man eindeutig entnehmen, dass die Abnahme Jesu vom Kreuz ziemlich rasch geschah. Erstens durften Verurteilte bei den Juden über Nacht nicht hängen bleiben, zweitens war am Tag darauf Sabbat und Hauptfest des Passahs. Man wollte an diesem besonderen Tag keine

Gekreuzigten hängen lassen. Und der Sabbat begann schon am Abend zuvor (um 18 Uhr) – am Rüsttag.

Dieselbe Aussage, dass Jesus nicht litt und augenscheinlich keinen Schmerz fühlte, wurde in JESUS UND DIE ESSENER berichtet. Es war, wie wenn er sich zurückzöge, vielleicht, indem er aus seinem Körper ging. Wie auch immer er es tat – er war fortgeschritten genug zu wissen, wie er sich von dem, was sein Körper erfuhr, trennen konnte. Es wird auch berichtet, dass er in einer ungleich kürzeren Zeit starb, als eine Kreuzigung normalerweise dauert. So hatte er offensichtlich völlige Kontrolle über seinen physischen Körper.

D: Du erwähntest, dass Leute sagten, sie konnten seinen Körper nicht finden?

A: *Das habe ich gehört.*

D: Was hast du darüber gehört?

A: *Ich hörte, dass sie seinen Körper beigesetzt und ihn zugedeckt hatten. Und dass Soldaten Wache standen.*

D: Warum waren die Soldaten da?

A: *Ich denke, die Römer fürchteten sich sehr vor seinen Anhängern und vor dem Ruf, den er hatte. Sie machten sich zunehmend Sorgen. So – schätze ich – dachten sie, dass er ein Gefangener der Regierung war.*

D: Sogar, nachdem er gestorben war?

A: *Ja. Ich denke, sie waren mit so großer Furcht erfüllt, weil er so viel Einfluss gewonnen hatte. Deshalb konnten sie ihn nicht länger leben lassen. Ich hörte, dass die Jünger kamen und seinen Körper holten.*

D: Hatten sie deshalb Soldaten als Wache?

A: *Ja. Aber ich hörte: Als sie gingen, um das Grab zu öffnen, war der Körper nicht da. Das habe ich gehört (gluckst, wie wenn es absurd wäre). Ich weiß nicht. Die Soldaten gingen, um zu kontrollieren. Ich denke, den Jüngern und der Familie wurde es schließlich gestattet, den Körper zu sehen. Und ich denke, dass die Regierung schließlich den Körper der Familie gegeben haben könnte. Aber sie gingen, um nachzuschauen, und sie sagten, dass der Körper fort wäre. Ich weiß nicht, was wirklich passiert ist. Sie könnten den Soldaten Drogen gegeben oder sie betrunken gemacht haben.*

Die Jünger könnten den Körper geholt haben. Sie könnten viele Dinge getan haben, um es so aussehen zu lassen, als ob der Körper von selbst verschwunden sei.

D: Es ist schwer zu glauben, oder?

A: Ja. Es waren viele Geschichten im Umlauf. Und wenn man nicht dort war... wurden sie immer größer. Die Geschichten wachsen an, bis zu dem Zeitpunkt, wo sie einen erreichen. Aber ich weiß, dass die Regierung und der Tempel voller Furcht waren vor der Gefolgschaft und der Macht, vor den Wundern und Heilungen, die stattfanden. Sie fühlten sich bedroht, sodass sie schließlich einen Weg fanden, ihn zu töten.

D: Ja, es klingt so, als ob sie in ihm eine Bedrohung gesehen hätten. Aber wir wissen, dass er nie etwas tat, was jemanden verletzte. – Du sagtest, dass du auch Geschichten davon gehört hättest, dass er Menschen erschienen sei. Meinst du damit, dass er so erschienen sei wie bei dir auf der Straße?

A: Ich hörte, dass er direkt in Jerusalem zu erscheinen begann.

D: Weißt du, wem er erschienen ist?

A: Nein. Verschiedenen Gruppen und Leuten. Ich hörte einfach, dass er an einigen Plätzen zu erscheinen begann.

D: Ich frage mich, ob er so aussah wie früher, als du ihn leibhaftig sahst, oder ob er wie ein Geist war. Sagten sie, dass sie ihn erkannt hätten?

A: Sie sagten, dass er erschienen sei – und dann sei er wieder verschwunden. Aber dass er so aussehen würde wie früher. Sie erkannten ihn.

D: Sagte jemand, ob er zu ihnen gesprochen hätte oder nicht?

A: (Pause) Eine Gruppe sagte: Sie hörten ihn sprechen, dass er ihnen vergeben hätte. Ich habe nicht gehört, was die anderen gesagt haben, aber er hat nicht jedes Mal gesprochen. Manchmal erscheint er bloß.

D: Weißt du, ob er irgendeinem seiner Jünger erschienen ist – außer dir?

A: Ja. Ich hörte, dass er ihnen erschienen ist... und sagte, dass er allen vergeben würde, und dass sie die Stärke finden sollten, die Wahrheit zu leben und weiterhin über Gott zu lehren.

D: Was denkst du, was er mit „er vergab ihnen" meinte? Seinen Jüngern?

A: *Weil es jemanden gab – es war in Wirklichkeit mehr als einer. Er war betrogen worden. Die Römer mussten erfahren, wie sie ihn vor der Öffentlichkeit überlisten konnten.*

D: Welche Geschichte hast du darüber gehört?

A: *Die Römer fanden Jünger, die sie mit Macht oder Geld bestechen konnten.*

D: Ich hätte mir nicht vorstellen können, dass einer seiner Jünger so etwas tun könnte.

A: *Es gab viele Leute, die behaupteten, seine Jünger zu sein; aber Menschen können ohne weiteres dazu verlockt werden, wenn ihr eigenes persönliches Leben dadurch leichter wird. Und nicht viele bereuen es später.*

D: Ich kann nicht verstehen, wie jemand, der ihm nahegestanden und mit ihm gegangen ist, ihn verraten könnte.

A: *Die Römer wussten, zu wem sie gehen konnten.*

D: Wie verrieten sie ihn?

A: *Sie gaben den Römern Informationen, die dazu dienen würden, einen Plan zur Überlistung aufzustellen, um es zu ermöglichen, ihn anzuklagen und zu Fall zu bringen. Sie kamen auf die Idee, ihm eine Herausforderung vorzusetzen, von der sie wussten, dass sie zum Scheitern führen würde. Sie würden jemanden an der Hand haben, bei dem die Heilung und das Wunder nicht stattfinden würden. Sie wussten, wie sie es vor der Öffentlichkeit so erscheinen lassen würden, als ob der Nazarener ein Schwindler und gegen das Volk wäre. Eine große Menge war versammelt, und die römischen Soldaten fingen an, den Nazarener öffentlich zu befragen, ihn anzuklagen und ihn als Narr hinzustellen. Als er das nicht tun konnte, was sie verlangten, schrien sie: „Er hat kein einziges der Dinge getan, von dem die Leute erzählen. Er ist eine Art von... Dämon." Sie verwandelten die Menge in einen Mob. Es gab einen Tumult.*

D: Aber du hast mir einmal erzählt, dass sie diese Testmethoden schon zuvor versucht hätten, und Jesus sei fähig gewesen, sie bloßzustellen. Warum tat er es diesmal nicht?

A: *Er wusste, seine Zeit war gekommen. So war es für ihn bestimmt, um aufzusteigen. Er wusste, dass er seinen Wendepunkt erreicht hatte. Dass das Volk, die Massen, nicht für seine Wahrheit und Lebensart bereit waren. Und er wusste, es gab eine kleine Gruppe von Menschen, die sein Werk fortsetzen würden. Aber er wusste, dass diese Welt viel zu brutal und primitiv war; und so hatte er seinen Zweck erfüllt. Er hatte zu dieser Zeit getan, was er tun konnte. Und es war nun an der Zeit für ihn, von einer anderen Ebene aus zu arbeiten.*

D: Hast du irgendwelche anderen Geschichten von Menschen gehört, die ihn nach seinem Tod gesehen hatten?

A: Ja. Die Monate vergingen, und mir kam zu Ohren, dass er in einigen der kleineren Dörfer erschienen war, zu denen er gewöhnlich ging, wo seine Anhänger waren. Und... ich höre diese Dinge, aber ich... sie sagen, dass er Heilungen und Wunder bewirkt habe. Ich weiß, dass Menschen ihn wahrscheinlich gesehen haben, aber ich frage mich, ob unter seinen Jüngern, wenn sie aus ihrem Herzen und in Wahrheit leben – ob sie womöglich ihre eigenen Heilungen bewirken. Und spüren, dass – weil sie ihn gesehen haben – er die Wunder durch sie bewirkt hat. Aber ich denke: Die Tatsache, ihn gesehen zu haben, hat ihnen Stärke und Glauben gegeben, sein Werk fortzusetzen.

D: Das könnte sein. Nun, was geschah mit den Jüngern?

A: Sie leben in großer Furcht. Diejenigen in der Stadt setzen ihre unterirdischen Treffen fort, wo sie sich sicher fühlen. Und diejenigen in den Dörfern außerhalb leben ihr Leben weiter. Sie sind immer noch seine Jünger, aber sie können es ohne Wissen der Regierung sein. Und dann die Leute auf den Wanderungen... nun, niemand kümmert sich um die, die helfen, so gut es geht. So sind sie ziemlich sicher.

D: Die Römer sehen sie nicht als Bedrohung.

A: Nein. Die Regierung kümmert sich nicht um die Leprakranken oder die Dörfer, die so verarmt sind. Sie machen keine Anstalten zu helfen. Und niemand will den Kranken beistehen. Sie haben Angst vor den Krankheiten. So sind wir also sicher.

D: Sie denken wahrscheinlich, dass die anderen ohne einen Führer ohnehin nichts tun.

A: Das stimmt. So können sie es subtil und unter der Oberfläche halten und doch fortfahren zu lehren und die Wahrheit bestmöglich zu leben.

D: Ich danke dir, dass du mir die Geschichten, die du gehört hast, erzählt hast. Zumindest weißt du, dass du ihn gesehen hast; so kannst du sicher sein, dass dieser Teil wahr ist.

A: *Ja, und ich spüre ihn. Ich meine, ich bin erfüllt. Ich weiß, dass er mit mir ist.*

D: Bist du nach Jerusalem zurückgekehrt, um deine Eltern noch zu sehen?

A: *(Seufzer) Ich werde das auf meiner nächsten Wanderung tun, wenn ich in diese Gegend komme.*

D: Sie fragen sich wahrscheinlich, was geschah.

A: *Ich habe versucht, ihnen über Leute, die in diese Richtung gingen, Botschaften zu senden. So hoffe ich, dass sie bei ihnen angekommen sind.*

D: Vielleicht hast du Gelegenheit, mit ihnen zu sprechen; sie könnten mehr von den Geschehnissen wissen, da sie in derselben Stadt wohnen. – Gut, lass uns diese Szene verlassen und vorwärts in der Zeit gehen, bis zum nächsten Mal, wo du nach Jerusalem gehst, um deine Eltern zu sehen. Lass uns zu diesem Zeitpunkt weitergehen. Kehrtest du noch einmal zurück nach Jerusalem?

A: *Ja.*

D: Ich vermute, dass es möglicherweise emotional war, nachdem du sie so lange nicht mehr gesehen hattest.

A: *Ja. Sie sind... oh, ich bemerkte... nun, ich bin um einiges älter. So bemerkte ich das Alter, aber auch die Traurigkeit. Es ist eine stille Trauer.*

D: Was hat sie ausgelöst, weißt du das?

A: *Einfach der Umbruch in der Regierung, und dass sie in so viele Richtungen gezogen wurden. Es war sehr schwierig für sie. Sie glaubten an die Worte des Nazareners, aber sie waren keine wahren Anhänger. Sie behielten einen Teil ihres traditionellen Glaubens bei, und doch konnten sie nicht ganz an die Tempelgesetze glauben – wegen der Grausamkeit und Ungerechtigkeit. So tun sie das Bestmögliche, um einfach Tag für Tag zu überleben.*

D: Aber sagtest du nicht, dass dein Vater ein Bruder des Nazareners war?

A: *Er war ein Halbbruder, aber er wich in einigen seiner Glaubenssätze von ihm ab. Ich denke: Nachdem sie durch die ganze Geschichte mit seinem Sterben hindurchgegangen waren und wussten, dass er wegen unwahrer Dinge angeklagt worden war, fühlten sie sich, als ob ihnen ein Teil ihrer selbst entrissen*

*worden wäre. Sie funktionieren einfach und gehen halt so durch
ihr Leben, so scheint es.*

D: Ja, das kann ich verstehen. Kannst du sie fragen, ob sie dabei
waren, als er starb?

*A: (Traurig) Sie sahen ihn am Kreuz hängen. Und sie beteten. Mein
Vater sagte: Es geschah einmal, als er aufschaute, dass ihre
Augen sich begegneten. Er sagte, er fühlte… er fühlte eine Wärme
und eine Liebe. (Voller Gefühl) Und sie war nicht von dieser Welt.*

D: Kannst du ihn fragen, ob etwas Ungewöhnliches oder
Außergewöhnliches geschah? (Ihr Gesichtsausdruck zeigte
Emotion). Was geschah?

*A: Nun… (tiefer Seufzer) er sagte… und es ist, als ob ich es mit den
Augen meines Vaters sehen würde. Er sagte: Als sie ihn vom
Kreuz abnahmen, sah er in einer Vision seinen Bruder in einem
reinen Gewand, so wie in einem anderen Körper… (weinend) wie
wenn der physische Körper einen Weg gehen würde, und dieser
andere Körper, der so erschien, wie er ihn kannte, als er noch
ganz und gesund war, einen anderen Weg. Er sah dasselbe, was
ich auf der Straße sah. (Voller Tränen) Und er beschrieb dasselbe
Phänomen und dasselbe Gefühl.*

D: Frage ihn, ob er die Geschichten gehört hat, dass der Körper
verschwunden war. Weiß er etwas darüber?

*A: Ja. Er sagte, dass sie am folgenden Morgen hingingen, um seinen
Körper zu holen. Und sie öffneten den Granitdeckel – und sahen,
dass der Körper weg war.*

D: Er sah, dass der Körper weg war?

*A: Ja, aber er weiß wirklich nicht, wie das zu erklären ist. Denn er
sagte – wie ich: Viele Dinge könnten geschehen sein, zwischen
den Soldaten und einigen seiner engeren Jünger und dem
religiösen Volk. Mein Vater fühlt – nach dem, was er am Kreuz
gesehen hatte – dass der physische Körper keine Bedeutung mehr
hatte. Aber er sagte, es war kein Körper mehr da.*

D: War noch jemand bei deinem Vater, als er dort hinging?

*A: Er sagte: Einige der Jünger, die mit dem Nazarener gingen. Es
waren vielleicht ein Dutzend von ihnen.*

D: Was dachten die Soldaten, als der Körper verschwunden war?

*A: Zuerst waren sie schockiert. Dann wurden sie ärgerlich, weil sie
wussten, dass sie zur Verantwortung gezogen würden, was auch*

immer geschah. Aber es war ein absoluter Schock, weil sie keine Idee hatten, wie der Körper verschwinden konnte.

D: Dann scheint es so, als ob sie überhaupt nichts damit zu tun gehabt hätten.

A: Nein. Ich glaube, es gibt verschiedene Arten von Kräutern oder Gewürzen, die man in Nahrung oder Getränke mischen kann und die die Menschen einschläfern. So weiß ich es also nicht. Es gab viele Möglichkeiten, wie dies geschehen konnte. Die Soldaten erinnern sich an nichts mehr, so sagen sie.

D: Ja, das ist möglich. Könnte dann jemand an ihnen vorbeigeschlüpft und zu dem Körper gelangt sein?

A: Ich denke, das könnte geschehen sein.

D: Der Ort, wo er lag, war nicht versiegelt oder etwas Ähnliches?

A: Er wurde in eine Grabstätte gelegt, und dann wurde dieses Grab von Soldaten bewacht. So hätte es einiger Planung bedurft, um dies zu tun, wenn der Körper nicht von selbst verschwand.

D: Ist das möglich? Glaubst du das?

A: Ich glaube das nicht.

D: Das wäre sehr seltsam.

A: Ja. Ich weiß nicht, was die Regierung, die Jünger, die religiösen Führer, oder wer auch immer das getan haben könnte, plante oder planten.

D: Ja. Aber jedenfalls – der Körper war weg. Ich dachte, das Grab war vielleicht versiegelt, sodass niemand hineingehen konnte.

A: Es war so vorgesehen. Aber... es hätte mehr als zweier Leute bedurft, um den Deckel vom Grab zu heben. Er war schwer. So war also etwas geplant.

In einigen Büchern wird von einem Plan berichtet, wobei es aber unterschiedliche Versionen gibt... Im Buch JESUS UND DIE ESSENER von Dolores Cannon wird es so beschrieben, dass der Geist Jesu den Körper im Grab auflöste; er war bedeutungslos – die Auferstehung fand im Geist statt. Ebenso konnte Jesu Geist später einen Körper projizieren, um mit den Jüngern zu reden – oder er erschien im Geist seiner Freunde, um ihnen zu helfen, ihren Auftrag zu erfüllen.

D: Willst du bei deinen Eltern längere Zeit bleiben?

A: *Nein, es ist nur ein kurzer Besuch. Danach werde ich zu verschiedenen Orten gehen, wo ich mich um die Menschen kümmern werde.*

D: Gehst du allein?

A: *Nein, es gibt noch andere Jünger, die nach Jerusalem mitkamen. Ich gehe auf der Straße nicht allein. Es ist gewöhnlich eine kleine Gruppe.*

D: Nun, ich weiß, deine Eltern freuen sich, dich zu sehen und sich mit dir zu treffen.

A: *Ja, es ist gut, sie zu sehen. Aber dieser Platz ist mir sehr fremd.*

D: Es muss dir schon wie eine lange Zeit vorkommen, seit du hier weggegangen bist.

A: *Ja. Und die ganze Atmosphäre dieses Bereichs fühlt sich für mich nicht stimmig an.*

D: Ich vermute, es hat sich viel verändert, seit du weggegangen bist. Du hast dich in vielerlei Hinsicht verändert, seit du das Haus deiner Eltern verlassen hast.

A: *Ja. (Leises Lachen) Es liegen Welten dazwischen.*

D: Viele Wandlungen. Gut. Lass uns diese Szene verlassen, und ich möchte, dass du dich vorwärts bewegst bis zu einem wichtigen Tag in deinem Leben, der sich nach dieser Zeit ereignete. Ein wichtiger Tag, wo etwas, was du als wichtig betrachtest, geschieht. Ich werde auf drei zählen – und wir werden dort sein. Eins... zwei... drei... es ist ein wichtiger Tag in deinem Leben. Ein Tag, den du als bedeutsam ansiehst. Was tust du? Was siehst du?

A: *Ich bin in einem Dorf. Und ich bin ein ganzes Stück älter. (Ihre Stimme klang entschieden älter). Aber wir sind sehr erfolgreich darin gewesen, eine Gemeinschaft zu entwickeln, die sich auf die Wahrheit und die Lehren des Nazareners und Gottes gründen. Ich weiß, diese Gruppe wird fortfahren, andere zu lehren, und sie wird niemals aussterben. Und eines Tages wird die Hoffnung, die er für die Menschheit hegte, sich in das hinein entwickeln, was seinen Wünschen entsprach. So schätze ich, dieser Tag ist bedeutsam hauptsächlich deshalb, weil ich weiß, dass meine eigene Zeit näher rückt. Und ich kann mit einem erfüllten Herzen in die geistige Welt aufsteigen, in dem Wissen, dass ich viele Leute gelehrt habe, und dass sie aufrichtig sind. Sie werden fortfahren, andere zu lehren und als Gemeinschaft zu wachsen. Ich bin seit*

vielen Jahren bei dieser meiner Familie in der Gemeinschaft. Und
wir sind sicher – vor der Regierung und der Religion. Wir können
immer noch hinausgehen auf Wanderungen und anderen unsere
Dienste anbieten. Und immer noch wachsen wir und sind stark.
D: Hat jemand eurem Dorf einen Namen gegeben?
A: Ja. Wir haben es „Bethsharon" genannt (phonetisch, Akzent auf
der letzten Silbe).

Mein jüdischer Berater sagte, dass „Beth" vor einem Ortsnamen
„Haus" meint (z.b. bei Bethlehem, was bedeutet „Haus des Brotes").
Er sagte, „Bethsharon" könnte bedeuten „Haus der Rosen". Dies klang
plausibel und stimmte mit jüdischen Ortsnamen überein. Als ich
daraufhin nachforschte, entdeckte ich eine Stadt, die zur Zeit Christi
existierte, und die, an den richtigen Platz gesetzt, direkt am Jordan lag.
Es handelte sich um „Bethshean" (was bedeutet „Haus der Ruhe",
„Haus des Friedens", „Haus der Sicherheit" oder „Wohnen in der
Stille"). Bethshean war zur Zeit Christi eher bekannt unter dem
griechischen Namen „Skythopolis" und war eine große Stadt. Das
Dorf der Aussätzigen war sicherlich keine große Stadt, aber der
jüdische Name wurde wahrscheinlich für einen Ort der Absonderung
verwendet. Das vermute ich nur; aber als der griechische Name
geläufiger wurde, wählten die Jünger Jesu vielleicht den jüdischen
Namen für das kleinere Dorf. Es mag sein, dass der Name wirklich
„Bethsharon" lautete, und „Bethshean" ist nur phonetisch ziemlich
ähnlich. Es ist so wenig bekannt über die Ortsnamen der Siedlungen
während dieser Zeitperiode, sodass alles möglich ist.
Die Stadt „Bethshean" oder „Bet-Schean" oder „Bethsan" =
„Skythopolis" lag etwa 5 km westlich des Jordans und östlich vom
Gebirge Gilboa. „Bethshean" heißt: „Die Wohnung des
Schlangengottes" und hat mit „Bethsharon" oder „Betharon" oder
„Bethoron" nichts zu tun. Das Dorf Bethoron lag etwa 20 km
nordwestlich von Jerusalem.

D: Hast du jemals geheiratet?
A: Nein. (Leises Lachen) Diese Zeit liegt schon sehr weit zurück. Ich
wusste, dass ich mit meinem Glauben verheiratet war. Und dass
ich nur die einzig richtige und beste Arbeit für mich tun konnte,
indem ich allein blieb und die Freiheit hatte, zu wandern und zu
dienen. Ich hätte nicht all das tun können: Die Kinder lehren, den

194

Waisen helfen und unsere eigene Familie aufbauen – wenn ich verheiratet gewesen wäre.

D: Du erwähntest, dass du dort bei deiner Familie warst, deshalb dachte ich, dass du verheiratet warst.

A: Das ganze Dorf ist meine Familie. Wir sind alle eine Familie.

D: Hast du Jesus noch einmal gesehen, außer damals auf der Straße?

A: Ja. Er erscheint mir ab und zu auf die gleiche Art und Weise. Und ich schätze, während ich älter werde, sehe ich ihn auch mehr in meinem Geist. Es geschieht, wenn ich allein spazieren gehe, dass er erscheint.

D: Und er sieht immer noch genauso aus?

A: (Liebevoll) Ja.

D: Was sagte er dir bei diesen Gelegenheiten?

A: Oh, es gab viele Dinge. Aber meistens bestärkte er die Hoffnung, sodass sie in mir weiterleben konnte. Er sagte auch, dass seine Lehren und die Wahrheit wieder hervorbrechen würden durch die Herzen der Menschen. Und auf diesem Weg würde er wieder offenbar werden. Er weiß, dass die Menschheit ohne die Barrieren der Regierung und Religion leben kann. Deshalb gibt er weiterhin denen, die die Wahrheit lehren, Hoffnung und Ermutigung.

D: Glaubst du, dass er von euch wünscht, eine neue Religion aufzubauen?

A: Nein, nein. Er wünscht nur, dass wir die Wahrheit verbreiten, dass wir füreinander da sind und dass wir dem Geist, welcher Gott ist, treu bleiben. Er wollte niemals eine Vergötterung. Er wollte, dass wir andere lieben und für sie sorgen, so wie auch wir von anderen geliebt und versorgt werden wollen.

D: Gibt es jemanden, der davon spricht, rund um seine Person und seine Lehren eine Religion zu gründen?

A: Nun, es gibt viele, die übers Ziel hinausgeschossen sind. Einige seiner Schüler haben versucht, Macht zu gewinnen durch seine Lehren, indem sie beweisen wollten, dass Ihres der einzige Weg sei. Aber das ist nicht die Wahrheit. Das war nicht sein Weg. So sind sie dabei, gerade das zu schaffen, wovon er weggekommen ist, als er den Tempel verließ. – Das geschieht also.

D: Was ist der Unterschied zwischen der Benennung „Schüler" und „Anhänger"?

A: Ich schätze, wenn ich an die Schüler denke, denke ich an diese kleine Gruppe, die hauptsächlich mit ihm gegangen ist. Aber die Anhänger sind all die Leute, die an sein Wort glauben – die Massen.

D: Ich fragte mich, weil du auch mit ihm warst – eine Zeitlang.

A: Ja. Aber bei mir war es einfach so, dass ich meinen Daseinszweck kannte. Ich hatte Klarheit. Ich hatte etwas ganz Besonderes. Ich wollte nicht Kontrolle gewinnen, ich wollte einfach echt sein.

D: Dann wollten also einige von ihnen Macht, und das wollte er doch überhaupt nicht?

A: Überhaupt nicht. Deshalb verließ er die Erde in so einem jungen Alter. Er wusste, dass die Zeit nicht reif war. Er hatte alles getan, was er tun konnte.

D: Gut. Ich danke dir, dass du mit mir geredet hast und mir diese vielen Dinge erzählt hast. Und ich möchte wiederkommen und ein anderes Mal mit dir sprechen. Lass uns diese Szene verlassen.

Dann brachte ich Anna zu vollem Wachbewusstsein zurück. Als sie erwachte, erinnerte sie sich immer noch an die Kreuzigungsszene. Ich stellte das Tonbandgerät wieder an, um ihre Anmerkungen aufzunehmen.

D: Du sagtest, dass – als du die Szene durch die Augen deines Vaters sahst, es schrecklich aussah, da über den ganzen Körper von Jesus Blut verteilt war, nicht nur an bestimmten Stellen.

A: Wenn du ihn oben an diesem Kreuz aufgerichtet sehen würdest, so wie ich es durch die Augen meines Vaters sah, würdest du erzittern und so sehr schockiert sein, dass du kaum atmen könntest angesichts solcher Barbarei, die einem anderen menschlichen Wesen zugefügt wurde. Du würdest denken, dass es so ein qualvoller Schmerz sei, diese Nägel durch den Körper durchgebohrt zu haben. Und dann noch diese Stichwunden und das Fließen von Blut. Und er sah fast grau aus. Er sah nicht aus wie aus Fleisch.

D: Waren an ihm auch Stichwunden?

A: Ich sehe Blut aus verschiedenen Stellen herausfließen. So denke ich, ja, ich glaube, er war an mehreren Stellen verletzt. Und trotzdem wusste ich, wie ich sagte, dass er körperlich nicht wirklich etwas fühlte.

D: Hatte er etwas auf seinem Kopf?

A: Sein Haar schien sehr verfilzt. Irgendwie schlammig oder nass.

D: Ich war einfach neugierig, denn du weißt: Wir haben diese Bilder von dem, wie wir uns das Geschehen vorstellen.

A: Ja. Aber ich sehe keine... ich kann nur sagen: Ich habe innere Bilder von ihm gesehen. Die Christen sagen, dass er eine Krone aus Dornen hatte, aber ich sehe das wirklich nicht sehr klar. Ich sehe – wie ich sagte – verfilztes, dreckiges schlammiges Haar. Vielleicht einfach vom Rollen auf dem Boden oder Ähnliches, wie Schmutz oder Blätter oder...

D: Vielleicht geschah das wirklich mit ihm.

A: Ich weiß es nicht.

D: Vielleicht wurden ihm die Schnittwunden vor der Kreuzigung zugefügt.

A: Ja (Ein plötzlicher Einfall:) Oh, ich weiß! Ich glaube, ich fühle, dass Soldaten oder Leute, die sich zu einem Pöbelhaufen zusammengerottet hatten, einfach auf ihn einstachen. Ich fühle, dass derartige Dinge vor sich gingen. Ich glaube wirklich, dass er sich all der Schritte bewusst war, durch die er ging, bevor sie geschahen. Und ich vermute, er bereitete sich auf jeden Schritt des Weges vor. Sogar mitten im Pöbelhaufen bereitete er sich meiner Meinung nach seelisch auf die Schmerzen vor. Denn ich denke, Leute fügten ihm Schmerz zu, indem sie auf ihn einstachen und ihn niederwarfen und praktisch auf ihm herum trampelten.

D: Nun, es macht Sinn für mich, dass er keinen Schmerz empfand, denn er konnte sich wahrscheinlich innerlich davon distanzieren. (Von einem Großteil der Schmerzen, laut dem Buch JESUS UND DIE ESSENER von Dolores Cannon).

A: Ja, und ich glaube, er tat das schon, bevor er gekreuzigt wurde. Ich konnte das durch die Augen meines Vaters sehen. Nun kommt mir alles wieder. Ich kann spüren, wie mein Vater Augenkontakt mit ihm aufnahm. Als ihre Augen sich begegneten, war es, als ob seine Augen die Augen .... eines anderen wären. Ich meine, es waren seine Augen, aber sie drückten keinen Schmerz aus. Sie füllten meinen Vater mit Wärme und Liebe und sagten, dass es gut war.

Kapitel 11:

Der Tod ist nur eine weitere Wanderschaft.

Ich wusste, dass es noch einer weiteren Sitzung bedurfte, um die Geschichte von Naomis Verbindung mit Jesus zu vervollständigen. Wir würden sie durch den letzten Teil ihres Lebens führen müssen. Auch wollte ich noch ein paar Dinge von dem, was sie über ihn gehört hatte, herausfinden, Gerüchte oder anderes. Ich benützte Annas Schlüsselwort und zählte sie zurück.

D: Eins… zwei… drei… wir sind in der Zeit zurückgegangen zu dem Zeitpunkt, als Naomi lebte, gegen das Ende ihres Lebens. Was tust du? Was siehst du?

Annas Stimme klang sehr alt und müde und blieb so während dieser gesamten Sitzung. Es war ein ziemlicher Kontrast zu der unschuldigen, naiven Art der Dreizehnjährigen, deren Geschichte das meiste dieser Erzählung beherrscht hat.

A: Ich bin in dem Dorf bei den kranken Menschen, die Lepra haben. Ich sorge für sie.
D: Bist du jemals von ihnen krank geworden?
A: Nein. Nein, ich war die meiste Zeit meines Lebens bei guter Gesundheit. Ich habe vieles über das Heilen gelernt. Und ich habe mich selbst geschützt.
D: Das ist eine allgemeine Furcht unter den Leuten, oder? Sie haben Angst, dass sie diese Krankheit fangen könnten?

A: *Ja. Und genau diese Furcht erzeugt die meisten Krankheiten.*

D: Die durchschnittliche Person hätte Angst, in dieses Dorf zu gehen?

A: *Ja. Es ist schwierig, Menschen dahin zu bringen, für solche in wahrer Not zu sorgen.*

D: Wie alt bist du jetzt etwa?

A: *(Seufzer) Ich bin... 60 und 8 Jahre alt. (Sie schien sich unsicher).*

D: Dann hast du eine lange Zeit gelebt, nichtwahr?

A: *(Schwach) Ja, das habe ich.*

D: Wie fühlst du über dein Leben?

A: *Ich fühle... ich fühle, ich bin gesegnet auf vielerlei Arten. Ich fühle, ich habe mich nützlich gemacht. Und ich schaue vorwärts, um weiterzukommen.*

D: Hast du jemals geheiratet?

A: *Nein. Ich stand nahe davor, aber es hätte nicht funktioniert.*

D: Hast du das jemals bereut?

A: *Überhaupt nicht. Ich war mit anderen Dingen ausgefüllt. Ich kenne den Mann, den ich geliebt habe... Ich war mit jenen seltenen Momenten gesegnet. Aber das an sich reichte, um diesen Teil meines Lebens zu erfüllen. Ich wusste, dass ich andere Dinge zu tun hatte.*

D: Du warst wirklich engagiert. Bist du noch einmal zurückgegangen, um deine Eltern wieder zu sehen?

A: *(Seufzer) Oh ja. Am Anfang, als ich noch auf Wanderschaft war, mag es etwa einmal im Jahr gewesen sein. Und danach, so oft ich konnte. Es wurde schwierig, Reisen zu machen. Und es wurde mühsamer, die Leute zu finden, die sich ausbilden ließen und meinen Platz einnahmen.*

D: Hast du dann die meiste Zeit in jenem Dorf der Aussätzigen verbracht?

A: *Den überwiegenden Teil meiner Zeit. Aber es gab auch andere Dörfer, in die ich ging. Einige der Dörfer waren richtiggehende Gemeinschaften, wo Treffen abgehalten wurden, um die Gesetze Gottes und der Heilung zu lehren. Und andere waren einfach für den Dienst am Nächsten da, wo ich gebraucht wurde.*

D: Waren einige davon große Dörfer?

A: *Nein. Die meisten von ihnen waren nur kleine Gemeinschaften, wo die Menschen keine Pflege bekommen konnten.*

D: Ich wollte gern einige Ortsnamen wissen, die ich evtl. kenne.

A: Nun, ich ging immer wieder nach Bar-el zurück, wenn ich konnte. Ich ging zu einem Dorf namens Ramat (phonetisch) und zu der Leprasiedlung Grafna (phonetisch).

Ich war nicht überrascht, als ich keine dieser Siedlungen in dem heutigen Atlas von Israel finden konnte. Meine Nachforschung ergab, dass es eine große Anzahl von kleinen Gemeinden in diesem Gebiet gab, deren Namen (wenn sie jemals aufgezeichnet wurden) nicht bis in die heutige Zeit überliefert wurden oder sich im Lauf der Jahrhunderte verändert haben. Der Jude, der mir bei meinen Nachforschungen half, sagte, die Namen der Städte seien zweifellos jüdisch. „Bar-el" würde bedeuten „Brunnen Gottes", „Beth-sharon" bedeute „Haus der Rosen". „Ramat" bedeutet „Hügel" und hatte wahrscheinlich noch ein weiteres Wort in dem Namen. „Grafna" konnte er nicht auf Anhieb identifizieren, er sagte nur, dass es ohne Zweifel einen jüdischen Klang hätte. Als ich Anna diese Fakten berichtete, sagte sie, dass es sie kalt überlaufe. Sie wusste, dass diese Einzelheiten nicht aus ihrem bewussten Verstand gekommen waren, denn sie kennt keine Spur Hebräisch, und sie erfuhr davon auch nichts in ihrem Tempel (Der Reformierte Jüdische Tempel). Ursprünglich dachte ich, dass jeder Jude automatisch Hebräisch kannte, aber ich nehme an, das ist genauso unlogisch, wie zu erwarten, dass jeder Katholik Latein kenne.

D: Aber du bliebst die meiste Zeit in diesem einen Gebiet? Ist das korrekt?
A: Ja. Es wurde schwieriger für mich zu reisen. Und ich verbrachte die meiste Zeit hier, wo ich am meisten gebraucht werde.
D: Bist du einmal nach Nazareth gegangen?
A: Ich war dort, ja.
D: Wie sieht Nazareth aus? Ist es eine große Stadt?

Ich versuchte, ihre Beschreibung mit der von Katie in JESUS UND DIE ESSENER zu vergleichen.

A: Es war eine einigermaßen große Siedlung. Zugige Straßen und vom Regen weißgewaschene Häuser. Eine Art Marktplatz in der alten Siedlung.
D: Ist Nazareth ähnlich wie Jerusalem?

A: Es ist ähnlich, aber kleiner. Ich erinnere mich… ich erinnere mich an den zentralen Bereich, wo sich ein Marktplatz befindet und Leute Wasser holen. Lass mich sehen. Und im Hintergrund befinden sich einige Hügel. Aber es ist klein im Vergleich zu der anderen Stadt.

D: Ich fragte mich, ob die Landschaft, durch die du wandern musstest, auch so aussah wie um Jerusalem.

A: Ah, die Landschaft dort. Sie ist… Ich sehe einige Hügel. Ich sehe staubige Straßen. Oh, sie könnte ähnlich sein, ja.

D: Ich habe die Namen von einigen Orten gehört, und ich fragte mich, ob du bei deiner Wanderschaft dahin gekommen bist. Wie steht es mit Kapernaum? Hast du schon einmal von diesem Ort gehört?

A: Ja. Kapernaum.

D: Ist das hier in der Nähe?

A: Es ist… es ist schon lange her. Ich denke, es ist weiter weg, weg von Jerusalem. Ich denke an Reichtum… Ich erinnere mich an einen reichen Landbesitzer dort, und es gab einige Probleme. Aber ich habe meine Zeit hauptsächlich da verbracht, wo ich gebraucht wurde und wo ich in den Bereichen half, für die ich ausgebildet wurde.

D: Was weißt du über den Jordanfluss? Hast du einmal davon gehört?

A: Oh, ja. Der Jordanfluss, ja. (Pause, als ob sie nachdenken würde). Dies… Ich erinnere mich, als ich jünger war, wanderte ich durch dieses Gebiet. Es war schön. Ja. (Das schien Erinnerungen wachzurufen).

D: Hast du einmal von einem Ort namens „Qumran" gehört?

Hier befand sich die geheime Gemeinschaft und Mysterienschule der Essener auf den Felsen oberhalb des Toten Meeres. (Ihr Hauptzentrum, aber sie hatten noch einige andere Zentren…).

A: Ah, ja. (Leises Lachen) Der Nazarener… ich hörte, wie der Nazarener darüber sprach. Und ich erinnere mich, dass meine Eltern davon sprachen. Es war eine Gemeinschaft, wo bestimmte Glaubenssätze befolgt wurden und wo Unterricht stattfand. Und der Nazarener verbrachte Zeit dort.

Es war eine Bestätigung, als sie Qumran eine Gemeinschaft nannte. Es wurde immer so bezeichnet (sogar von Archäologen). Es wird nie als Stadt oder Dorf gesehen.

D: Erzählte er dir das?

A: Ich erinnere mich, als er mir das sagte. Er sagte es mir, als er mich das Heilen und den Dienst an anderen lehrte.

D: Was berichtete er dir über seine Zeit dort?

A: Er sagte mir, dass er über den „Baum des Lebens" belehrt wurde und dass er Weisheitslehren und die Heilkunst lernte. Und er lernte Dinge, die man in einer normalen Ausbildung nicht lernt.

D: Ist das die Art von Gemeinschaft, wo Dinge wie diese gelehrt werden?

A: Ja. Und in der Schule dort. Aber ich vermute, dass diese Gemeinschaft eine andere Philosophie hat.

D: Glaubst du, dass er dort vieles gelernt hat, was er später anwandte?

A: Ich glaube, das stimmt, ja. Ich glaube, dass er auch eine Ausnahme machte, was das Aufspüren von Informationen betrifft, die andere Schüler wahrscheinlich nicht begehrt haben. Und dass er Zugang hatte zu Material, zu dem nur wenige Zugang haben. Denn er war interessiert oder entdeckte Dinge in sich selbst, denen er nachging.

D: Es klingt, wie wenn ihm Dinge gelehrt worden wären, die die durchschnittliche Person nicht wusste. Das muss eine andere Art von Schule dort sein.

A: Ja. Sie lernten, wie man in Verbindung mit dem Universum lebt und dass man mit allem verbunden ist. Und sie lernten den Pfad dieses „Baum des Lebens".

D: Was meinst du mit dem „Baum des Lebens"?

A: Der Baum des Lebens ist das alte Geheimnis, das einige Leute zu verheimlichen pflegten und nie mehr lehrten. Der Tempel lehrte das nicht.

D: Warum nicht? Ich suche immer nach Erkenntnis. Ich kann nicht verstehen, dass Leute das verbergen.

A: Weil sie dann die Kontrolle verlieren würden, wenn die Menschen die Wahrheit in sich selbst finden könnten. Oder wenn sie verstehen könnten und fähig wären, selbst zu lernen und ihre eigene Kraft und den Glauben an die Verbundenheit mit allem und ihrer göttlichen Quelle aufrechterhalten könnten.

D: Warum betrachten sie den Baum des Lebens als etwas, von dem die Menschen nichts wissen sollten?

A: Weil er die Wahrheit ist. Er stellt die verschiedenen Wege des Wesens, des Körpers und der Seele einer Person dar und deren Verbindung zu Sonne und Mond und den Gezeiten. Er erklärt, warum Dinge sind und was sie sind.

D: Ich denke, das zu wissen wäre wunderbar.

A: Das alles nennen sie „Kabbala".

D: Oh, ich habe dieses Wort schon gehört. Es braucht sicher lange, um diese Dinge zu lernen.

A: Es erfordert große Hingabe, denn es ist keine leichte Aufgabe, um all die Informationen aufzunehmen und um zu lernen, sie im alltäglichen Leben anzuwenden. Man kann diese Informationen nicht der durchschnittlichen Person weitergeben, denn sie sind viel zu kompliziert. So muss man lernen, stark vereinfachte Methoden zu entwickeln, sodass man die herausgeschälte Essenz im alltäglichen Leben anwenden und sich auf diese Weise nützlich machen kann.

D: Versuchte er, seinen Jüngern einiges davon zu lehren?

A: Ich glaube schon, in seinen eigenen Interpretationen, damit wir verstehen konnten.

D: Du meinst, er gestaltete es so, dass es nicht so kompliziert war? Bist du einmal nach Qumran gegangen?

A: Nein. Ich habe keine Erinnerung, dort gewesen zu sein, nein.

D: Hast du schon einmal vom Toten Meer gehört?

A: Ja, ich habe davon gehört. Es hat noch einen anderen Namen, aber ich kenne den Namen, von dem du sprichst.

D: Wie wird es benannt nach dem, was du gehört hast?

A: (Sie versuchte, den Namen zu finden, zögerte aber sehr) Es ist so wie ... Elots? Elot, kann sein, der Elot-Stein ... Elots? Dort ist eine Bucht, wie ich mich erinnere.

D: Ich habe auch gehört, dass es „Meer des Todes" genannt wird, und viele andere Namen. Warum nennen sie es so? Weißt du das?

A: Ich weiß nicht warum (gluckst). Ich erinnere mich – glaube ich – nicht. Das Tote Meer? Ich kann mich wirklich nicht erinnern, ob ich es unter diesem Namen gekannt habe, auch wenn es vertraut klingt, aber ich kann mich nicht ...

D: Das ist in Ordnung. Ich war nur neugierig darauf. Dies sind einige Namen von Orten, von denen ich gehört habe.

Später, nach dem Aufwachen aus der Trance, sagte Anna, dass sie als Naomi diese Orte unter verschiedenen Namen gekannt hätte, aber sie könne sich an sie nicht erinnern. Sie dachte, dass das Tote Meer in etwa wie „der Asphaltsee" genannt wurde. Es war verwirrend für sie, dass ihr nicht die korrekten Namen einfielen. Aber es war auch voll verständlich, denn wir sprachen mit einer alternden Naomi, die wahrscheinlich für längere Zeit überhaupt nicht herumgereist ist. An diesem Punkt ihres Lebens widmete sie sich ganz der Pflege und den Nöten der Aussätzigen.

Später dachte ich an den Zusammenhang mit der biblischen Persönlichkeit Lot, dessen Geschichte zweifellos mit Sodom und Gomorrha verbunden war, den Städten, die unter den Wassern des Toten Meeres versunken liegen. „Elots Stein" könnte sich möglicherweise auf die legendäre Salzsäule beziehen.

Der „Asphaltsee" war auch ein anderer Name für das Tote Meer wegen der großen Ansammlungen von Pech und Teer, die dort zu finden sind. Ein anderer alter Name war „das Meer Lots".

D: Und Bethesda? Hast du einmal davon gehört?

A: *Das liegt im gleichen Gebiet, denke ich. Dies scheint eine andere kleinere Gemeinschaft zu sein. Diese Namen sind mir alle so vertraut, aber ich war abseits all der kleineren oder größeren Städte.*

D: Ich dachte, dass du sie wahrscheinlich ohnehin unter anderen Namen kennst. Du bist also meistens in diesem einen Bereich geblieben. Warst du mit vielen der Jünger in Verbindung?

A: *Hauptsächlich direkt nach seinem Tod; viele von ihnen zerstreuten sich und gingen ihren eigenen Weg, einfach aus Furcht um ihr Leben. Sie lebten viele Jahre lang in großer Furcht und gingen wieder in den Untergrund. Ich wurde einfach stark und (tiefes Atmen) hörte auf meine eigene innere Stimme und die Mitte meines Herzens und ging meinen Weg weiter. Ich empfinde große Trauer, weil die Menschen nicht verstanden, was er versuchte zu tun. Gerade sie zu erreichen gab er sich so große Mühe, aber sie konnten mit der Wahrheit in seinen Lehren und der Wirklichkeit Gottes nicht umgehen, sie konnten aber auch nicht mit der Manipulation durch den Tempel und die Regierung fertigwerden. Es ist für die Menschen viel leichter, ihr normales Leben zu akzeptieren, denn sie fürchten sich zu sehr vor Veränderung. Diese Lebensweise verlangt kein Nachdenken oder Hinterfragen, und so machen sie einfach weiter in ihrem Trott und befolgen die Regeln. Und weil er für Veränderung war, wandten sich die Menschen, die anfangs für ihn waren, gegen ihn – einfach aus Furcht und um zu überleben. Ich denke, seine Lehren werden dennoch von einigen seiner Jünger weitergetragen. Aber sie machen zurückgezogen und sehr leise in privaten Untergrundtreffen weiter. Sie leben in großer Furcht.*

D: Hatten sie Angst, dass ihnen jemand nachstellte?

A: Ja.

D: Dann klingt es so, als ob du eher als sie das tust, was Jesus wollte. Ist das richtig?

A: Dies war meine persönliche Botschaft von ihm. Und darin besteht meine Trauer, dass die Menschen anscheinend nicht verstehen. Er pflegte zu... lehren... ah, es ist manchmal schwer zu sprechen. (Ihre Stimme klang alt, und die Worte wurden gelegentlich undeutlich). Er lehrte das Leben in seiner einfachsten Art, in seiner echtesten Art. Deshalb ging er seinen Weg und lehrte.

D: Glaubst du, dass die meisten Menschen, die ihm folgten, nicht hinausgingen und versuchten, anderen zu helfen wie du?

A: Wenn sie vielleicht wiederauftauchten, dann nur sehr leise. Sie lösten bei den meisten Menschen Angst aus, und die Römer hetzten jeden gegen sie auf. Die Römer hatten die ganze Kontrolle und Macht, und so konnten die Menschen durch Furcht leicht manipuliert werden.

D: Ich kann kaum verstehen, warum sie vor diesen Leuten Angst haben sollten.

A: Oh, weil sie ja einige der Lehren weitertragen und Anhänger gewinnen könnten. Und die Römer hätten wieder etwas zu fürchten.

D: Man könnte doch meinen, dass sie keine Angst mehr zu haben bräuchten, nachdem sie die Hauptperson losgeworden waren.

A: Seine Worte und Lehren lebten weiter, auch in diesen Untergrundtreffen, wo sie hin und wieder gelehrt wurden. Aber die meisten seiner Anhänger verschwanden für lange Zeit von der Bildfläche.

D: Dann hattest du also keinen Kontakt mehr zu ihnen.

A: Ich hatte Kontakt mit einigen, die in den Dörfern halfen, oder ich sah sie, wenn ich auf Wanderschaft war.

D: Was ist dann mit denen, die du „Schüler" nanntest? Hattest du jemals Kontakt mit irgendeinem von ihnen?

A: (Tiefes Atmen) Ja, aber es ist schon lange her. Einige von ihnen hielten immer noch Versammlungen in den Felshöhlen nahe dem See Genezareth ab. Und einige versuchten, die Worte des Nazareners am Leben zu erhalten. So haben also einige von ihnen die Lehren weitergetragen.

D: Kannst du dich an einige Namen seiner Schüler erinnern, die das weiter taten?

A: Ich erinnere mich an Simeon (ausgesprochen: Sim-e-on) und... (nachdenkend) Abram (was mehr wie A-from klang). Und da war... Petrus.

Dies sagte sie alles sehr langsam, so, wie wenn sie Schwierigkeiten hätte, sich zu erinnern. Naomi war nun eine alte Frau, und diese Ereignisse geschahen offensichtlich viele Jahre zuvor. (Wir sind jetzt in den 80er-Jahren n. Chr.).

D: Das waren die wichtigsten, die du...

A: (Unterbrach sie) Die ich mich erinnere wiedergesehen zu haben, ja.

D: Hörtest du von einem seiner Schüler, der Judas genannt wurde?

A: Oh, ja. Der sich gegen ihn wandte?

D: Ja, er ist derjenige, über den die Menschen hauptsächlich sprechen.

A: Ja, wir wussten von ihm, bevor überhaupt etwas geschah.

D: Ihr wusstet?

A: Ja. Ich hatte Visionen darüber. Ja, wir wussten von ihm.

D: Kannst du mir davon erzählen? Was wusstest du?

A: (Traurig) Nun, alles, was ich noch abrufen kann, war das letzte Treffen mit dem Nazarener, und meine Vision. Und er sagte mir, wie richtig sie war. Und er wusste davon.

D: Du sagtest, du wusstest, dass etwas mit ihm geschehen würde.

A: Ja, und er wusste es auch. Er wusste, dass da einer und wahrscheinlich mehrere waren, die man mit Geld und Versprechen auf Reichtum und Macht herumkriegen konnte und die sich gegen ihn wenden würden. Die – wenn genügend eingeschüchtert – den Römern glauben würden und sich zu deren Werkzeug machen ließen.

D: Ich kann es kaum verstehen, wie jemand, der um ihn war, so sein konnte.

A: Nun, wir haben einen freien Willen. Und wenn sich jemand von der Furcht überwältigen lässt, dann kann er nicht mehr unterscheiden, was die Wahrheit ist. So ist es also im Lebensplan als Möglichkeit enthalten.

D: Hattest du Judas getroffen?

A: Ich lernte ihn einmal vor vielen, vielen Jahren kennen, als ich das erste Mal mit dem Nazarener reiste.

D: Gab es zu jener Zeit irgendwelche Anhaltspunkte, dass er so war?

A: Nein. Ich hatte keinen sehr persönlichen Kontakt, aber es gab keine Anzeichen damals.

D: Was geschah? Was tat er?

A: Er wurde überredet (seufzt) von den Römern, mit seiner Hilfe Streit und Zweifel über diesen Wundertäter zu verursachen, diesen von Gott gesandten Mann. Er zettelte Tumulte an und brachte die Bürger dazu, gewalttätig zu werden.

D: Meinst du, er hetzte die Leute auf?

A: Ja.

D: War dies etwa zu der Zeit, als der Nazarener eingesperrt wurde?

A: Ja, und das wurde alles mit seiner Hilfe angezettelt.

D: Das kann ich nur schwer verstehen. Bekam er etwas dafür?

A: Ja. Er erhielt Geld und Land.

D: Was geschah mit Judas? Ist er noch um den Weg, oder hast du noch einmal etwas von ihm gehört?

A: Ich habe verschiedene Geschichten gehört. Ich hörte, dass er ermordet wurde. Und ich hörte, dass er einfach... nach einer gewissen Zeit... mit sich selbst nicht mehr zurechtkam und sich selbst umbrachte. Es gab vieles, was ich hörte.

D: So kam er also nicht mehr dazu, sich an dem Geld oder dem Land zu erfreuen, nichtwahr?

A: Nein, nicht wirklich. Er konnte nicht fertigwerden mit dem, was geschehen war. Als er sich mit sich selbst konfrontieren musste, war es mehr, als er tragen konnte.

D: Aber du sagtest, dass auch der Nazarener Visionen hatte, dass dieser Mann im Begriff war, ihn auf eine Weise zu verletzen?

A: Ja. Er wusste... er kannte seinen Lebenszweck. Er wusste, warum er hierhergekommen war. Er wusste, wann es für ihn bestimmt war aufzusteigen.

D: Dann versuchte er nicht, etwas deswegen zu tun.

A: Er wusste, dass es einen Grund dafür gab. Ihm war bewusst: Es war Teil des Plans.

D: So versuchte er nicht, Judas auf irgendeine Weise aufzuhalten. Meinst du das?

A: Ja. Er spielte das Drehbuch seines Lebens, seines persönlichen Daseinszwecks, bis zur Vollendung.

D: Wie du sagtest, dies musste die Entscheidung des Judas sein, sein freier Wille. Ich dachte, dass du möglicherweise viele Geschichten in der Zeit nach dem Tod des Nazareners gehört hast. Ich habe auch viele Geschichten gehört, und ich wusste nicht, was stimmte und was nicht.

A: (Lacht) Ich weiß nicht, ob überhaupt jemand von uns die wahre Version kennt.

D: Deshalb wollte ich dich fragen, um zu sehen, ob du evtl. die gleichen Geschichten gehört hast wie ich. – Hast du einmal Geschichten über seine Geburt gehört?

A: Ja. Ich erinnere mich, wie meine Eltern sich unterhielten. Ich war so jung, und es gab Dinge, die ich wirklich nicht verstand. Aber ich weiß: Seine Mutter hatte viele Kinder. Es wurde als Wunder betrachtet, dass sie so ein Kind wie Jesus empfangen konnte. Aber es geschah, und dann gebar sie wieder. Jeder glaubte, es sei ein Wunder. Aber (lacht leise in sich hinein) ich fürchte, es geschah auf dem Weg, wie es üblicherweise geschieht. Und das wahre Wunder lag in dem Kind selbst, nicht in seiner Geburt.

D: Ist das die einzige Geschichte, die du über seine Geburt gehört hast?

A: Nun, die Menschen glauben anscheinend, dass es eine Art von... göttlicher Empfängnis war. Aber ich glaube, dass das nicht der Fall ist. Sie wollten Kinder haben.

D: Warum denkst du, dass Leute versuchen, es wie eine göttliche Empfängnis erscheinen zu lassen?

A: Ich weiß nicht. Ich denke, hier handelt es sich um menschengemachte Ideen, oder man wollte manipulieren und Macht ausüben. Ich weiß es nicht sicher. Aber dies war wirklich ein Wunderkind. Ich würde jedoch denken, wir könnten alle

sagen, dass wir von Gott empfangen. Wir sind alle Gottes Kinder.
Es gab noch andere außergewöhnliche Kinder.

D: Gerade dachte ich mir: Weil er so außergewöhnlich war, meinten die Menschen vielleicht, dass er auch eine außergewöhnliche Geburt gehabt haben müsste.

A: Ja. Aber ich weiß, es gibt noch andere, die auch auf dieser Erde gewandelt sind, mit der Gott-Verbundenheit, Liebe und Fähigkeit wie er. Aber er war ... oh, die menschlichen Ideen über ihn!

D: Nun, dies sind einige der Geschichten, die wir gehört haben, dass er eine wunderbare Geburt hatte.

A: (Lacht) Das Wunder war in der Tat, dass sie dieses ungewöhnliche Kind empfing.

D: Ja. Aber dein Vater, sagtest du, war sein Bruder von einer anderen Frau. Stimmt das? Dein Vater war Josephs Sohn von einer anderen? (Sie zögerte). Liege ich richtig?

A: (Pause) Josephs.... Ja.... Halb-Bruder, sagtest du?

D: Die Mutter war eine andere Mutter?

A: Ja, ja. Das ist wahr.

D: Das war, bevor er die Mutter des Nazareners heiratete?

A: Ja.

D: Dann war dein Vater ein ganzes Stück älter, vermute ich, oder?

A: Ja, das stimmt. Ich erinnere mich daran.

D: Bist du einmal der Mutter des Nazareners begegnet?

A: Als ich ein Kind war, ja. Ich erinnere mich, sie gesehen zu haben. Es ist eine vage Erinnerung. Aber sie war einfach eine Frau (lacht).

D: Ich fürchte – nach den Geschichten, die ich gehört habe – dass sie versucht haben, die Mutter zu vergöttlichen, nur weil sie die Mutter war.

A: Nach meinen Erinnerungen als Kind waren sie sehr einfache Leute. Ihr Leben war dem Leben anderer sehr ähnlich. Ich kann mich nicht an irgendetwas Ungewöhnliches im Zusammenhang mit ihr erinnern. Aber das kommt von meiner Kindheit. Und sie erschien mir einfach wie irgendeine Frau...

D: Und Joseph? Bist du ihm einmal begegnet?

A: Ich erinnere mich, ihn gesehen zu haben, aber dies sind vage Erinnerungen. Und es war ein durchschnittliches kleines Dorf, in dem ich sie sah. Sie taten einfach alltägliche Dinge. Dies war jedermanns Alltag. Sie tat all die gleichen Dinge wie die anderen.

209

Ich kann mich an nichts anderes erinnern, als dass sie taten, was alle anderen tun mussten, um zurechtzukommen.

D: Natürlich ist das schon lange her. Ich führe dich in der Erinnerung so weit zurück. Aber es gab nichts, was als etwas Besonderes herausragte.

A: *Nein. Sie waren gute Leute. Kann sein, sie hatten bezüglich… sie waren nicht arm. Aber sie waren einfach durchschnittliche Leute. Jesus ging seinen eigenen Anschauungen nach, in der Art, wie er es für angebracht hielt, aber seine Eltern erzogen weiter ihre Kinder und lebten ihr Leben.*

D: Ich habe auch vieles über die Wunder gehört, die der Nazarener bewirkte. Es wurde erzählt, dass er schon gestorbene Menschen wieder zurückholen konnte. Hast du solche Geschichten gehört?

A: *Ja. Ich habe Heilungen gesehen. Ich habe gelernt. Ich weiß, dass es Augenblicke gibt, wo eine Person dem Tod sehr nahe sein mag, wo sich alle Lebenszeichen bis zu dem Punkt verlangsamt haben, dass sie scheintot ist. Oder es kann sein, dass sie für ein paar kurze Augenblicke schon gegangen ist. Es ist möglich, sie zurückzurufen, wenn es wahrhaftig nicht ihre Zeit ist. Und ich hatte das gesehen.*

D: Hast du gesehen, wie er das tat?

A: *Ja, einmal.*

D: Kannst du mir von dieser Erfahrung erzählen?

A: *Ich erinnere mich daran, als ich im Dorf Bar-el war. Er lehrte mich gerade, und es wurde mir gestattet zuzuschauen, als er von Haus zu Haus ging. Es gab da einen Mann mit einer fiebrigen Erkrankung. Und es war nicht seine Zeit, schätze ich. Ich erinnere mich, dass ich in ihrem Heim war und seine Frau sah. Und es war ein kleines Kind da. (Sie wurde emotional). Und ich weiß… oh, es ist so schwer, Worte zu finden… (Weinend) Aber es war so viel mehr als nur ein physisches Ereignis. Ich weiß, dass er durch das Kraftfeld zwischen der Heilkraft des Nazareners und der tiefen Hingabe und Liebe der Frau zurückgeholt wurde. Ich sah, wie der Nazarener seine Hände auf diesen Mann legte. Und ich sah, wie der Mann sein Bewusstsein wiedererlangte. Ich erinnere mich, dass man der Frau gesagt hatte, seine Zeit sei gekommen zu sterben, aber dem war nicht so. Er wurde aus dem Fieber und dem Koma zurückgeholt. (Schniefend) Ich denke, es war die Schulung und Kenntnis, die er aus sich heraus hatte, indem er in*

210

Verbindung mit der göttlichen Quelle des Universums in seinem
Herzzentrum lebte. Ich glaube, er war sich bewusst, was getan
werden konnte. Aber es hatte auch zu tun mit der Lauterkeit der
anderen Personen und ihrem Glauben an Heilung. Es musste ein
Verlangen da sein, weiterzumachen und das jetzige Leben
fortzusetzen.

D: Meinst du, dass er dies getan haben könnte, wenn eine Person
schon vor längerer Zeit wirklich gestorben wäre?

A: Nein. Ich denke, die Person müsste den Willen haben
zurückzugehen. Sie müsste das Bedürfnis haben, noch etwas in
diesem Leben zu tun.

D: Meinst du, dass es vielleicht das größte Wunder war, Menschen
vom Tod zurückzuholen?

A: Ich meine... ich denke, dies könnte möglicherweise so sein. Aber
für mich waren die anderen Heilungen und das In-die-Ganzheit-
Führen von jemand oder das Zurückbringen von Freude und
Liebe in die betroffene Person oder deren Familie gleichwertig.
Das Herz und die Seele ganz zurückgeben – das war es. Aber ich
schätze, für die meisten Männer und Frauen war das
wahrscheinlich schon so.

D: Ich wollte wissen, was es deiner Meinung nach war. Er tat so viele
wundervolle Dinge.

A: Ja. Es ist schwer zu sagen: Bei jedem Wunder, das er mit der Hilfe
der zu heilenden Person vollbrachte, war es auf jeden Fall
genauso ein Wunder, die Auswirkungen der Heilung in den
Gesichtern der Angehörigen zu sehen. Das war genauso
bedeutsam. Das war genauso Heilung wie der Rest.

D: Ja. Ich denke, es ist wunderbar, dass es dir erlaubt war, mit ihm
bekannt zu sein und von ihm zu lernen. Es war sehr bedeutsam.
Und ich denke, auch du hast viel auf deine eigene Weise getan,
indem du anderen Menschen geholfen hast.

A: Ich bemühte mich.

D: Und indem du diese Lehren anderen Menschen mitgeteilt hast.
Dies ist sehr bedeutsam. Ich glaube, auch du hast auf diese Weise
eine Menge aus deinem Leben gemacht. – Gut. Ich möchte, dass
du dich in der Zeit vorwärts bewegst zum letzten Tag deines
damaligen Lebens. Du kannst wie ein Beobachter darauf blicken,
wenn du willst. Es wird dich in keiner Weise beunruhigen, das
anzuschauen, und erzähle mir, was an jenem Tag geschah.

Der Wechsel war unmittelbar. Ich musste nicht zählen.

A: (Großer Seufzer) Ich weiß, es ist meine Zeit. Ich denke, ich bin wirklich verbraucht und bereit zu gehen.

D: Du lebtest ein langes Leben, nichtwahr?

A: Ja. Ich denke, es gibt einige, mit denen ich gearbeitet habe, die meinen Platz einnehmen könnten, die in diesem Dorf arbeiten, auf Wanderschaft gehen und die Sache fortsetzen werden. Aber ich bin aus dem Dorf gegangen zu diesem Platz, wohin ich regelmäßig gehe. Und ich sitze an einem Baum und lehne mich an. Hier denke ich für gewöhnlich nach oder bete oder spreche mit dem Nazarener.

D: Oh, er spricht hier immer noch mit dir?

A: Ja. Oh, ich konnte ihn spüren, wo auch immer ich war. Aber hier bin ich ganz für mich und bin nicht von Anderem in Anspruch genommen. Ich kann in Frieden sitzen und wahrhaft das Licht, die Wärme und das ausstrahlende Leuchten fühlen. (Langsam) Und so wird er mich auf der neuen Ebene willkommen heißen.

D: Lass uns vorwärts gehen zu dem Zeitpunkt, wo es schon geschehen ist. Was siehst du?

A: (Lacht) Ich kann dies tun. Das ist ganz anders. Ich kann meinen Körper sehen... (Leises Lachen). Ich kann mich sehen, wie ich gerade gegen meinen Baum lehne und sehr friedlich dasitze.

D: Es war ein friedlicher Tod?

A: Ja, es ist Frieden da. Ich fühlte mich sehr müde. Ich schloss meine Augen, und nun stehe ich hier und schaue auf meinen Körper. Es geschah so schnell. Es ist sehr seltsam, aber es fühlt sich auch wunderbar an.

D: Was siehst du noch?

Sie lächelte, und ich konnte fühlen, wie Glück von ihr ausstrahlte.

A: Ich sehe, wie der Nazarener mir zuwinkt. Ich höre ihn sagen, dass ich willkommen sei. Und dass dies nun meine Heimat sei. Und viel Freude und Lernen würden mich erwarten. Und ich sehe diesen Pfad vor mir. (Lacht) Wir scheinen auf einer weiteren Wanderschaft zu sein.

D: Gehst du dem Weg entlang?

A: Er fasst meine Hand. Mir kommt es sehr langsam vor, ich bewege mich sehr langsam. Es scheint, als ob ich einfach zu einem anderen Dorf in der Ferne gehe. Es ist ein Gefühl, heimzukommen und da zu sein, wo ich erwartet werde. Wenn das der Tod ist, dann ist er nur eine weitere Wanderschaft.

D: Was denkst du über dein Leben, das du gerade verlassen hast?

A: Oh, ich fühle... ich spüre, dass ich mich bemüht habe, das Beste zu tun, was ich konnte. Oh, aber ich empfinde Schmerz für die Menschen, die Menschen dieser Welt, die so langsam im Lernen und Erkennen der Wahrheit sind.

D: Ich denke, du hast in jenem Leben viele Dinge gelernt, nichtwahr?

A: Oh, ich war in jenem Leben so gesegnet. Ich war erfüllt mit Liebe und Mitgefühl, und der Nazarener verließ mich nie. Ich schätze, er war derjenige, den ich liebte. Und ich vermute, das war so, weil ich nicht zum Heiraten bestimmt war. Denn ich war erfüllt mit jener Liebe und jenem Wissen, und mir war bewusst, dass ich die Dinge einzeln hintereinander tun musste, so konnte ich das Meiste, was ich tun konnte, vollenden.

D: Es klingt so, als sei es ein gutes Leben gewesen. Du hast vieles vollbracht. Weißt du, wohin du nun gehst?

A: Ich weiß nur, ich gehe zu einem Ort, der sich wie Heimat anfühlt, wo ich lernen werde.

D: Das scheint sehr gut zu sein. Du hattest ein sehr gutes Leben, und ich danke dir, dass du das Wissen, das du während jenes Lebens gewonnen hast, mit mir geteilt hast. Ich schätze es wirklich sehr.

A: Und ich danke dir.

D: Nun gut. Lass uns diese Szene verlassen.

Ich brachte Anna zu vollem Wachbewusstsein zurück, und Naomi verschwand zum letzten Mal, um nie mehr wieder zurückgerufen zu werden.

Viele Monate vergingen, und wenn ich Anna gelegentlich sah, sagte sie, dass sie wirklich neugierig auf die Einzelheiten der Rückführung wäre. Sie versuchte mehrmals ernsthaft, die Bänder zu hören, aber sie konnte seltsamerweise nie sehr weit in die Materie eindringen. Sie konnte nicht akzeptieren, dass diese Worte von ihr kamen. Zu viele versteckte Gefühle wurden tief in ihr bewegt. Diese Gefühle zwangen sie immer, das Tonband abzustellen. Anna erzählte nur sehr wenigen Leuten von der Rückführung, nur den engen

Freunden, denen sie vertrauen konnte; und sogar denen berichtete sie nur zögernd und spärlich, nie die volle Erfahrung. Es war zu sehr persönlich, und sie wollte nicht riskieren, lächerlich gemacht oder angezweifelt zu werden. Deshalb hielt sie es in sich verschlossen.

Nach einigen Monaten fragte ich sie, ob sie sich behaglicher fühlen würde, wenn sie die transkribierten Texte lesen könnte, zumal sie es nicht tolerieren konnte, dass ihre eigene Stimme diese Dinge sagte. Sie war begierig darauf, weil ihre Neugier darauf brannte, die Details zu wissen. Ich gab ihr die noch unbearbeiteten Texte, die direkt von den Tonbändern abgenommen waren. Und sie konnte sie lesen, denn sie boten die Objektivität, die sie brauchte. Das nahm die persönliche Verbindung mit ihrer eigenen Stimme weg und machte es dem Lesen einer erfundenen Geschichte ähnlich. Aber sogar mit dieser Objektivität tat die Geschichte der Verbindung von Naomi mit Jesus ihre Wirkung.

Als Anna die Texte zurückschickte, fügte sie eine kurze Notiz bei: „Ich danke dir mit meinem ganzen Sein, dass du mir einen Teil meiner selbst zurückgegeben hast. Ein Stück, das ein sehr bedeutsamer Teil meines Pfades zurück zu meiner inneren Heimat ist. Worte sind unzulänglich, um meine Wertschätzung auszudrücken. Du hast mich wirklich angerührt, und durch dich bin ich gewachsen."

Anna hat keine künstlerische Schulung, aber sie sagte, dass sie gelegentlich fähig ist, bemerkenswerte Bilder zu zeichnen oder zu malen. Die Stimmung dazu kommt oft unerwartet über sie. Dieses Talent mag von einem anderen früheren Leben kommen, das noch nicht erforscht ist. Nach diesen Sitzungen über Naomis Verbindung mit Jesus skizzierte sie spontan das beiliegende Bild. Sie sagte, dass es ihrer Vision von Jesus so nah wie möglich komme.

Die Erinnerungen an ihre Verbindung mit Jesus verschwanden wieder im Unterbewusstsein, und das Leben dieser zwei Frauen normalisierte sich wieder. Aber ich fragte mich, ob sie je wieder in die Normalität zurückkehren würden. Sie tauchten in ihr Alltagsleben ein und vergaßen die Rückführungen. Es war ein interessantes Zwischenspiel gewesen und nichts weiter. Es hatte Maria geholfen, Probleme zu verstehen, die sie in ihrem gegenwärtigen Leben in Bezug auf Männer gehabt hatte. Ich glaube, es half ihr zu verstehen, woher diese Gefühle kamen und wie sie sie behinderten. Sie entwickelte eine Beziehung zu einem männlichen Freund und vertiefte sich in ihre Arbeit mit dem Aufziehen von Pflanzen. Dies und die Sorge für ihre Kinder war genug, um sie voll beschäftigt zu halten.

Annas Vision von dem Gesicht Jesu, als sie aus der Trance erwachte

Anna war mehr denn je mit ihrer Frühstückspension beschäftigt. Sie und ihr Mann erwarben weitere Vermietungsobjekte, die ihre Aufmerksamkeit ebenso in Anspruch nahmen. In der wenigen Freizeit, die sie hatte, diente sie freiwillig in einem Hospizzentrum und machte Sterbebegleitung bei Patienten und deren Familien. Auf diese Art erlaubte sie – glaube ich –, Naomis Mitgefühl und selbstlose Liebe für die Kranken und Sterbenden in ihr gegenwärtiges Leben durchsickern zu lassen. Andere Leute haben mir erzählt, dass die Arbeit im Hospiz oft bedrückend sein kann wegen der Fixierung auf den nahenden Tod. Aber Anna fand sie befriedigend und fühlte sich durch diese Art von Dienst reichlich belohnt. Sie sagte, sie versuchte, auf anderen Gebieten freiwillig zu arbeiten, aber nichts erfüllte sie so wie die Arbeit mit Sterbenskranken. Sie hatte ihre passende Nische in dieser Arbeit gefunden.

So glaube ich, dass der Einfluss einer Verbindung mit Jesus im Leben dieser Frauen immer noch am Werk war, wenn auch auf einer unterbewussten Ebene und nicht auf einer, die sie bereitwillig zulassen würden. Ich glaube, sie gingen mit der Rückführung auf eine reife und gesunde Art um. Sie haben uns durch die Erinnerung an jene Verbindung, die in einer abgelegenen Ecke ihres Unterbewusstseins versteckt gehalten wurde, einen verlorenen Teil der Geschichte zurückgebracht. Ich glaube, dass der letztendliche Zweck der Rückführungen in diesem Buch und in JESUS UND DIE ESSENER darin besteht, uns den ursprünglichen Jesus zurückzubringen, und uns zu zeigen, was er wirklich war. Ich habe immer gespürt, dass er etwas ganz anderes und Besonderes an sich haben musste, damit seine Handlungen die Zeiten überdauern konnten. Aber erst durch diese Rückführungen erfasste ich wirklich, was dieses Etwas war.

Als ich in dem abgedunkelten Schlafzimmer saß und der tief entspannten Frau auf dem Bett zuhörte, wie sie diese Geschichten wiedererlebte, erhaschte ich einen Schimmer von der wahren Persönlichkeit Jesu, von dem ungeheuren Charisma dieses Mannes und seiner außergewöhnlichen Güte. Niemals zuvor habe ich gespürt, wie eine solche Liebe aus einem menschlichen Wesen ausströmte. Als Maria und Anna von ihren Begegnungen erzählten, war die Liebe in ihrer Stimme überdeutlich. Ich saß da in meinem Stuhl und ließ es zu, dass dieses ungeheure Gefühl mich ganz überwältigte; ich erlaubte mir, es wie durch Osmose aufzunehmen. Ich fühlte mich, als sei ich auch in seiner Gegenwart, und ich erkannte, warum er diese Wirkung auf die Menschen hatte. Man konnte nicht in jener Gegenwart sein und ihn nicht lieben.

Bevor ich begann, dieses Buch zu schreiben, spielte ich einem Mann einen Teil der Bänder vor, und er wurde auch sichtbar durch die Worte der Frauen bewegt. Ich seufzte und sagte: „Nun, wie um alles in der Welt soll ich dieses Gefühl auf Papier bannen?" Er antwortete, mit einem weit entfernten Blick in seinen Augen: „Du musst es versuchen." Das habe ich also getan. Ich habe den Versuch gemacht, auch wenn er unzulänglich sein mag, dieses Gefühl durch das geschriebene Wort auf das Papier zu übertragen. Ich glaube nicht, dass jemand, der nicht dagewesen war, jemals die schwierige Aufgabe, die mir gegeben worden war, würdigen kann.

Ich spüre, dass ich privilegiert war, an diesen Augenblicken in der Geschichte teilzunehmen, und ich weiß, ich habe eine Verpflichtung, den Versuch zu wagen, sie der Menschheit zu bringen. Ich hoffe, ich hatte Erfolg damit, die Wahrheit des Jesus als eines freundlichen, mitfühlenden menschlichen Wesens zum Ausdruck zu bringen, der fähig war, die Talente, die bei uns allen in unserem Inneren schlafend liegen, zu entwickeln und anzuwenden. Eines Mannes, dessen Liebe für die Menschen auf der Erde keine Grenzen kannte.

Nachtrag

Einige der am wenigsten erwarteten Bestätigungen für das Material in meinen Büchern kommen oft von meinen Lesern. Sie finden Dinge, die ich in meinen Nachforschungen nie ausfindig machen konnte. Das Folgende stammt von einem Brief, den ich im Jahr 1997 erhielt:

„Ich habe einige Informationen, die Sie interessant finden könnten, was Annas Rückführung als Naomi betrifft. Sie fragten Naomi nach dem Namen von Städten, zu denen sie gereist war, um den Aussätzigen und anderen armen Menschen zu helfen. Sie bemerkten, dass Sie beim Nachprüfen die Namen der Städte nicht finden konnten. Aber ich erinnerte mich, dass ich hinten in meiner Bibel mit dem Titel „Die Neue Welt–Übersetzung der Heiligen Schriften" mehrere alte Landkarten vom Heiligen Land habe, und so überprüfte ich die Städte. Ich behielt im Kopf, dass die Worte, die Sie geschrieben haben, phonetisch buchstabiert waren, wenn ich sie aussprach, und dies habe ich entdeckt:

Bethsharon: Es gibt eine kleine Stadt, „Beth-haron" genannt, nicht weit weg von Jerusalem, nordwestlich davon.
Ramat: In dem gleichen Bezirk ist eine kleine Stadt namens „Ramah".
Grafna: Auch in der Nähe liegt „Gophna".
Bar-el: Ein wenig weiter nördlich von diesen kleinen Städten liegt eine Stadt mit Namen
„Ba´al-hazor". (Der Apostroph in Worten bedeutet normalerweise, dass ein Buchstabe ausgelassen war. Also mag sie die Stadt Ba´al genannt haben als Kurzform).
Abram: Sie sagten, dass sie diesen Namen „A-from" aussprach. Ein gebräuchlicher Name in diesem Bezirk war „Ephraim", was genauso ausgesprochen wird. Und es liegt zufällig eine

weitere kleine Stadt zwischen Gophna und Ramah, die Ephraim heißt.

Alle diese Städte liegen in dem Bezirk von Bethel, nicht weit weg von Jerusalem, nördlich davon."

Unnötig zu sagen: Ich bin meinem Leser sehr dankbar für die Bereitstellung dieser wenig bekannten Informationen.

Bibliographie

Anderson, Jack: What Did Christ Really Look Like? – Parade, April
    18, 1965, pp 12 – 13
Bailey, Albert Edward: Daily Life in Bible Times, Charles Scribners'
    Sons, New York, 1943
Bammel, Ernst, and Moule, C F D: Jesus and the Politics of His Day,
    Cambridge Univ. Press, Cambridge 1984
Bennet, Sir Risdon: The Diseases of the Bible, Vol. IX, By-Paths of
    Bible Knowledge Series, The Religious Tract Society,
    London 1891
Bouquet, A C: Every Day Life in New Testament Times, Charles
    Scribners' Sons, New York 1935, translated from German by
    Levertoff, Paul
Dalman, Gustav: Sacred Sites and Ways, MacMillan Co., New York
    1935, translated from German by Levertoff, Paul
Finegan, Jack: Light from the Ancient Past, Princeton Univ. Press,
    Princeton, N.J., 1946
Hollis, F J: The Archaeology of Herod's Temple, J M Dent and Sons,
    London 1934
Jeremias, Joachim: Jerusalem in the Time of Jesus, SMC Press,
    London 1969, translated from German by FH and CH Cave
"Jerusalem", Collier's Encyclopedia, 1962 edn., Vol. 13, pp 544 – 549
Kaufmann, Asher: A Note on Artistic Representations of the Second
    Temple of Jerusalem, Biblical Archaeologist, Vol. 47, Dec.
    1984, pp 253 – 254
King, Rev. J.: Recent Discoveries of the Temple Hill at Jerusalem,
    Vol. III, By-Paths of Bible Knowledge Series, The Religious
    Tract Society, London, 1891
Kingsbury, Jack Dean: The Developing Conflict Between Jesus and
    the Jewish Leaders, Catholic Biblical Quarterly, Vol. 49, Jan.
    1987, pp 57 – 73

"Leprosy", Collier's Encyclopedia, 1962 edn., Vol 14, pp 515

MacAlister, R A S: The Topography of Jerusalem, Vol. III, The Cambridge Ancient History Series, Cambridge Univ. Press, 1970, pp 333 – 353

Merrill, Rev. Selah: Galilee in the Times of Christ, Vol. V, By-Paths of Bible Knowledge Series, The Religious Tract Society, London 1891

Metaphysical Bible Dictionary, Unity School of Christianity, Lee's Summit, MO, 1958

Oesterreicher, Msgr. John M, and Sinai, Anne: Jerusalem, John Day Co., New York, 1974

Watson, Colonel Sir C M: The Story of Jerusalem, J M Dent and Sons, Ltd., London, 1918

Wright, G Ernest: Biblical Archaeology, Gerald Duckworth and Co., Ltd., London, 1957

Über die Autorin:

Dolores Cannon, eine Rückführungs-Hypnotherapeutin und Seelen-Forscherin, die „verlorenes" Wissen aufzeichnet, wurde 1931 in St. Louis, Missouri, geboren. Sie wuchs in Missouri auf und lebte dort bis zu ihrer Heirat im Jahr 1951 mit einem Berufssoldaten bei der Navy. Die nächsten 20 Jahre verbrachte sie reisend um die ganze Welt als eine typische Marinefrau und zog ihre Kinder auf.

Im Jahr 1968 wurde sie zum ersten Mal mit dem Phänomen der Reinkarnation über Rückführungshypnose konfrontiert, als ihr Mann, ein Amateurhypnotiseur, über ein vergangenes Leben stolperte, während er mit einer Frau arbeitete, die Gewichtsprobleme hatte. Damals war das Thema Reinkarnation noch unorthodox, und nur wenige experimentierten auf diesem Gebiet. Es erweckte ihr Interesse, musste aber auf die Seite gelegt werden, da ihr Familienleben Vorrang erforderte.

Im Jahr 1970 wurde ihr Mann als dienstunfähiger Veteran in den Ruhestand verabschiedet, und sie zogen sich in die Berge von Arkansas zurück. Darauf begann sie ihre Schreibkarriere und verkaufte ihre Aufsätze an verschiedene Magazine und Zeitungen. Als ihre Kinder langsam selbständig wurden, erwachte ihr Interesse an Rückführungshypnose von Neuem. Sie studierte die verschiedenen Hypnosemethoden und entwickelte so ihre eigene, einzigartige Technik, die sie befähigte, die effektivste Freigabe an Information von ihren Versuchspersonen zu gewinnen. Seit 1979 hat sie Informationen von Hunderten von Freiwilligen, die sie rückführte, katalogisiert. Im Jahr 1986 dehnte sie ihre Forschungen Richtung UFO-Bereich aus. Sie hat Studien vor Ort von vermutlichen UFO-Landungen gemacht und hat die Kornkreise in England untersucht. Der Schwerpunkt ihrer Arbeit in diesem Bereich lag darin, Beweismaterial über angebliche Entführungen durch Hypnose zu sammeln.

Ihre veröffentlichten Werke umfassen: Gespräche mit Nostradamus, Bd. I, II und III (Conversations with Nostradamus, Vol.I, II, III); Jesus und die Essener (Jesus and the Essenes); Sie gingen mit Jesus (They Walked with Jesus); Zwischen Tod und Leben (Between Death and Life); Eine Seele erinnert sich an Hiroshima (A Soul Remembers Hiroshima); Hüter des Gartens (Keepers of the Garden); Vermächtnis von den Sternen (Legacy from the Stars); Die Legende vom Sternencrash (The Legend of Starcrash); Die Wächter (The Custodians).

Einige ihrer Bücher sind nun in verschiedenen Sprachen erhältlich.

Dolores hat 4 Kinder und 14 Enkel, die sie stabil ausbalanciert halten zwischen der realen Welt ihrer Familie und der „unsichtbaren" Welt ihrer Arbeit.

Wenn Sie mit Dolores über ihr Werk korrespondieren wollen, können Sie ihr an die folgende Adresse schreiben. (Bitte legen Sie einen selbstadressierten Brief mit Rückporto für ihre Antwort bei). Sie können auch über unsere Website korrespondieren.

Dolores Cannon
Ozark Mountain Publishing
P.O. Box 754
Huntsville, AR 72740

www. OZARK MT.COM

Other Books by Ozark Mountain Publishing, Inc.

Dolores Cannon
A Soul Remembers Hiroshima
Between Death and Life
Conversations with Nostradamus,
    Volume I, II, III
The Convoluted Universe -Book One,
    Two, Three, Four, Five
The Custodians
Five Lives Remembered
Horns of the Goddess
Jesus and the Essenes
Keepers of the Garden
Legacy from the Stars
The Legend of Starcrash
The Search for Hidden Sacred
    Knowledge
They Walked with Jesus
The Three Waves of Volunteers and the
    New Earth
A Very Special Friend
Aron Abrahamsen
Holiday in Heaven
James Ream Adams
Little Steps
Justine Alessi & M. E. McMillan
Rebirth of the Oracle
Kathryn Andries
Time: The Second Secret
Will Alexander
Call Me Jonah
Cat Baldwin
Divine Gifts of Healing
The Forgiveness Workshop
Penny Barron
The Oracle of UR
P.E. Berg & Amanda Hemmingsen
The Birthmark Scar
Dan Bird
Finding Your Way in the Spiritual Age
Waking Up in the Spiritual Age
Julia Cannon
Soul Speak – The Language of Your
    Body
Jack Cauley
Journey for Life
Ronald Chapman
Seeing True
Jack Churchward
Lifting the Veil on the Lost
    Continent of Mu

The Stone Tablets of Mu
Carolyn Greer Daly
Opening to Fullness of Spirit
Patrick De Haan
The Alien Handbook
Paulinne Delcour-Min
Divine Fire
Holly Ice
Spiritual Gold
Anthony DeNino
The Power of Giving and Gratitude
Joanne DiMaggio
Edgar Cayce and the Unfulfilled
    Destiny of Thomas Jefferson
    Reborn
Paul Fisher
Like a River to the Sea
Anita Holmes
Twidders
Aaron Hoopes
Reconnecting to the Earth
Edin Huskovic
God is a Woman
Patricia Irvine
In Light and In Shade
Kevin Killen
Ghosts and Me
Susan Linville
Blessings from Agnes
Donna Lynn
From Fear to Love
Curt Melliger
Heaven Here on Earth
Where the Weeds Grow
Henry Michaelson
And Jesus Said – A Conversation
Andy Myers
Not Your Average Angel Book
Holly Nadler
The Hobo Diaries
Guy Needler
The Anne Dialogues
Avoiding Karma
Beyond the Source – Book 1, Book 2
The Curators
The History of God
The OM
The Origin Speaks

For more information about any of the above titles, soon to be released titles,
or other items in our catalog, write, phone or visit our website:
PO Box 754, Huntsville, AR 72740|479-738-2348/800-935-0045|www.ozarkmt.com

Other Books by Ozark Mountain Publishing, Inc.

For more information about any of the above titles, soon to be released titles,
or other items in our catalog, write, phone or visit our website:
PO Box 754, Huntsville, AR 72740|479-738-2348/800-935-0045|www.ozarkmt.com

www.ingramcontent.com/pod-product-compliance
Lightning Source LLC
Chambersburg PA
CBHW062204080426
42734CB00010B/1781